Jürgen Bauer

Produktionscontrolling mit SAP®-Systemen

D1673547

IT-Professional

hrsg. von Helmut Dohmann, Gerhard Fuchs und Karim Khakzar

Die Reihe bietet aktuelle IT-Themen in Tuchfühlung mit den Erfordernissen der Praxis. Kompetent und lösungsorientiert richtet sie sich an IT-Spezialisten und Entscheider, die ihre Unternehmen durch effizienten IT-Einsatz strategisch voranbringen wollen. Die Herausgeber sind selbst als engagierte FH-Professoren an der Schnittstelle von IT-Wissen und IT-Praxis tätig. Die Autoren stellen durchweg konkrete Projekterfahrung unter Beweis.

In der Reihe sind bisher erschienen:

Nachhaltig erfolgreiches E-Marketing
von Volker Warschburger und Christian Jost

Die Praxis des E-Business
von Helmut Dohmann, Gerhard Fuchs und Karim Khakzar (Hrsg.)

Die Praxis des Knowledge Managements
von Andreas Heck

Produktionscontrolling mit SAP®-Systemen (2. Auflage)
von Jürgen Bauer

Weitere Titel sind in Vorbereitung.

www.vieweg-it.de

Jürgen Bauer

Produktionscontrolling mit SAP®-Systemen

Effizientes Controlling, Logistik- und Kostenmanagement moderner Produktionssysteme

2., aktualisierte und erweiterte Auflage

vieweg

DK 658.5.012.7 rot
DK 681.3.06

Bibliografische Information Der Deutschen Bibliothek
Die Deutsche Bibliothek verzeichnet diese Publikation in der Deutschen Nationalbibliografie;
detaillierte bibliografische Daten sind im Internet über <http://dnb.ddb.de> abrufbar.

Warennamen werden ohne Gewährleistung der freien Verwendbarkeit benutzt.

SAP R/3®, mySAP.com®, ABAP/4®, SAP-GIU®, SAP APO®, SAP Business Information Warehouse® und SAP Business Workflow® sind eingetragene Warenzeichen der SAP Aktiengesellschaft Systeme, Anwendungen, Produkte in der Datenverarbeitung, Neurottstr. 16, D-69190 Walldorf. Die Autoren bedanken sich für die freundliche Genehmigung der SAP Aktiengesellschaft, die genannten Warenzeichen im Rahmen des vorliegenden Titels verwenden zu dürfen. Die SAP AG ist jedoch nicht Herausgeberin des vorliegenden Titels oder sonst dafür presserechtlich verantwortlich. Für alle Screen-Shots des vorliegenden Titels gilt der Hinweis: Copyright SAP AG.

Microsoft®, Windows®, Windows NT®, EXCEL® sind eingetragene Warenzeichen der Microsoft Corporation.

Bei der Zusammenstellung der Informationen zu diesem Produkt wurde mit größter Sorgfalt gearbeitet. Trotzdem sind Fehler nicht vollständig auszuschließen. Verlag und Autoren können für fehlerhafte Angaben und deren Folgen weder eine juristische Verantwortung noch irgendeine Haftung übernehmen. Für Hinweise und Verbesserungsvorschläge sind Verlag und Autoren dankbar.

1. Auflage 2002
2., überarbeitete und erweiterte Auflage Juni 2003

Alle Rechte vorbehalten
© Friedr. Vieweg & Sohn Verlagsgesellschaft/GWV Fachverlage GmbH, Wiesbaden 2003

Der Vieweg Verlag ist ein Unternehmen der Fachverlagsgruppe BertelsmannSpringer.
www.vieweg-it.de

Das Werk einschließlich aller seiner Teile ist urheberrechtlich geschützt. Jede Verwertung außerhalb der engen Grenzen des Urheberrechtsgesetzes ist ohne Zustimmung des Verlags unzulässig und strafbar. Das gilt insbesondere für Vervielfältigungen, Übersetzungen, Mikroverfilmungen und die Einspeicherung und Verarbeitung in elektronischen Systemen.

Umschlaggestaltung: Ulrike Weigel, www.CorporateDesignGroup.de
Druck und buchbinderische Verarbeitung: Lengericher Handelsdruckerei, Lengerich
Gedruckt auf säurefreiem und chlorfrei gebleichtem Papier.
Printed in Germany

ISBN 3-528-15773-9

Vorwort zur zweiten Auflage

Die erfreuliche Nachfrage macht nach kurzer Zeit die Neuauflage des Buches notwendig. Dabei wurden die SAP-spezifischen Inhalte funktional und optisch aktualisiert.

Der zunehmenden Forderung nach Durchdringung der Unternehmensbereiche mit dem Value-Ansatz von Rappaport wird in einem eigenen Kapitel entsprochen. Dies erhält durch einen zunehmend enger werdenden Kapitalmarkt (Basel II) gerade für die Produktion als grösster Kapitalnachfrager zunehmende Bedeutung. Das Produktionscontrolling hat hier seinen Beitrag zur Wertsteigerung, zu höherem Eigenkapital und damit zur Existenzsicherung des Unternehmens zu leisten. Dazu werden für Controlling und Logistik Wege aufgezeigt, der Produktion einen eigenständigen Wertbeitrag zuzuweisen und mit Hilfe von SAP R/3 praktisch umzusetzen.

Aktualisiert und erweitert wurden ferner die Ausführungen über das Logistik-Informationssystem und das elektronische Kanban-System. Die EXCEL-Tabellen zur Maschinenplankostenrechnung und Investitionsrechnung wurden gleichfalls aktualisiert und durch eine Value-Machine-Tabelle ergänzt.

Die Verbesserungen kommen der Zielsetzung des Buches, Controllern, Logistikern und Produktionsmanagern das Nutzenpotential von SAP R/3 im täglichen Wettbewerbskampf möglicht einfach zu erschliessen, entgegen. Wie Rückmeldungen zeigen, eröffnet die verständliche Darstellung auch Studierenden, Teilnehmern an Controlling- und Logistik-Praktika und Umsteigern auf SAP R/3 das zweifellos komplexe Gebiet der Produktionslogistik und des Produktionscontrollings.

Asperg, im März 2003   Jürgen Bauer

Vorwort zur ersten Auflage

Die vertraute und stabile Einordnung der Produktion in das Funktionsspektrum des Unternehmens mit klar definierten Schnittstellen ist Vergangenheit. Inner- und ausserbetriebliche Standortkonkurrenz, neue reale und virtuelle Unternehmensstrukturen, sich verändernde Strategien, Entwicklungen der Informationstechnik (Intranet, Business to Business-Kommunikation (BtoB), Workflow-Management, Data Warehouse), kürzere Lebenszyklen der Produkte wirken als Störgrößen. Die Erhaltung der internen und externen Wettbewerbsfähigkeit der Produktion erhält dadurch eine existenzielle Bedeutung.

Eigenverantwortlichkeit, Selbstoptimierung, Selbstkontrolle, Cost- und Profit-Center sind Ansätze, die Ergebnisverantwortung in den Prozess hineinzutragen, um so Wettbewerbsfähigkeit zu sichern.

Produktions-controlling

Das rechnergestützte Produktionscontrolling erhält hier eine Schlüsselfunktion. Nicht als zentrales Misstrauenscontrolling, sondern als dezentrales, im Prozess wirkendes, intrapersonales Controlling begegnet es Herausforderungen durch

- Informationsbereitstellung für die Selbstoptimierung im Fertigungssystem

- Sicherstellen ausgewogener (balanced) und strategiekonformer finanzieller und leistungsorientierter Ziele

- Vereinfachung und Verschlankung der Methoden und Planungsinstrumente

- Nutzung verteilter und vernetzter Informationssysteme

- rationellen ERP[1]-Einsatz.

Produktions-logistik

Die Produktionslogistik setzt die Ergebnisse des Produktionscontrollings in operative Maßnahmen des Produktionsvollzugs um und liefert dem Controlling im feedback Prozessdaten für die weitere Optimierung. Die Produktionslogistik ist folglich auch Gegenstand dieses Buches, wenn auch vorrangig zur Sicherung der Prozessorientierung des Controllings. Die Bedeutung des Produktionscontrollings steht also im Vordergrund diese Buches.

---

[1] ERP - Enterprise Resource Planning Software, hier mit SAP R/3.

SAP R/3 Leistungsfähige, hochintegrierte ERP-Systeme bilden die Infrastruktur für Controlling und Logistik. Das System SAP R/3 steht deshalb zu Recht im Mittelpunkt, hier allerdings aus der Sicht des potentiellen und bestehenden Anwenders, Prozessorganisators und Controllers. Die Intention besteht demzufolge darin, die typischen Anwendungen von R/3 im Produktionscontrolling und in der Logistik übersichtlich und komplexitätsverringernd darzustellen. Gerade für das Produktionscontrolling als übergreifende Anwendung erscheint dies im Sinne der Verständlichkeit angezeigt. Die Anwendungsvielfalt des Systems SAP R/3 kommt dabei naturgemäß zu kurz. Hier wird auf die Spezialliteratur verwiesen.

Im Ansatz der Balanced Scorecard von Kaplan/Norton wird die Verknüpfung der Produktionsprozesse mit der Finanz- und Kundenperspektive gefordert. Vom Produktionscontrolling sind dazu strategiekonforme Erfolgstreiber zu identifizieren, die das finanzielle Überleben wie auch Kundenbindung und Kundenbasis langfristig sichern.

EXCEL-Sheets Return on Investment, Liquidität, Profitabilität sind Forderungen, die von einer ergebnisorientierten Produktion zu erfüllen sind. Diese Fundamentalfaktoren benötigen ein auch dezentral handhabbares Kostenrechnungssystem. Dies bildet einen weiteren Schwerpunkt dieses Buches. Nach kritischem Vergleich heute üblicher Kostenrechnungssysteme wird mit der Maschinenplankostenrechnung ein standardisiertes Kostenrechnungssystem für die Prozessbeteiligten vorgestellt und als EXCEL-Sheets im Anhang dargestellt.

ERP-System, schlanke Kostenrechnung und strategische Ausrichtung im Balanced Scorecard-Ansatz bilden die Basis eines dezentralen Produktionscontrollings, das als Shop-Floor-Controlling von den Prozessagenten akzeptiert wird.

Nutzen für Produktionsmanager und Controller Das Buch wendet sich an Produktionsmanager, Controller und Anwendungsinformatiker im SAP-Umfeld. Prozessgestalter in der Produktionslogistik erhalten durch die Beispiele Hinweise zur Konfiguration einer wirtschaftlichen Logistik mit SAP R/3. Den mit der Controllingkrise wohlvertrauten Controllern und Produktionsmanagern insbesondere in KMU (kleine und mittlere Unternehmen) sollen die Anwendungsbeispiele Mut machen zur Installation eines schlanken Controllings auf der Basis von R/3.

Dem Autor geht es um Beantwortung der Frage: *Wie kann SAP R/3 mit Controllingtechniken, Logistik-know-how und Strategiekonzept zu einem leistungsfähigen, schlanken System konfiguriert werden?* Wenn das dem Leser teilweise vermittelt werden kann, ist der Zweck des Buches erreicht.

Kontakt-angebot

Anregungen sowie Anfragen zum Bezug der hierzu entwickelten Excel-Tabellen können unter bauer@mb.fh-wiesbaden.de erfolgen.

Den Herausgebern der Reihe danke ich für Ihre Unterstützung. Prof. Fuchs als Mitherausgeber hat mit wertvollen Hinweisen wesentlich zum Gelingen beigetragen. Herrn Dr. Klockenbusch vom Vieweg-Verlag sei für die fachkundige Betreuung des Projekts gedankt. Ferner den SAP-Systemverwaltern im CIM-Labor der FH Wiesbaden, Dipl.-Ing. Christ und Dipl.-Ing. Pistor, die mit großer Kompetenz das lokale Netz (LAN) und die SAP-Applikationen für die anwendungsbezogenen Forschungsarbeiten im Bereich Produktionscontrolling gepflegt haben. Herrn Dipl.-Wirtsch. Ing. Mesch und Herrn Dipl. Ing. Szczakiel von der Firma Schott danke ich für die wertvollen Diskussionen zum Logistik-Informationssystem. Herrn Dipl.-Vwt. Scharbert, ehemals Jagenberg AG, gilt mein besonderer Dank für viele Anregungen im Bereich Kostenmanagement von flexiblen Fertigungssystemen (FFS), ferner Frau Frehse für Hinweise zum SAP R/3-Modul CO.

Asperg, im Oktober 2001   Jürgen Bauer

Vorwort der Herausgeber

Die Weiterentwicklung der Produktion wird neben der Technikentwicklung auch noch durch die Megatrends

- Virtualisierung und

- New Work

beeinflusst. Dies erhöht weiter die Komplexität der Produktionsprozesse. Deshalb ist auch das hier notwendige Controlling und die Logistik in der Produktion an die Möglichkeiten der heutigen Informations-Technologie (IT) anzupassen.

Megatrend Virtualisierung

Der Megatrend Virtualisierung erlaubt die visuelle Darstellung von existierenden Informationen zu einer schnellen Informationsaufnahme für die Mitarbeiter. Dabei handelt es sich häufig um aktuelle Daten aus dem Produktionsprozess, die, für die Durchführung des Controlling, in rasch erkennbarer Form visuell aufbereitet zur Verfügung gestellt werden. Weitere Entwicklungen zur Datenpräsentation basieren auf der virtuellen. Realität oder der erweiterten virtuellen Realität. Damit wird für den Mitarbeiter im Unternehmen die Produktion, auch an den bisher nicht so deutlich sichtbaren Stellen, virtuell erlebbar. Diese hier angesprochenen Methoden sind noch als spezielle branchen- und aufgabenbezogene Visualisierungstechniken zu entwickeln, die dann je nach Ausprägung auch keine räumliche Nähe mehr zum Produktionsprozess besitzen müssen.

durchgängige Verbindung

Ziel ist es heute, eine durchgängige vertikale Verbindung zwischen der Prozessebene, deren Abläufe und Daten durch eine entsprechende Betriebsdatenerfassung repräsentiert wird und der administrativen Ebene, auf der die ERP-Systeme angesiedelt sind, zu schaffen. Besonders die hier in Echtzeit zur Verfügung stehenden Prozessdaten schaffen eine neue Qualität des Controllings.

Megatrend New Work

Der Megatrend New Work bezeichnet die sich neu bildenden Arbeitsformen in allen Varianten. Dies trifft z. B. auf die Telearbeit und auf viele neue Arbeitssituationen, wie z. B. in Leitständen mit virtuellen Informationspräsentationen zu. Auch hier sind die Möglichkeiten der Informations-Technologie noch mit den Bedürfnissen der Produktion und damit speziell auch mit dem Controlling und der Logistik in Einklang zu bringen.

Reihe IT-Professional

Die Reihe IT-Professional versucht die in aktuellen Forschungs-projekten in der Praxis entstandenen Erfahrungen der Autoren für die Praktiker aufzubereiten.

Mit dem vorliegenden Band

"Produktionscontrolling mit SAP-Systemen"

wird ein Beitrag zum effizienten Controlling moderner Produktionssysteme geleistet.

Wir bedanken uns bei unserem Kollegen Jürgen Bauer für seinen attraktiven und sehr hilfreichen Beitrag zum heutigen Verständnis des Produktionscontrollings und seiner praxisnahe Umsetzung auf die Bedürfnisse der Praktiker in der Produktion.

Die Herausgeber bitten alle Leser und Leserinnen um Anregungen und stehen zu Fragen mit ihren E-Mail-Adressen

Helmut.Dohmann@informatik.fh-fulda.de,

Gerhard.Fuchs@informatik.fh-fulda.de

Karim.Khakzar@informatik.fh-fulda.de.

zur Verfügung.

Alles Gute und viel Erfolg mit diesen Informationen zum Produktionscontrolling und der Produktionslogistik in unserer heutigen komplexen Unternehmensweit wünschen Ihnen

Ihre Herausgeber

Fulda, im Oktober 2001

Helmut Dohmann,   Gerhard Fuchs,   Karim Khakzar

Inhaltsverzeichnis

1 Grundlagen des Produktionscontrollings

**Haupt-
aufgaben**

Das Controlling in Produktionsunternehmen vollzieht sich im dynamischen Umfeld rasch wechselnder Wettbewerbssituationen, technologischer Entwicklungssprünge, globalen Wettbewerbs, integrierter Informationstechnik und einer zunehmenden Auflösung der funktional ausgerichteten Organisation zugunsten team- und ergebnisorientierter Prozessoptimierung. Das Produktionscontrolling übernimmt dabei die Hauptaufgaben

- Sicherung der Wirtschaftlichkeit der Produktion (Prozesswirtschaftlichkeit)

- Unterstützung der Investitionspolitik des Unternehmens

- Sicherung eines wirtschaftlichen Produktionsprogrammes im Zusammenhang mit der Durchsetzung der Wettbewerbsstrategie des Unternehmens

(vgl. Witt, 1997, 306).

**Produktions-
logistik als
Controlling-
objekt**

Diese Funktionen beschränken sich nicht auf Kontrolle und Überwachung des Produktionsprozesses. Vielmehr richtet sich das Selbstverständnis des Controllings auf den gesamten Planungs- und Kontrollbereich. Die Unterstützung der Ressourcen- und Ablaufplanung ist eine Kernaufgabe des Controllings. Die Produktionslogistik ist hierbei als Zielobjekt zu definieren. Des weiteren ist die Stellung des Produktionscontrollings im Wertschöpfungsprozess, im Wettbewerb, aber auch im technologischen Umfeld aufzuzeigen.

1.1 Produktionslogistik als Controllingobjekt

Die Produktion im heutigen Unternehmensverständnis ist Teil einer umfassenden Lieferkette (Supply Chain), bestehend aus der vorgelagerten Beschaffung und dem nachgelagerten Vertrieb. Die Logistik dieser Lieferkette befasst sich mit der Planung und Steuerung der Material – und Informationsflüsse. Nach der Position in der Wertschöpfungskette ist zu unterscheiden zwischen Beschaffungs-, Produktions- und Vertriebslogistik (vgl. Pfohl, 1996, 17). Im Rahmen der Lieferkette bestehen auch pagatorische Wechselbeziehungen: Zahlungsströme werden zusehends entpersonali-

1

siert und in Form von automatischen Zahlungsverfahren in die Wertschöpfungskette integriert (vgl. Peinl, P., 2002, 11ff). Eine Ergänzung der Warenströme um den zu den externen Partnern stattfindenden Finanzfluss ist deshalb angebracht (vgl. Knolmayer/Mertens/Zeier 1999, 2) (Abbildung 1).

Produktions-logistik in der Lieferkette

Die Verknüpfung in dieser Lieferkette erfolgt durch logistische (z. B. Transport- und Lagereinrichtungen, KANBAN[2], JIT[3]) und informationstechnische Schnittstellen (EDIFACT[4], XML[5]). Die traditionell warenwirtschaftlich ausgerichtete Kopplung der Logistikarten wird hierbei zunehmend von einer informationstechnisch/planerischen Integration überlagert.

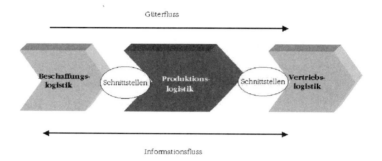

Abbildung 1: Produktionslogistik in der Lieferkette

Die Integration der Informations- und Warenflüsse ist eine exogene, vom Markt erzwungene Kernforderung an die Produktionslogistik. Deren Leistungsprozesse sind zunächst warenwirtschaftlich mit den vor- und nachgelagerten Prozessen zu synchronisieren, z. B. durch Just-in-Time-Lieferstrategien, durch Global Sourcing in der Beschaffung und durch Beschränkung auf Systemlieferanten mit umfassender Lösungskompetenz. Informationstechnisch sind Lieferanten und Kunden durch ein effizien-

---

[2] KANBAN – Japanisch = Karte, Materialversorgung auf der Basis des Holprinzips.

[3] JIT - Just in Time.

[4] EDIFACT - Electronic Data Interchange For Administration Commerce And Transport, UN-Standard.

[5] XML - Extended Markup Language.

tes, rechnergestütztes Lieferkettenmanagement, dem Supply Chain Management (SCM), einzubinden.

Die Produktionslogistik unterliegt jedoch auch starken endogenen Einflüssen. Getrieben von technologischen Veränderungen (Automatisierung), Fortschritten in der Informationstechnik (interne und externe Vernetzung) und neuen organisatorischen Konzepten (Gruppenarbeit, Profit-Center-Organisation) entfaltet die Produktionslogistik eine Dynamik, die hohe Risiken und Chancen im Wettbewerb bedeuten. Die Produktionslogistik wird damit zum dominierenden Faktor im Wettbewerb der Unternehmen und deren Ertragssituation. Dies bestätigt u.a. die in den USA mit ca. 450 Unternehmen durchgeführte PIMS-Studie (Profit Impact of Marketing Strategies), die Faktoren wie

Produktions-logistik als Wettbewerbs-faktor

- Produktivität pro Beschäftigten,

- Wirksamkeit der Investment-Nutzung,

- Produktdifferenzierung und

- Zuverlässigkeit

als positive Einflussgrößen auf den Return on Investment (ROI) als dominierende finanzwirtschaftliche Kennzahl des ertragsstarken und wettbewerbsfähigen Unternehmens identifiziert (Horvath, 1996, 369ff, Malik, 1994, 113).

Produktions-logistik aus Kundensicht

Die genannten exogenen Faktoren erfordern in modernen Fertigungssystemen – analog zur Situation in der Unternehmensstrategie – eine kundenorientierte Sicht der Produktionsprozesse. Die Fertigung wandelt sich vom produktionszentrischen zum kundenzentrischen Leistungserbringer, ohne dabei die traditionellen wirtschaftlichen Unternehmensziele zu vernachlässigen. Der externe oder interne Kunde (z. B. Montage) wird in den Mittelpunkt der Aktivitäten gestellt. Zentralisierte Planung stößt hier rasch an Grenzen. Sinnvoll ist folglich eine Drill Down-Strategie: Die auf das Unternehmen angewandte Wettbewerbsstrategie wird mit der Einführung autonom agierender Profit-Center, Cost-Center, Fertigungssegmente, flexibler Fertigungssysteme auf die shop-floor-Ebene, d. h. die einzelne Produktionsmaschine, den Arbeitsplatz, den Arbeitsplatzverbund heruntergebrochen. Die Forderung nach Zielkongruenz zwischen Unternehmens- und Bereichszielen erfordert ein Überdenken klassischer Produktionsziele. An die Stelle einseitig ausgerichteter Produktivitätsziele treten mehrdimensionale Ziele, die Wildemann als Erfolgsfaktoren einer wettbewerbsfähigen Produktionslogistik bezeichnet:

Erfolgs-faktoren

- die produktionsgerechte Produktgestaltung

- die Technologie-Beherrschung der Prozesse

- die Fertigungsorganisation

- die durchgängige Informationsversorgung und

- die Ressource *Mensch* als Problemlöser.

Moderne Managementkonzepte beruhen auf dezentralen Organisationsformen (Hahn/Lassmann,1999, 129). Die genannten Erfolgsfaktoren werden deshalb dezentral, d. h. prozessnah in den Profit- und Cost-Centern vor Ort durch die Prozessbeteiligten realisiert, koordiniert und überwacht. Dezentrale Strukturierung der Arbeit mit Delegation der Ergebnisverantwortung, wie sie seit langem im Prinzip des Job Enrichment (Arbeitsbereicherung) und Job Enlargement (Arbeitsverbreiterung) Eingang in die Arbeitsorganisation gefunden haben, setzen personelle Rahmenbedingungen und erfordern ein Umdenken in der Produktionslogistik.

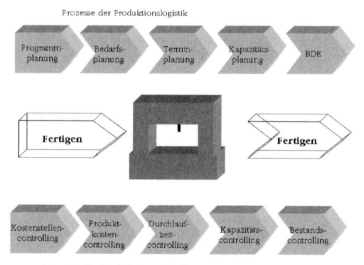

Abbildung 2: Teilprozesse von Produktionslogistik und Produktionscontrolling

Teilprozesse der Produktions- logistik

Betrachtet man die Teilprozesse der Produktionslogistik (Abbildung 2), so werden

- Programmplanung,
- Materialbedarfsermittlung,
- Terminplanung,
- Kapazitätsplanung und
- Betriebsdatenerfassung (BDE)

als zentrale Phasen der operativen Produktionssteuerung erkennbar. Sie determinieren den kurz- und mittelfristigen Erfolg in der Wertschöpfungskette der Produktion.

Integrations- und Koordinie- rungs- funktion

Die Produktionslogistik (Abbildung 2) wird überlagert durch die Teilprozesse des Produktionscontrollings mit

- dem Kostenstellencontrolling,
- dem Produktkostencontrolling,
- dem Durchlaufzeitcontrolling,
- dem Kapazitätscontrolling sowie
- dem Bestandscontrolling.

Das Produktionscontrolling bildet die Informationsbasis für die Produktionslogistik. Es ist das Bindeglied zwischen dem Prozessteam im Fertigungssystem, bestehend aus Teamsprecher als Prozessverantwortlichen (Processowner) und den Teammitgliedern als Prozessrealisatoren (Agenten), den Bereichscontrollern der Produktion und dem Unternehmenscontrolling. Damit kommt dem Produktionscontrolling eine wichtige Integrations- und Koordinierungsfunktion zu (vgl. Hahn/Lassmann 1999, 83ff). Entsprechend dem Selbstverständnis des Controllers (vgl. Horvath&Partner, 1998, 5ff) ist der Produktionscontroller aktiv in die Planung involviert, koordiniert die Planungsaktivitäten im Kontext der Unternehmensplanung und stellt seine Methodenkompetenz den Processownern und Prozessagenten zur Verfügung. Andererseits kann das Produktionscontrolling nicht losgelöst von der Produktionssteuerung gesehen werden. Dies erfordert eine Darstellung der Planungsprozesse der Produktionslogistik in kompakter Form (vgl. Abschnitt 3).

**Innovations-
druck auf
Produktions-
logistik**

Keiner der beiden anderen Logistikbereiche, die Beschaffungslo-
gistik und die Vertriebslogistik bzw. die Absatzlogistik, ist einem
der Produktionslogistik vergleichbaren Innovationsdruck ausgesetzt. Aus der Informationstechnik heraus entstehen neue Steue-
rungs- und Kommunikationstechniken - zu nennen sind hier vor
allem die im Bürobereich etablierten Betriebssysteme (z. B. Unix,
Windows-NT), die mittlerweile auch im Fabrikbereich in Steuer-
und Kommunikationsrechnern (Embedded Computer) Berücksichtigung finden, aber auch die zunehmende Verbreitung offener Kommunikationsprotokolle (TCP/IP[6], NFS[7], MAP[8], HTTP[9])
als Regelwerk für die zwischen- und überbetriebliche Kommunikation.

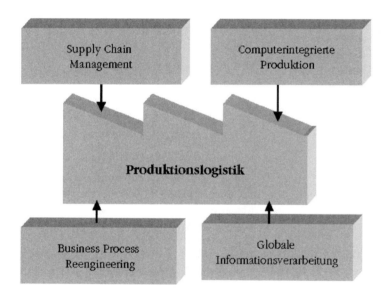

Abbildung 3: Paradigmen der Produktionslogistik

---

[6] TCP/IP - Transmission Control Protocol/Internet Protocol.

[7] NFS – Network File System.

[8] MAP – Manufacturing Automation Protocol – Kommunikationsproto-
koll für Rechner im Fabrikbereich.

[9] HTTP - Hypertext Transfer Protocol.

Gestaltungs-ansätze

Dies erklärt, warum die Produktionslogistik Gegenstand vielfältiger informationstechnischer Gestaltungsansätze ist (vgl. Specht u. a. 1994, 339ff) (Abbildung 3).

1.1.1 Supply Chain Management (SCM)

Supply Chain Management (SCM)

Der Wertschöpfungsprozess umfasst nach heutigem Logistikverständnis die gesamte Lieferkette vom Lieferanten bis zum Kunden. Demgemäß verfolgt man im Supply Chain Management (SCM) die informationstechnisch/planerische Integration dieser Lieferkette. Hier gilt es, DV[10]-Insellösungen, aber auch informationstechnische *black-boxes* und Medienbrüche zu überwinden. Die Lieferkette umfasst dabei alle mit Güterfluss und Gütertransformation verbundenen Aktivitäten vom Eingang des Rohmaterials bis zum Endverbraucher einschließlich des Informations- und Zahlungsmittelflusses. Supply Chain Management ist die Integration dieser Aktivitäten durch verbesserte Lieferketten-Beziehungen, um zu nachhaltigen Wettbewerbsvorteilen zu gelangen (Hanfield/Nichols, 1991). Wesentlicher Aspekt des SCM-Ansatzes ist die werksübergreifende Integration und Optimierung der Planungsprozesse (Bartsch/Teufel 2000, 13). SCM markiert zweifellos einen Meilenstein in der Evolution der Produktionslogistik (Abbildung 4).

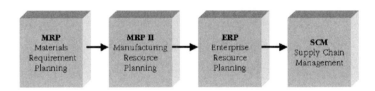

Abbildung 4: Evolutionsstufen der Produktionslogistik

Evolutions-stufen der Logistik

Stand bei Materials Requirements Planning (MRP) die Ermittlung des Materialbedarfes im Mittelpunkt der Produktionslogistik, so wurden bei Manufacturing Resource Planning (MRP II) auch die Personal- und Maschinenkapazitäten in die Ressourcenplanung einbezogen. Aufgrund der historisch begrenzten Rechnerressour-

---

[10] DV - Datenverarbeitung.

cen und im Hinblick auf eine Komplexitätsreduktion geschah dies vorwiegend in einer Sukzessivplanung gegen zunächst unbegrenzte Kapazität (Grobplanung). Diese Sukzessivplanung wurde dann mehrmals unter Kapazitätsrestriktionen durchlaufen (Feinplanung), bis ein im Regelfall suboptimaler Produktionsplan erreicht wurde. Enterprise Resource Planning (ERP) stellt die noch aktuelle Evolutionsstufe mit der innerbetrieblichen Wertschöpfungskette als Planungsobjekt dar. Hier werden auch personelle und finanzielle Ressourcen geplant und Funktionen wie Controlling, Marketing und Service einbezogen. Die serielle Planung bei MRP und MRP II weicht einer Simultanplanung mit dem Ergebnis optimaler Produktionspläne. ERP ist in seiner innerbetrieblichen Ausrichtung nach wie vor Planungsstandard in fortschrittlichen Unternehmen.

Gestaltungs-
felder des
SCM

SCM erweitert dieses Vorgehen in Form einer Ressourcenplanung entlang der Lieferkette zu externen Geschäftspartnern. Gestaltungsfelder des SCM sind

- die Organisation,

- die Planungs- und Steuerungsprozesse und

- das Informationswesen

in den beteiligten Unternehmen. Der Supply Chain Council, eine Non-Profit-Organisation von mehr als 400 Mitgliedern, hat dazu mit einem eigenen Referenzmodell, dem Supply Chain Operation Reference (SCOR), den organisatorischen Rahmen von SCM abgesteckt. Das Referenzmodell zielt auf die Kernprozesse

- Planen

- Beschaffen

- Herstellen

- Liefern.

SCM-Referenz-
modell

Im SCOR werden zunächst diese Prozesse und ihre Leistungsziele beschrieben (Ebene 1), anschließend differenziert in Prozesskategorien (Ebene 2). In Ebene 3 werden Best Practice–Parameter, Benchmarks, Softwaretools und Systeme definiert.

Die Vorgehensweise bei SCM stellt nach dem SCOR-Modell das Business Process Reengineering der genannten Kernprozesse in der Lieferkette des betreffenden Unternehmens an den Anfang. (Abbildung 5). Der Istzustand der Lieferkette wird analysiert und ein Sollzustand definiert.

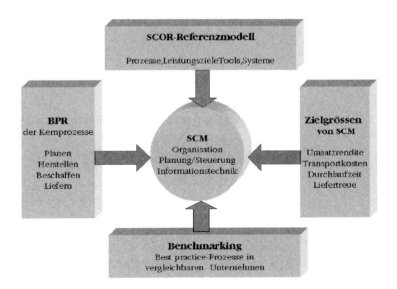

Abbildung 5: Komponenten von SCM im SCOR-Referenzmodell

In einem Benchmarking-Prozess werden Leistungskennzahlen von Lieferketten ähnlicher Unternehmen ermittelt. Aus Best in Class-Prozessen werden dann Ziele für das eigene Unternehmen abgeleitet.

Eine Analyse der Best Practice-Prozesse vergleichbarer Unternehmen fördert Managementmethoden und Softwaretools zutage, die für die Gestaltung der Lieferkette im eigenen Unternehmen richtungsweisend sind. Das aus dem Controlling bekannte Benchmarking (vgl. 1.2.9) findet sich hier als Vergleichstechnik wieder.

Gestaltungs-maßnahmen Praktische Ansatzpunkte im SCM sind die Gestaltung des Güterflusses mit Beschränkung auf wenige (System-) Lieferanten, mit denen eine intensive, prozess- und produktionsorientierte Produktentwicklung (Wertanalyse) betrieben wird (vgl. Knolmayer/Mertens/Zeier, 2000, 12). Daneben greift SCM auch in die Distributionsstrategie ein: Zentralisierte Lagerhaltung soll die Zahl der Verteilzentren und Auslieferungslager verringern, wobei z. B. das in der Luftfahrt bekannte Hub and Spoke-Prinzip (Nabe und Speiche) zur Anwendung kommt (vgl. Knolmayer/Mertens/Zeier, 2000, 86ff). Kostenoptimierung und Verbesserung der Lieferfähigkeit findet entlang der gesamten Lieferkette statt, gleichfalls die gesamte Ressourcen- und Bedarfsplanung.

Zielsystem   Knolmayer/Mertens/Zeier (2000, 18ff) definieren das Zielsystem für SCM:

- geringere Durchlaufzeiten

- geringere Auftragsabwicklungskosten

- verbesserte Termineinhaltung

- Bestands- und Lagerkostenreduzierung

- Produktivitätssteigerung

- verbesserte Kapazitätsauslastung.

SCM erfordert flexible Fertigung

Eines der Anliegen des vernetzten Unternehmens ist die Etablierung kundenindividueller Marketing-Strategien (vgl. Jost/ Warschburger, 2002, 161ff). Stellvertretend dafür steht das *one-to-one-Marketing*: Ein umfangreiches Informationsangebot über Webportale und elektronische Produktkataloge erlaubt ein Eingehen auf individuelle Kundenwünsche. Knolmayer/Mertens /Zeier (2000, 36) leiten daraus eine erforderliche erhöhte Flexibilität der Fertigung und der Kommunikationssystems ab. Diese Flexibilität wird zunehmend auf der shop-floor-Ebene erwartet. Rasch wechselnde Kundenbedürfnisse müssen in Produktvarianten umgesetzt und ohne großen Rüstaufwand gefertigt werden. Dem wird durch Planung und Einsatz flexibler Produktionssysteme entsprochen. Flexible Fertigungssysteme und Fertigungssegmente schaffen die notwendigen Voraussetzungen für auf Kundenzufriedenheit ausgerichtete Lieferketten (Abbildung 6).

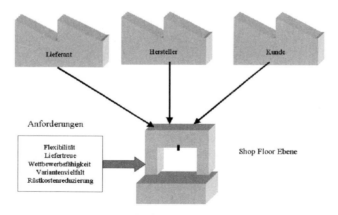

Abbildung 6: SCM-Anforderungen an Fertigungssysteme

Es erscheint somit sinnvoll, diese Fertigungssysteme in den Mittelpunkt der folgenden Ausführungen über die Produktionslogistik und das Produktionscontrolling zu stellen (siehe Kapitel 2).

Schnittstellen-standards

Die rechnergestützte Kommunikation mit Geschäftspartnern in den ersten 3 Evolutionsstufen der Produktionslogistik geschieht mit den bekannten industriellen Schnittstellenstandards

- EDIFACT, ANSI X.12[11] (auftragsbezogene Standards)

- VDA[12]-FS[13],VDA-PS[14], STEP[15] (produktbezogene Standards)

- CLDATA[16] (produktionsbezogener Standard).

(vgl. Scholz/Reiter, 1991, 83ff). Im wesentlichen handelt es sich hier um Standards zur Datenkonvertierung zwischen unterschiedlichen Hard- und Softwaresystemen. Bei SCM erweitert sich der Informationsaustausch durch Business to Business-Kommunikation (BtoB) auf Bedarfsdaten (vgl. 3.6), Bestandsdaten, Kapazitätsdaten, Konstruktionsdaten, Auftragsdaten (Termine, Kosten), wobei den externen Geschäftspartnern ein Zugriffsrecht auf unternehmensinterne Daten eingeräumt wird (vgl. Knolmayer/Mertens/Zeier, 2000, 14).

1.1.2   Rechnerintegrierte Produktion

Im Mittelpunkt des CIM[17]-Ansatzes stand anfänglich die DV-Integration zwischen betriebswirtschaftlichen und technisch orientierten Funktionen. Mit CIM wurde primär die Integration des Informationsflusses bezweckt (Haasis, 1993, 17).

---

[11] ANSI X.12 - Standardisierung von Electronic Document Interchange (EDI) mit US-nationalen und UN/Edifact-Lösungen.

[12] VDA - Verband der Automobilindustrie.

[13] VDA-FS - VDA-Flächenschnittstelle.

[14] VDA-PS - VDA-Programmschnittstelle.

[15] STEP - Standard for the Exchange of Product Model Data.

[16] CLDATA - Cutter Location Data.

[17] CIM - Computer Integrated Manufacturing.

Das Hauptanliegen, die CA[18]-Anwendungen

- CAD – Computer aided Design,
- CAQ – Computer aided Quality,
- CAM – Computer aided Manufacturing,
- CAP) – Computer aided Planning

mit der Produktions-Planung und -Steuerung (PPS) datentechnisch zu integrieren, wurde damit erreicht. Die mangelnde organisatorische und prozessgerichtete Integration führte jedoch teilweise zu ernüchternden Erfahrungen.

CA- und PPS-Integration

Hervorzuheben ist der Beitrag von CIM zur Lösung des Zielkonfliktes zwischen Wirtschaftlichkeit und Flexibilität (vgl. Kreuzer 1996, 659). Durch die CA- und PPS-Integration werden beträchtliche Rationalisierungspotentiale aktiviert (vgl. Wildenmann 1987, 211 und Hahn/Lassmann 1999, 534ff). Die Ergebnisse können jedoch nicht darüber hinweg täuschen, dass die Integration der Unterstützungs- und Innovationsprozesse noch unzureichend ist und deshalb Rationalisierungspotentiale ungenutzt bleiben. Hier entsteht die Forderung, betriebswirtschaftliche Planungs- und Kontrollfunktionen (z. B. Marketing, Controlling, Finanzplanung) stärker zu integrieren, wie z. B. im sogenannten CIM-Wheel der ASME[19] vorgeschlagen (vgl. Haasis, 1993, 16).

Computer Aided Controlling (CACo)

Erfolgssicherung bei CIM bedarf vor allem der Integration des Controllings in Form eines Computer Aided Controllings (CACo) (Hahn/Lassmann, 1999, 116), um eine Ergebnisoptimierung über den gesamten Produktentstehungsprozess sicherstellen zu können.

1.1.3

Informationsverarbeitung und -verteilung

Bei der Informationsverarbeitung und – verteilung sind die Möglichkeiten neuerer Ansätze der Informationstechnik (IT), insbesondere einer verteilten Datenhaltung, Verarbeitung und Datenpräsentation im Client/Server-Architekturmodell zu nutzen. Logistiker und Controller treffen heute auf eine Informationsstruktur, die sowohl die horizontale (z. B. von Maschine zu Maschine) als auch die vertikale Vernetzung (z. B. vom zentralen Controlling

---

[18] CA - Computer aided.

[19] ASME - American Society of Manufacturing Engineers.

zur Maschine) erlaubt. Damit sind Voraussetzungen geschaffen für die Übermittlung von Planungsinformationen an das Fertigungssystem wie auch für die Gewinnung von Prozessinformationen über Rückmeldesysteme (BDE).

Workflow-Management-Systeme (WFMS)

Vorgangssteuerungssysteme in Form der Workflow-Management-Systeme (WFMS) eröffnen interessante Perspektiven für eine rationelle Abwicklung von Planungs- und Kontrollprozessen und eine prozessnahe Informationsversorgung. Das Monitoring von Fertigungsprozessen wird durch Workflow-Management-Systeme wirksam unterstützt. Die zunehmende Anwendung von Data Warehouse-Systemen als umfassende Informationsspeicher für das Management, daran gekoppelte Data-Mining-Tools für die intelligente Datenaufbereitung eröffnen eine neue Dimension des Erkenntnisgewinns an Prozessdaten und Planungsalternativen. Diese Aspekte einer verteilten Informationsverarbeitung in bezug auf das Produktionscontrolling werden in Abschnitt 1.2.10 behandelt.

1.1.4   Business Process Reengineering

Process Reengineering

Das Business Process Reengineering (BPR) als Gestaltungsansatz vor allem für Verwaltungsaufgaben stellt alle Leistungs- und Planungsprozesse entlang der Logistikkette auf den Prüfstand. Die Optimierung des Geschäftsprozesses als Bündel von Aktivitäten, die dem internen oder externen Kunden ein Wertergebnis liefern (Hammer/Stanton, 1995, 20), kann gleichermaßen auf die Planungs- und Entscheidungsprozesse in der Logistik angewandt werden.

Die Verwaltungs-, Planungs- und Kontrollprozesse müssen somit – vergleichbar den Leistungserstellungsprozessen - das Postulat der Prozesswirtschaftlichkeit und -effizienz erfüllen (vgl. Biel, 1996, 51). Der BPR-Ansatz von Hammer/Champy beabsichtigt eine grundlegende Neugestaltung der Prozesse. Demgegenüber beruht der weniger radikale Ansatz des Business Process Improvement (BPI) auf einer evolutionären Vorgehensweise.

Re-engineering-ziele

Im Rahmen der Geschäftsprozessoptimierung verlagert sich die Gestaltungsobjekt von den Funktionen einer Stelle zu den Aktivitäten, insbesondere auch zu deren Koordinierungsaspekten. Hauptziele sind dabei (vgl. Gierhake, 1998, 34ff)

- Modellierung von schlanken Geschäftsprozessen

- Komplexitätsreduzierung der Prozesse

- Vermeiden von Medienbrüchen

13

- Kundenzentrische Gestaltung der Prozesse

- Kosten- und Zeiteffizienz.

Das Erfolgspotential beider Ansätze ist beträchtlich.

1.2   Produktionscontrolling

Trotz neuer Planungs- und Kontrollsysteme und moderner Kommunikationstechnik werden die operativen und strategischen Aufgaben des Controllings in der Produktion nur unzureichend erfüllt. Diesbezügliche Barrieren sind zu lokalisieren. Die Anforderungen an ein dezentrales, schlankes und prozessnahes Produktionscontrolling auf der Basis leistungsfähiger Kommunikationstechnik werden dargestellt und das Instrumentarium beschrieben.

1.2.1   Strategisches Produktionscontrolling

Erfolgs-Faktoren-analyse

Im Produktionscontrolling wird üblicherweise eine strategische und operative Sicht unterschieden. Im Mittelpunkt des strategischen Produktionscontrollings steht die Investitionsplanung zukünftiger Generationen von Fertigungssystemen, die Fabrikplanung (Layoutplanung) und die langfristige Planung des Fertigungsprogrammes. Hier hat sich ein Wechsel von der produktivitätsorientierten zu einer wettbewerbsorientierten Sicht vollzogen. Die Erfolgsfaktoren der Produktion sollen kompatibel sein zu den verfolgten Wettbewerbsstrategien (Wildemann, 1997, 74), d. h. die Fertigung wird zum eigenständigen Wettbewerbsfaktor. Beispielhaft dafür ist die von Wildemann (1997, 75) vorgeschlagene Erfolgsfaktorenanalyse.

Im Rahmen der Kontrollfunktion dient sie der Kontrolle laufender und abgeschlossener Produktionsprojekte.

Strategisches Controlling

Die wesentlichen Aufgaben des strategischen Controllings sind vom Streben nach Existenzsicherung, der Anpassung an die Umwelt geprägt (Horvath, 1998, 168ff). Typische strategische Aufgaben sind (vgl. Witt, 1996, 306f, Kreuzer, 1996, 662 sowie Zäpfel, 1989, 115):

- Beurteilen der Kapitalallokation für geplante Maschinen und Anlagen, z. B. unter Verwendung finanzwirtschaftlicher Investitionsrechenverfahren.

- Unterstützen einer wertorientierten Unternehmensführung durch Value Production.

- Aufzeigen der Stärken, Chancen, Fehler, Bedrohungen durch SOFT-Analysen (SOFT= Strength, Opportunities, Failures, Threads) in der Technologiepolitik des Unternehmens.

- Planen einer integrierten Informationsverarbeitung unter Einbeziehung von BDE, Elektronischer Leitstand, ERP-System.

- Planung der langfristigen Zuordnung von Teilespektrum und Fertigungssystem.

- Langfristige Programmplanung einschließlich der damit verbundenen strategischen Make or Buy-Entscheidungen (Outsourcing, Insourcing, Fertigungstiefe, Fertigungsbreite).

- Zuordnung von dezentraler Verantwortung und Kompetenzen zu Fertigungssystemen in Form von Cost- oder Profit-Centern, Gruppenfertigung, Fertigungssegmenten.

- Langfristige Planung der Logistikprozesse unter Einbeziehung alternativer Strategien und Steuerungsmethoden.

- Entwicklung eines Planungs- und Kontrollsystems auf der Basis eines zentralen ERP- Systems und eines Data Warehouses bzw. Data Marts.

- Ausrichtung des Controllingsystems an den Funktionaltäten des Supply Chain Management.

- Standort- und Realisierungsplanung neuer Werke, Desinvestition von Fabriken und Einrichtungen.

- Entwicklung adäquater Entgeltsysteme.

- Langfristige Materialversorgung mit Hilfe geeigneter Beschaffungsstrategien.

Erfolgs-potenziale der Produktion

Im strategischen Produktionscontrolling geht es insbesondere um die Sicherstellung der Erfolgspotenziale der Produktion. Wildemann (1987, 177) nennt hier

- die Marktorientierung

- die Qualität

- die Automatisierung und Nutzungszeitverlängerung

- Flussorientierung mit kurzen Durchlaufzeiten und niedrigen Beständen

- einen mitarbeiterorientierten Führungsstil

15

- Implementierung eines Informations- und Entscheidungssystems für dezentrale Entscheidungen

- Anpassung der Organisations- und Arbeitsstrukturen an Markt, Technologie, Mitarbeiter.

Wichtigstes ertragsorientiertes Entscheidungssystem des strategischen Produktionscontrollings ist die dynamische Investitionsrechnung, auch wenn eine rein monetäre Betrachtung wichtige Erfolgsparameter vernachlässigt (vgl. Wildemann, 1987, 67ff). Ferner die Durchsetzung des Value-Ansatzes in der Produktion. Break Even–Analysen, Produktlebenskurven, Produktportfolios ergänzen die finanzwirtschaftlichen Methoden.

Wettbewerbs-strategien

Das Produktionscontrolling wird üblicherweise im Top-Down-Ansatz aus dem Unternehmenscontrolling entwickelt. Dominantes Leitbild ist dabei die vom Unternehmen verfolgte Wettbewerbsstrategie. Porter nennt hier die

- Kostenführerschaft

- Differenzierung

- Beschränkung auf Kernkompetenzen (Nischenstrategie) .

Nur wenn Logistik und Bereichscontrolling strategiekonform vorgehen, ist ein Gesamtoptimum für das Unternehmen zu erreichen. Bereichsoptimierung - beispielsweise Ausbringungssteigerung – ist nur im Einklang mit der Unternehmensstrategie zulässig.

Bei der Strategie der Kostenführerschaft steht die Erlangung von Wettbewerbsvorteilen durch niedrige Kosten im Vordergrund. Dagegen behauptet sich das Unternehmen mit der Produktdifferenzierung durch ein breites, unverwechselbares Sortiment mit Qualitätsvorteilen gegenüber der Konkurrenz. Der Nischenanbieter beschränkt sich auf seine Kernkompetenzen und fokussiert sich auf einzelne Produktsegmente (*Kronjuwelen*).

Auswirkung auf Entscheidungen

Die Wettbewerbsstrategie prägt insbesondere die Investitionsentscheidung: Wildemann (1987, 159ff) zeigt anhand einer Expertenbefragung unterschiedliche Zielgewichtungen. So steht bei der Strategie der Kostenführerschaft die Kostensenkung im Vordergrund der Investitionsentscheidung. Sie hat auch bei den anderen Wettbewerbsstrategien eine herausgehobene Bedeutung, allerdings erhält bei der Differenzierungsstrategie die Bestandsreduzierung und die Senkung der Durchlaufzeiten eine zunehmende Bedeutung. Monetäre Ziele haben generell eine hohes

Gewicht bei der Strategie der Kostenführerschaft und, wenn auch geringer, bei der Strategie der Kernkompetenz.

Dezentralisierung und Kundenorientierung

Die Fertigungsorganisation steht vor neuen Herausforderungen: Die starke Kundenorientierung führt zu einer geringeren Konstanz der Produktions- und Absatzprogramme. Dies erfordert flexible Organisationsstrukturen, die durch Selbstorganisation, Selbstdisposition und Selbstoptimierung gekennzeichnet sind. Der Weg von der zentralen zur dezentralen Fertigungsorganisation ist unvermeidbar (vgl. Wildemann, 1997, 321). Er bedingt eine Neuausrichtung der Technologie. In Ergänzung zu den monetären Entscheidungskriterien bei der Planung von Produktionseinrichtungen eignet sich hierfür das Technologieportfolio (Wildemann, 1997, 93) als Strategie-Empfehlung (Abbildung 7).

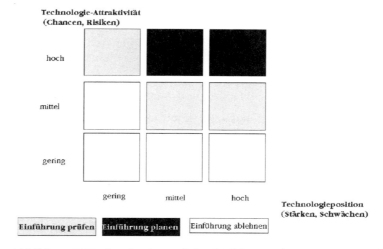

Abbildung 7 Technologieportfolio (Wildemann)

Bestimmungsgrößen der Technologieattraktivität sind die Chancen und Risiken der geplanten Produktionstechnologie, ausgedrückt durch Wettbewerbskriterien (Flexibilität, Variantenbeherrschung, usw.), technologische Kriterien (Automatisierungsfähigkeit, Technologiestandardisierung, Integrationsfähigkeit), Kostenkriterien (Produktivität, Kosteneinsparung, unsichere Kostenabschätzungen, Produkt- und Konjunkturrisiken) und organisatorische Kriterien (Transparenz, Arbeitsplatzattraktivität).

Demgegenüber wird die Technologieposition des Unternehmens durch Stärken und Schwächen bestimmt, wie z. B. das Finanzierungspotential, die Planungskompetenz, Erfahrungen mit ähnlichen Technologien. Investitionsschwerpunkte liegen vorrangig bei Technologien mit großen Chancen, in denen das Unternehmen kompetent zu agieren vermag.

Beispiel

Die Umstellung auf flexible Fertigungssysteme ist dann nicht sinnvoll, wenn das Unternehmen nur über geringe personelle (CNC[20]-Qualifikation) und finanzielle Ressourcen (geringes Eigenkapital) verfügt.

1.2.2   Operatives Produktionscontrolling

Das operative Produktionscontrolling hat die Sicherung der Prozesswirtschaftlichkeit der laufenden Fertigung zum Ziel (zur Abgrenzung von strategischem und operativem Controlling siehe auch Stahl, 1992, 53).

Die Hauptaufgaben (vgl. Witt F.J.,1996, 306):

Hauptaufgaben im Operativen Produktionscontrolling

- Gemeinkostenkontrolle der Fertigung und der Hilfsbetriebe in Form von Abweichungsanalysen über Kostenarten und Kostenstellen

- Planung und Analyse der gewählten Losgrößen

- Kapazitätskontrolle der Fertigungsmaschinen

- Laufende Kontrolle der make or buy- Praxis der Arbeitsvorbereitung (verlängerte Werkbank) bzw. des Einkaufs

- Analyse der Verfahrensentscheidungen.

- Kurzfristiges Constraint-Management (z. B. Einplanung der Aufträge, Schichtvariation)

- Produktkostencontrolling in Form von Kalkulationsabweichungen oder mitlaufenden Kalkulationen

- Laufende Überwachung des Cash-Beitrages der Produktionsanlagen

- Analyse und laufende Verbesserung der Steuerungs- und Freigabestrategien (BOA[21], KANBAN, Fortschrittszahlensteuerung)

---

[20] CNC - Computerized Numerical Control.

[21] BOA - Belastungsorientierte Auftragsfreigabe.

- Laufende Break Even-Analyse der Produktion und der kostenintensiven Anlagen

- Maßnahmen zur Rüstkostenminimierung

- Planung flexibler Schicht- bzw.- Arbeitszeitmodelle

- Bestandscontrolling in der Fertigung

- Verbesserung von Führungs- und Anreizsystemen .

Das operative Controlling manifestiert sich in Abweichungsanalysen in Form von Kosten, Auslastungen und diverser betriebswirtschaftlicher Kennzahlen.

Controlling-geeignete Kostenrechnung

Aus dem operativen Controlling werden Maßnahmen zur Sicherung der Prozesswirtschaftlichkeit abgeleitet. Hier stehen Informationen über das Kostenverhalten, die Termineinhaltung, die Kapazitätsauslastung und gegebenenfalls auch erzielte Deckungsbeiträge im Vordergrund. Im Mittelpunkt steht dabei die Abweichungsermittlung in Form eines Soll-Ist-Vergleiches der Gemeinkosten und die Produktkostenkontrolle. Zentrales Instrument zur Sicherung der Wirtschaftlichkeit der laufenden Produktionsprozesse ist dabei ein controllinggeeignetes Kostenrechnungssystem sowie ein ERP-System, das die Integration von Kostenrechnung und Mengenplanung verwirklicht.

Strategisches Kostenmanagement

Horvath (1998, 169) weist dem strategischen Kostenmanagement eine Koppelfunktion zwischen operativem und strategischem Controlling zu (Abbildung 8). Dessen Aufgabe besteht u. a. in

- der Ermittlung langfristiger, marktorientierter Kostenwerte als Führungsgrößen

- der Information über monetäre Konsequenzen strategischer Planungen

- der Ermittlung von Soll-Ist-Abweichungen

- der Informationsgewinnung bei der Machbarkeitsprüfung.

Wildemann spricht in diesem Zusammenhang von der strategischen Kostenführerschaft. Sie hat zum Ziel, durch strukturelle Veränderungen ein langfristig wettbewerbsfähiges Kostenniveau herzustellen (1997, 330).

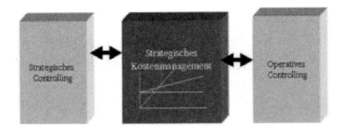

Abbildung 8: Strategisches Kostenmanagement als Bindeglied

Laufende Kostenkontrolle

Der Aufwand für das operative Controllings – insbesondere die laufende Kostenkontrolle – wird verschiedentlich in Frage gestellt: Einerseits sieht Weber (1998, 214) den Rationalisierungseffekt einer laufenden Kostenkontrolle gegen Null gehen. Andererseits betont er eine wachsende Bedeutung der Kostenrechnung in der bestimmungsgemäßen Nutzung der Anlagen. Da die Nutzung ganz wesentlich von den Kurzfristentscheidungen der dezentral Verantwortlichen bestimmt wird, so z. B. durch

- die Reihenfolge der Aufträge,

- rechtzeitiges Erkennen von Störungen,

- optimale Arbeitsverteilung und Personaldisposition,

geben gerade die laufenden Kosten als Ausdruck dieser Entscheidungen Hinweise auf Verbesserungsmöglichkeiten im Fertigungsprozess. Vor allem die Kapazitätsfeinplanung ist häufig mit der Belegung von Ausweichmaschinen, Lossplitting, kurzfristigen Make- or Buy-Entscheidungen verbunden (Glaser, 1991, 177ff).

Cost-Center

Angesichts der großen Produkt- und Verfahrensvariabilität bei moderner, flexibler Fertigung sind die Fertigungsprozesse nur teilweise vordeterminiert. Somit ist eine laufende Kostenkontrolle notwendig. Es ist kaum gerechtfertigt, auf diese zu verzichten, wobei sie weitgehend in der Eigenverantwortung der Mitarbeiter des Fertigungssystems liegen sollte. Das Bestreben, den Fertigungsstellen in der Organisationsform des Cost-Centers mehr Kostenverantwortung zuzuordnen, erfordert geradezu die Planung und Kontrolle der Kosten. Folgerichtig bestätigt Coenenberg die Bedeutung der Kontrolle der verursachten Kosten und der Abweichungsanalyse im Kontrollsystem von Cost-Centern (Coenenberg 1992, 431).

Trade off von Kosten

Sicherlich würde eine Abwertung der laufenden Kostenkontrolle auch Wechselwirkungen zwischen dem operativen Kostenverhalten und der Motivation der Mitarbeiter und Mitarbeiterinnen hervorrufen: Viele Investitionsentscheidungen sind Ergebnis der laufenden Kostenüberwachung. Weber (1998, 215) spricht hier vom optimalen *trade off* zwischen Projektierungs- und laufenden Kosten und betont die Bedeutung der antizipierten laufenden Kosten in der Investitionsphase. Beispielsweise ist die Installation z. B. von zusätzlichen Rüstplätzen, von zusätzlichen Sensorsystemen usw. oft Resultat laufender Kostenüberwachungsmaßnahmen bzw. von diesen getriggert. So können z. B. hohe Instandhaltungskosten Anlaß zu verbesserten Instandhaltungsstrategien sein. Dies gilt in gleicher Weise für die Teilefamilienbildung und Maßnahmen zur Losgrößenoptimierung.

Entscheidungsorientierte Kostenrechnung

Die Kostenrechnung liefert hier vor allem Informationen für den Investitionsentscheid bei nachfolgenden Beschaffungen, für die langfristige Planung des Produktsortiments und die Verfahrensoptimierung (vgl. Siegwart, 1989, 13, Witt, 1996, 306).

Die Ambivalenz zwischen operativem und strategischem Controlling ist in der Literatur ausgeprägter als in der Unternehmenspraxis. Hier überwiegen wechselseitige Informationen und Überschneidungen, die eine Vernachlässigung des operativen Controllings nicht rechtfertigen (vgl. Stahl, 1992, 205).

Das operative Controlling beschränkt sich nicht auf die Anwendung der Kostenrechnung: Erst im Zusammenspiel zwischen Kostenrechnung und ERP-System gelingt es, mengen- und wertbedingte Abweichungen zu erkennen und zu analysieren. So ist es beispielsweise angebracht, die Folgen einer mangelhaften Kapazitätsplanung nicht nur festzustellen, sondern möglichst in Kosten (Leerkosten) zu bewerten. Auch die Verfahrensplanung, z. B. die Wahl einer Maschine oder einer Losgröße kann nur auf der Basis verursachungsgerechter Kosten (relevanter Kosten) optimiert werden.

Kostenrechnung in ERP integriert

Dies erfordert die Integration der Kostenrechnung in ERP-Systeme - wie sie im Beispiel von SAP R/3 vorbildlich realisiert ist. Die Forderung wird seit langem auch in CIM-Integrationsansätzen erhoben, so z. B. auch im Y-Modell (Scheer, 1990). Die durchgängige Verfügbarkeit von Kosteninformationen in den produktionsbezogenen Informationssystemen ist unverzichtbar (vgl. Kaplan/Norton, 1996, 8).

1.2.3 Barrieren und Defizite im Produktionscontrolling

Die vor allem im Maschinenbau lange Zeit vorherrschende Wettbewerbsstrategie der Produktdifferenzierung hat mit ihren explodierenden Gemeinkosten zu einer kritischen Ertragssituation in diesen Unternehmen beigetragen (vgl. Weber, 1998, 181). Das Bewusstsein der Komplexitätskosten als Folge einer starken Produktdifferenzierung hat dazu geführt, daß die Wettbewerbsstrategie des *wir erfüllen jeden Produktwunsch* zusehends kritisch gesehen wird. Nicht zuletzt der Einsatz der Prozesskostenrechnung hat die wahren Kosten der Differenzierung offengelegt und zu einer kritischen Überprüfung beigetragen. Als Folge des globalen Wettbewerbs mit einem starken Kostendruck hat die Strategie der Kostenführerschaft an Bedeutung gewonnen, wenn auch die Probleme einer einseitigen Fixierung auf diese Strategie nicht zu vernachlässigen sind. Wettbewerbsfähigkeit wird - auch bei Beschränkung auf Kernkompetenzen – wesentlich über die Zielgrößen *Zeit, Kosten, Kapital* erreicht. Dies setzt jedoch ein leistungsfähiges, praktikables und möglichst einfaches Produktionscontrolling voraus (vgl. Daube, 1993, 32).

Explodierende Gemeinkosten

Dieser Übergang ist in der Unternehmenspraxis bisher nur teilweise vollzogen: In den eingesetzten ERP-Systemen werden dispositive Daten oft nicht controllinggerecht aufbereitet, Schnittstellen zu Kostenrechnungssystemen fehlen, teilweise werden noch ausschließlich veraltete Kostenträgerrechnungen mit hohen wertbezogenen Zuschlägen (Lohngemeinkosten) eingesetzt.

Informationsdefizite im Prozessteam

Die moderne Informationstechnik auf der Grundlage von Intranets stellt die Zugriffsmöglichkeit auf Daten der ERP-Systeme an jedem Ort und zu jeder Zeit bereit. Diese Zugriffsmöglichkeiten auf die Daten des Fertigungsprozesses wird allerdings selten genutzt, weil die Zugriffsrechte aus überzogenem Sicherheitsdenken zentral und ohne Kenntnis des Informationsbedarfs vergeben werden. Vielfach erhält der Verantwortliche im Fertigungssystem (Processowner) nur ein Zugriffsrecht auf punktuelle Funktionen (z. B. Abfrage der Arbeitsplatzdaten, aber nicht der Kostendaten der Kostenstelle). Einem dezentralen Controlling werden damit die Informationen vorenthalten.

Auf der Methodenseite ist ein Festhalten an überholten Controlling-Instrumenten zu beobachten. Zwar wurde das DV-

Instrumentarium (Rechnernetze, ERP-Systeme, elektronischer Leitstand, BDE) erweitert und modernisiert, jedoch für das Controlling häufig nur unzureichend genutzt. An zentralisierten Organisations- und Fertigungsstrukturen orientierte, aufwendige Kostenrechnungssysteme, fehlende Dialoganwendungen, geringer Abdeckungsgrad von Controlling-Funktionen in ERP-Systemen sind Hauptursachen für unzureichendes Produktionscontrolling.

Controlling-Defizite

Es stellt sich die Frage, ob die klassischen Planungs- und Überwachungsinstrumente des Produktionscontrollings - die Abweichungsanalyse der Maschinen, Arbeitsplätze und Kostenstellen, die Nutz- und Leerkostenanalyse, die Suche nach Kostentreibern in der Auftragsabwicklung und die Umsetzung der Prozesswirtschaftlichkeit durch Verringerung nicht wertschöpfender Tätigkeiten und der Durchlaufzeiten, überhaupt noch bewältigt werden können, oder ob es nicht im Produktionscontrolling selbst ein Komplexitäts- und Akzeptanzproblem gibt, das die wirksame Anwendung dieser Instrumente verhindert.

Defizite an wirtschaftlichen Informationen

Untersuchungen in Industriebetrieben bestätigen dies: Küpper (1983, 169ff) konstatiert nach einer Befragung von 500 Industrieunternehmen beträchtliche Defizite an wirtschaftlichen Informationen. Der Kommentar zu diesen Ergebnissen bestätigt, *... daß im Fertigungsbereich Entscheidungen zu wesentlichen Teilen ohne kostenrechnerische Informationen getroffen werden.* Dies ist insofern problematisch, als Marktsituation und Eigenkapitalrendite und dem Ausbau der Kosten- und Leistungsrechnung korrelieren (Horvath, 1996, 637).

Kostenrechnung beeinflusst Rendite

Zu ähnlichen Ergebnissen kommen Lange/Schauer (1996, 204). 73,5 % der von ihnen befragten Betriebe machen zwar eine Wirtschaftlichkeitskontrolle, davon jedoch 47,6 % mit Istkosten. Eine Plankostenrechnung wird von 51,6 % nicht durchgeführt. Wie zu erwarten, werden gerade in Kleinbetrieben Plankostenrechnungen noch unzureichend verwendet (Horvath, 1996, 639). Offenkundig sind die klassischen Instrumente der flexiblen Plankostenrechnung und deren vorwiegend manuelle Verarbeitung nicht ausreichend an die Bedürfnisse dieser Unternehmen angepasst.

Defizite in mittelständischen Unternehmen

Vergleichbare Ergebnisse zeigt eine vom Institut für spanende Technologie und Werkzeugmaschinen der TU Darmstadt durchgeführte Untersuchung in mittelständischen Maschinenbaubetrieben, die im Vergleich zu Großunternehmen erhebliche Defizite feststellt (Abbildung 9).

Geringe Anwendung betriebswirtschaftlicher Verfahren

Zeitengpässe für die Planung

Investitionsentscheidungen wenig formalisiert

Wenig dezentrale Entscheidungen

Wenig detailliertes internes Rechnungswesen

Weniger standardisierte und formalisierte Abläufe und Prozesse

Weniger Potential für betriebsinterne Gewinnung von Experten für neue Technologien

Abbildung 9: Defizite mittelständischer Maschinenbauunternehmen (Auszug) Quelle VDMA/FKM

1.2.4   Dezentrales Produktionscontrolling

Misstrauens-controlling

Das Bestreben, durch ein zentrales Controlling eine straffe und wirtschaftliche Prozessführung zu erreichen, muss angesichts veränderter Produktionsbedingungen und ausgedünnter Personalressourcen im Controlling selbst scheitern. Ein solch zentrales *Misstrauenscontrolling* (Wildemann) ist Ausdruck eines überholten Organisationsbildes.

Dezentral organisierte Fertigung bedarf eines dezentralen operativen Controllings. Treffen dezentrale, ergebnisorientierte Produktionsstrukturen auf zentrale Controllingstrukturen, wird die häufig zitierte Controlling-Krise zweifellos noch verschärft.

Downgrading von Controlling-methoden

Notwendig ist ein Downgrading der Controllingmethoden und deren Anpassung an die Bedürfnisse der Prozessbeteiligten. Gemessen an der vorgefundenen Situation in den Unternehmen ist ein Durchbruch zu einem dezentralen Controlling noch nicht erreicht: So kommt Wildemann (1996, 121) bei der Analyse durchgeführter Maßnahmen zur Fertigungssegmentierung zum Ergebnis, dass lediglich in 8% der Fälle Controlling-Funktionen in das Segment verlagert wurden mit der Absicht, dem Segmentleiter ein kostenverantwortliches Handeln zu ermöglichen.

Im Fokus der Probleme steht die Kostenrechnung: Die auf Prozesswirtschaftlichkeit ausgelegte, schlanke und dezentral organisierte Unternehmensorganisation wird noch allzu häufig von einem vorwiegend funktional ausgerichteten, zentralisierten Rechnungswesen begleitet. Solche traditionellen Kostenrechnungssysteme sind jedoch nicht in der Lage, vorgangsbezogene Kosteninformationen in zeitnaher Form zu liefern (Horvath, 1996, 686). Von verschiedenen Autoren wird deshalb folgerichtig eine prozessnahe Dezentralisierung der Kostenrechnung gefordert (z. B. Scheer, 1990, 102). In Abschnitt 4 wird ein so strukturiertes Kostenrechnungssystem vorgestellt.

Prozessnahes Controlling

Das Methodenproblem wird überlagert durch ein Akzeptanzproblem: Zentrale Controlling-Kompetenz wird von den Fachabteilungen nur bedingt akzeptiert, die Controlling-Funktionen verlagern sich in die betrieblichen Kernprozesse hinein. (Vikas, 1996, 124). Statt der bereits kritisierten, zentral vorgenommenen Kostenumlage wird die Kostenzuordnung bei der Ressourcenbereitstellung und -Inanspruchnahme verlangt (vgl. Kaplan, 1995, 63).

Wildemann (1994, 323) betont die Notwendigkeit eines prozessnahen Controllings: *Neue Organisationskonzepte mit einer erhöhten Kostenbeeinflussbarkeit und einem erweiterten unternehmerischen Handlungsspielraum von Organisationseinheiten führen zu der Notwendigkeit, die Wirtschaftlichkeit aller Tätigkeiten in diesen Organisationseinheiten zu überwachen.*

Das Beharren auf zentralen Controllingsystemen ist ein Hindernis auf dem Weg zu Cost-Centern und Profit-Centern in der Produktion (vgl. Denk/Kunesch, 1996, 526).

1.2.5 Reengineering des Controllingsprozesses

Das Business Process Reengineering stellt zunehmend die Planungs- und Kontrollprozesse im Controlling selbst auf den Prüfstand. In Fortführung der BPR-Gedankens wird folglich die Verringerung des Planungsaufwandes im Controlling als Weg aus der Controlling-Krise empfohlen (z. B. Vikas, 1996, 128). Das bedeutet nicht zuletzt auch, wie von Weber (1991, 180ff) gefordert, die "Kosten der Kostenrechnung" selbst zu verringern.

Schlankes Controlling

In der Prozessausrichtung des Rechnungswesens liegt demzufolge ein beträchtliches Rationalisierungspotential (Rosemann/Schulte, 1996, 193ff), von ihnen in Handlungsmaximen formuliert:

- stärkere Kundenorientierung (Kunde = interner oder externer Informationsnachfrager)

- Beitrag zur Reduzierung der time to market neuer Produkte

- Reduzierung der Auftragsdurchlaufzeit (Auftrag = Anforderung an das Rechnungswesen)

- Minimierung organisatorischer Schnittstellen und des Koordinierungsbedarfs

- Abbau von Medienbrüchen

- Minimierung der Prozessobjekte (Belege, Kopien usw.).

Diese Prozessziele geben Hinweise auf die Optimierung des Planungs- und Kontrollprozesses im Produktionscontrolling. Sie sind, wie in Abschnitt 2.3. gezeigt wird, auch von Bedeutung für den Fertigungsprozess selbst.

Wildemann (1997, 329) formuliert die Anforderungen an ein schlankes Produktionscontrolling (Abbildung 10).

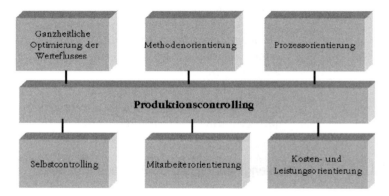

Abbildung 10: Schlankes Produktionscontrolling (nach Wildemann)

Die Maßnahmen für ein dezentrales Controlling:

Maßnahmen

Ein Weg zum Abbau von Komplexität im Controlling ist in der Standardisierung der Methoden und Objekte des Produktionscontrollings zu sehen (Abbildung 11): Gefordert sind ein bereichsübergreifender Datenaustausch von standardisierten Kosten, Verrechnungspreisen (Scheer, 1990, 102), aber auch die Standardisierung des formalen Aufbaus von Kalkulationen, Kostenplänen und der Methoden der Kostenermittlung. Standardisierung führt zur Gewöhnung und Vertrautheit mit dem Controllingsystem, eine Grundvoraussetzung für die dezentrale Akzeptanz bei den Processownern und –Agenten der Fertigung (Bauer, FB/IE, 2002). Standardisierung ist ferner eine Voraussetzung für die Wiederverwendbarkeit und Automatisierung der Methoden im Controlling. Die Wiederverwendbarkeit von Planungsprozessen führt, in Analogie zu den Prinzipien der Softwaregestaltung, folgerichtig zum objektorientierten Vorgehen bei der Gestaltung des Kostenmanagements (vgl. Abschnitt 4).

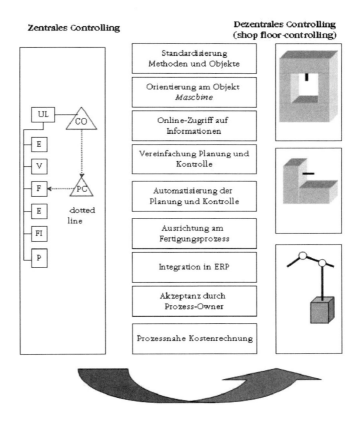

Abbildung 11: Vom zentralen zum dezentralen Controlling

Eine Kostenplanung, die an einem Objekt (z. B. Maschine, Produkt) erfolgt, kann in unterschiedlichen Planungsprozessen (z. B. Plankalkulation, Nachkalkulation, Kostenstellenplanung, Abweichungsanalyse, Verfahrenswahl) wiederverwendet werden.

Stark differenzierte, unterschiedliche Bezugsgrößen, vielfältige Kostenarten, unterschiedliche, individualisierte Berichte erhöhen den Aufwand für das Controlling und führen zu Akzeptanzproblemen bei den Entscheidungsverantwortlichen in der Fachabteilung, aber auch der Beteiligten in der Lieferkette.

Kennzeichen moderner Fertigungssysteme ist eine zunehmende technische und organisatorische Komplexität. Waren frühere Kostenrechnungs- und Kostenkontrollsysteme auf einfache, niedrig automatisierte Arbeitsplätze gerichtet, in denen die Lohnkosten dominierten, so trifft das Controlling heute auf hoch automatisierte Maschinengruppen, Fertigungsinseln und Fertigungslinien (vgl. Ziegenbein, 1995, 192).

Maschinen-orientierte Kostenrech-nung

Mit einer Maschinenplankostenrechnung (MPKR), die prozessnah die controllingorientierten Anforderungen erfüllt und einem integrierten leistungsfähigen ERP-System mit umfangreichen Controllingfunktionen, realisiert auf einer Client/Server-Architektur, besteht ein wirtschaftlicher Ansatz für das Kosten-Controlling in produzierenden Unternehmen (Maschinenbau, Metallindustrie, Elektroindustrie). Da die maschinenorientierte Kostenrechnung auch in Klein- und Mittelbetrieben (KMU) ein bevorzugtes Kostenrechnungsverfahren darstellt, ist die Kombination von Maschinenplankostenrechnung und R/3 ein Ansatz zur Migration von ERP-Systemen in KMU.

Mit der Marktreife neuer, alle Geschäftsprozesse integrierenden ERP-Systeme, wie es das SAP R/3-System repräsentiert, die auch umfassende Controlling-Funktionen enthalten, eröffnen sich für das Produktionscontrolling neue Perspektiven: Kostenplanung, Gemeinkosten- und Produktkostenkontrolle lassen sich nun im gleichen Software-System wie die mengenorientierten Prozesse der Auftragsabwicklung abwickeln. Dies bedeutet die vielfach geforderte Integration von wert- und mengenorientierten Prozessen. Damit wird auch die Forderung nach leistungsfähigen Prozessinformationssystemen als Basis eines prozessorientierten Controllings erfüllt (Grob, 1996, 153).

Controlling komplexer Fertigungs-systeme

Mit der Forderung nach Kundenorientierung kommt dem Leistungscontrolling ein besonderes Gewicht zu. Termin-, Kapazitäts- und Bestandscontrolling sind Aufgaben, die mit dem System R/3 wirtschaftlich gelöst werden können. Das in R/3 integrierte Produktionsinformationssystem erlaubt hier aktuelle, entscheidungsorientierte Controlling-Informationen.

Ein System zum Produktionscontrolling muß in der Lage sein, moderne, hochkomplexe Fertigungsstrukturen abzubilden. Erst mit der Beherrschung solcher Strukturen beweist das Produktionscontrolling seine Effizienz. Gegenstand der Controlling-Beispiele in den folgenden Kapiteln ist deshalb ein komplexes, hochautomatisiertes flexibles Fertigungssystem. Controllingbezogene Aussagen an solchen Systemen lassen sich mit relativ großer Sicherheit auch auf weitere, moderne Produktionssysteme (z. B. Fertigungssegmente) übertragen.

1.2.6   Produktionscontrolling im Produkt-Portfolio

Die strategische Position des Unternehmens wird maßgeblich von der Positionierung der Produkte im Produktportfolio bestimmt. Es ist deshalb sinnvoll, das Produktionscontrolling an der strategischen Produkt-/Marktpositionierung auszurichten. Insbesondere die so vorgenommene Differenzierung der Planungs- und Controllingintensität am Produktportfolio ist ein wichtiger Beitrag zur Erhöhung der Wirtschaftlichkeit.

Produkt-Portfolio

Das Portfoliomodell der Boston Consulting Group unterscheidet die Produktgruppen (Abbildung 12):

- Question Marks: neu entwickelte Produkte mit hohen Wachstumperspektiven, aber noch geringem Marktanteil

- Stars: Produkte, die sich am Markt etabliert haben und weiterhin hohe Wachstumsraten erwarten lassen

- Cash Cows: Produkte mit hohem Marktanteil aber geringer Wachstumsperspektive

- Poor Dogs: Produkte, die kein Wachstum erwarten lassen und zudem nur einen geringen Marktanteil haben.

Eine häufig zu beobachtende, wenn auch nicht zwangsläufige Entwicklungsrichtung geht vom Question Mark zum Star, dann zur Cash Cow, bevor dann für den Poor Dog der Marktaustritt nahe rückt.

Konsequenzen für das Controlling

Bei Poor Dog-Produkten ist es angebracht, vorwiegend einfache, fallweise Planungsmethoden einzusetzen. Auswertungen, z. B. in Form von Produktionsstatistiken, können batchorientiert erstellt werden, da der Informationsbedarf in dieser Phase gering und nicht zeitkritisch ist. Die Kostenplanung kann beispielsweise auch unter vermehrter Verwendung von Schätzwerten erfolgen. (Abbildung 12). Für Stars und Cash Cows haben Controlling-Informationen ein großes Potential: Hier sollte der Schwerpunkt auf dialogorientierte Auswertungen gelegt werden. Informationen müssen rasch verfügbar sein, da Fehlentscheidungen wegen der hohen Umsätze und der zu erwartenden Expansion gravierende Auswirkungen haben können. Die Verbrauchs- und Kostenplanung muß hier vorwiegend analytisch erfolgen.

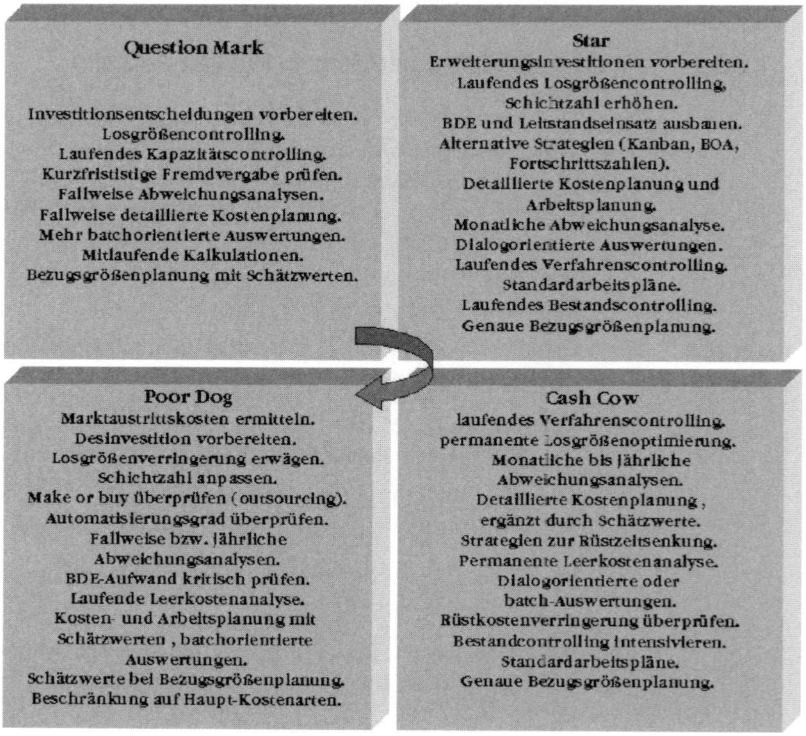

Question Mark

Investitionsentscheidungen vorbereiten.
Losgrößencontrolling.
Laufendes Kapazitätscontrolling.
Kurzfristige Fremdvergabe prüfen.
Fallweise Abweichungsanalysen.
Fallweise detaillierte Kostenplanung.
Mehr batchorientierte Auswertungen.
Mitlaufende Kalkulationen.
Bezugsgrößenplanung mit Schätzwerten.

Star
Erweiterungsinvestitionen vorbereiten.
Laufendes Losgrößencontrolling,
Schichtzahl erhöhen.
BDE und Leitstandseinsatz ausbauen.
Alternative Strategien (Kanban, BOA,
Fortschrittszahlen).
Detaillierte Kostenplanung und
Arbeitsplanung.
Monatliche Abweichungsanalyse.
Dialogorientierte Auswertungen.
Laufendes Verfahrenscontrolling.
Standardarbeitspläne.
Laufendes Bestandscontrolling.
Genaue Bezugsgrößenplanung.

Poor Dog
Marktaustrittskosten ermitteln.
Desinvestition vorbereiten.
Losgrößenverringerung erwägen.
Schichtzahl anpassen.
Make or buy überprüfen (outsourcing).
Automatisierungsgrad überprüfen.
Fallweise bzw. jährliche
Abweichungsanalysen.
BDE-Aufwand kritisch prüfen.
Laufende Leerkostenanalyse.
Kosten- und Arbeitsplanung mit
Schätzwerten, batchorientierte
Auswertungen.
Schätzwerte bei Bezugsgrößenplanung.
Beschränkung auf Haupt-Kostenarten.

Cash Cow
laufendes Verfahrenscontrolling.
permanente Losgrößenoptimierung.
Monatliche bis jährliche
Abweichungsanalysen.
Detaillierte Kostenplanung,
ergänzt durch Schätzwerte.
Strategien zur Rüstzeitsenkung.
Permanente Leerkostenanalyse.
Dialogorientierte oder
batch-Auswertungen.
Rüstkostenverringerung überprüfen.
Bestandcontrolling intensivieren.
Standardarbeitspläne.
Genaue Bezugsgrößenplanung.

Abbildung 12: Produktionslogistik und -controlling im Produkt-
Portfolio

Rechnerunterstützung lohnend

Rechnerunterstützung der Planung und Kontrolle ist hier generell lohnend. Monatliche oder noch kurzfristigere Abweichungsanalysen sind angezeigt. Ein besonderer Schwerpunkt der Controlling-Aktivitäten bilden hier die gewählten Verfahren, Losgrößen und Bezugsarten.

Bei Poor Dog-Produkten sind Austrittsszenarien vorzubereiten und zu überwachen, z. B. durch Ermitteln der Stilllegungskosten von Maschinen und der wirtschaftlichen Verwertung freiwerdender Kapazitäten. Hier interessieren ferner die remanenten Kosten bei zurückgehender Beschäftigung in der Vorphase des Austritts (vgl. Weber, 1998, 212ff).

Besondere Bedeutung erhält das Produktionscontrolling angesichts der Dynamik eines Produktes im Portfolio: Beim Übergang vom Question Mark- zum Star-Typ sind wichtige Investitions- und Controllingentscheidungen zu treffen. Hierzu bedarf es Kosteninformationen über alternative Fertigungssysteme. Wird aus einer Cash Cow ein Poor Dog, sind häufig Desinvestitionen, aber auch Schichtreduktionen zu planen. Die Leerkostenkontrolle wird hier zum wichtigen Indikator für kapazitätsbezogene Maßnahmen.

Verursachungsgerechte Plankalkulationen, produktbezogene und kostenstellenbezogene Soll-Ist-Abweichungen sind für alle Portfoliotypen unerlässlich.

Da für den Übergang vom Cash Cow-Typ zum Poor Dog-Typ Stückzahldegressionen typisch sind, werden bisherige Verfahren unwirtschaftlich. Das Controlling muss hier neue optimale Verfahren identifizieren.

1.2.7   Kennzahlen

Kennzahlen bilden die Basis der Überwachungsfunktion des Controllings. Sie sind

- Zielsystem für die zukunftsgerichtete Gestaltung der Wertschöpfungskette,

- Maßstab für die Zielerreichung

- und Messgrößen im innerbetrieblichen und ausserbetrieblichen Vergleich (Benchmarking)

ROI
CFROI

Monetäre Kennzahlensysteme sind in unterschiedlichen Formen im Einsatz, beispielsweise als Du-Pont-Kennzahlensystem (vgl. Horvath, 1996, 548): An der Spitze der vorwiegend rentabilitätsorientierten Kennzahlenpyramide steht der ROI (Return on Investment) als Rendite des eingesetzten Kapitals (vgl. Kaplan/Norton 1886, 22) mit

ROI = Gewinn / eingesetztes Kapital * 100

Horvath (1998, 203ff) betont die Grenzen der renditeorientierten Kennzahlensysteme, die für die Ursachenzuordnung von Kennzahlüberschreitungen wenig geeignet sind. Zunehmend wird hier der auf das eingesetzte Kapital bezogene Cash Flow verwendet:

$$CFROI = Cash\ Flow\ /\ eingesetztes\ Kapital\ *\ 100$$

Funktions-orientierte Kennzahlen

In der kundenzentrischen Produktion gewinnen deshalb nicht-monetäre Kennzahlen an Bedeutung (Abbildung 13). Vorgeschlagen werden im Produktionsbereich Kennzahlen für Bestände, Liegezeiten, Durchlaufzeiten, Auslastung (vgl. Knolmayer/Mertens/Zeier 2000, 68). Diese funktionsorientierten Kennzahlen sind ein bevorzugtes Instrument dezentraler Unternehmensführung (Horvath, 1998, 203).

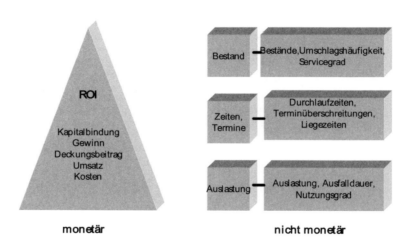

Abbildung 13: Monetäre (Anlehnung an Du-Pont) und nichtmonetäre Kennzahlen (Anlehnung an Horvath) im Produktionsbereich

1.2.8   Balanced Scorecard

BSC-Perspektiven

Im Balanced Scorecard (BSC)-Ansatz von Kaplan/Norton werden die Kennzahlen zum Bestandteil eines umfassenden Strategiekonzepts. Ausgehend von der Mission und Strategie des Unternehmens unterscheiden Kaplan/Norton 4 Unternehmensperspektiven, für die in einem vom Top-Management ausgehenden Planungsprozess Ziele, Kennzahlen und Maßnahmen erarbeitet werden (Kaplan/Norton, 1997, 9ff) (Abbildung 14).

Unterschieden werden

- Die Finanzperspektive, in der das Unternehmen aus der Sicht der Anteilseigner und auch der Kunden (verläßliche Beziehungen) betrachtet wird.

- Die Kundenperspektive, in der man das Unternehmen aus Kundensicht betrachtet.

- Die Prozesssicht, in der die wertschöpfenden Prozesse identifiziert und gestaltet werden.

- Die Lern- und Entwicklungsperspektive, die insbesondere die Voraussetzungen für Innovationen schafft.

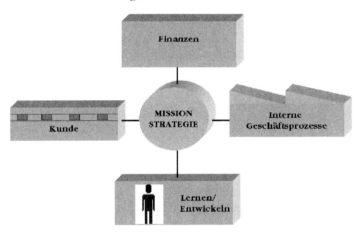

Abbildung 14: Perspektiven der Balanced Scorecard

Ergebnis- und Leistungs-kennzahlen im ausgewogenen Verhältnis

Die BSC führt in allen Perspektiven zu Kennzahlen, die Ergebnis- und Leistungskennzahlen im ausgewogenen (balanced) Verhältnis berücksichtigen (Horvath 1998, 204), wobei den Leistungskennzahlen eine zukunftsgerichtete Funktion zukommt.

Kennzahlen sind strategiekonform zu formulieren. Demzufolge beginnt ein BSC-Prozess auch mit der Entwicklung und Formulierung einer Mission.

Norm-Strategien

Gegenstand der Mission sind die Zielmärkte und die Kernprodukte, mit denen sich das Unternehmen im Wettbewerb behaupten muss (Norton/Kaplan 1996, 24). Ausgehend von der Mission wird die Unternehmensstrategie geplant und für die 4 Perspektiven formuliert. Normstrategien (Kaplan/Norton, 1996, 48f) sind:

- Wachstum mit dem Schwerpunkt auf der Produktentwicklung und der Markterschliessung

- Nachhaltigkeit mit Schwerpunkt auf stetigem Profit, Investmentnutzung, Produktverbesserung

- Ernten durch finanzielle Ausbeute bestehender Produkte mit Schwerpunkt auf kurzfristigem Profit.

Die Unternehmensstrategie wird auf die 4 Perspektiven heruntergebrochen. Für jede Perspektive werden Zielgrößen, Kennzahlen und Initiativen in einem top-down-Vorgehen geplant:

Finanzper-spektive

- Finanzperspektive: Sie sieht das Unternehmen aus der Sicht der Anteilseigner. Strategische Erfolgsgrößen sind Profit, Umsatzwachstum, Investmentnutzung, Produktivität, Kostensenkung (vgl. Kaplan/Norton, 1996, 50ff). Typische Kennzahlen sind ROI, Anteil Eigen- zu Fremdkapital, Cash Flow.

Kundenper-spektive

- Kundenperspektive: Marktanteil, Kundenbindung, Kundengewinnung, Kundenzufriedenheit und Kundenprofitabilität sind strategische Erfolgsgrößen (Kaplan/Norton, 1996, 67ff).

Prozessper-spektive

- Interne Prozessperspektive: Sie umfasst die Wertschöpfungskette von der Produktinnovation, den Lieferantenprozessen, der Herstellung bis zur Distribution. Kaplan/Norton weisen auf die Bedeutung für die Finanz- und Kundenperspektive hin: the processes .... *are most critical for achieving customer and shareholder objectives* (1996, 93). Strategische Erfolgsgrößen sind u. a. die time to market neuer Produkte, die Durchlaufzeit, die Termineinhaltung (On-Time-Delivery - OTD), die Bestandsverringerung, Qualität, aber auch finanzielle Größen wie Kosten. Kaplan/Norton (1996, 130ff) weisen hier auf die Gefahr einer Prozessoptimierung ohne genügende Verankerung in der Finanzperspektive hin: Motto: Sind die Prozesse optimiert, stimmen die Finanzen von selbst. *Ultimately, causal paths from all the measures on a scorecard should be linked to financial objektives.* Prozessoptimierung ohne finanzielle Bewertung führt lediglich zu Bereichsoptima und ist zu vermeiden. Daraus leitet sich die Forderung nach weitgehender Ergänzung der Leistungskennzahlen durch Finanzkennzahlen (Kosten, Deckungsbeiträge, Cash Flow) ab. Das Produktionscontrolling hat dem durch angemessene Berücksichtigung des Kostencontrollings, des Ertragsmanagements und des Investitionscontrollings zu entsprechen. Die Prozessperspektive fokussiert sich demzufolge auf Prozesse mit der größten Auswirkung auf Finanz- und Kundenperspektive (Kaplan/Norton, 1996, 27).

Wissens- und Entwicklungsperspektive

- Wissens- und Entwicklungsperspektive: Sie betrachtet die personelle, informationstechnische und organisatorische Infrastruktur des Unternehmens. Die Perspektive bildet die Infrastruktur der anderen Perspektiven. Motivation, Fähigkeitsprofil (empowerment), Teamorganisation, Kompetenzen, Entwicklungsgrad des Informationswesens sind einige der Erfolgsfaktoren. Die Dezentralisierung der Fertigungsorganisation wie auch die Informationstechnik im Fertigungssystem sind Erfolgstreiber. Dazu gehört auch die Informationsversorgung der shop-floor-Beschäftigten: They *must understand the financial consequences of their decisions and actions* (Kaplan/Norton, 1996, 8).

Voraussetzung für den Erfolg des BSC-Projektes ist die Definition von strategieunterstützenden Erfolgsfaktoren (Weber, 2000, 22ff).

Wirkungsanalyse

Aus diesen Erfolgsfaktoren werden Kennzahlen für die einzelnen Perspektiven abgeleitet. Dabei ist eine Ursachen-Wirkungsanalyse vorzunehmen.

Beispiel

Der Erfolgsfaktor Kundenzufriedenheit der Kundenperspektive steht mit der Kennzahl Anzahl Terminüberschreitungen in % in einem Wirkzusammenhang. Kundenzufriedenheit wiederum beeinflusst den Deckungsbeitrag pro Periode, dieser wieder den ROI als dominante Kennzahl der Finanzperspektive .

Die BSC ist allerdings mehr als ein Kennzahlensystem. Kaplan/Norton (1997, 24) sehen in ihr ein Kommunikations-, Informations- und Lernsystem. Der Einsatz ist branchenübergreifend[22]. Das Management kann die BSC dazu benutzen, das strategische Denken im Betrieb zu verankern (Weber, 2000, 37). Der Einsatz ist branchenübergreifend. In Bezug auf Kennzahlen tritt ein gewisser Standardisierungseffekt ein, da nicht strategiekonforme Kennzahlen eliminiert werden (*Kennzahlenfriedhöfe*) . Der Beitrag der Produktion wird dabei vor allem an der Lieferpünktlichkeit (Kundenperspektive), der Bearbeitungszeit bis zur Produktreife (Innovations- und Wissensperspektive), an der die

---

[22] Siehe hierzu auch Matthias Knoll - Die Balaced Scorecard als geschäftsprozess-orientiertes Management- und Controllingsinstrument für Kreditinstitute in Heilmann, H. (Hrsg.) S. 77ff.

Produktion wesentlich beteiligt ist, den Durchlaufzeiten und Stückkosten (unternehmensinterne Perspektive) gemessen (Horvath, 1998, 204).

Die Umsetzung der Strategie in Maßnahmen bedarf der Akzeptanz der Prozessbeteiligten (Commitment). Diese sind in den Maßnahmenprozess einzubinden. Geeignete Anreizsysteme sind dazu eine wesentliche Voraussetzung (Weber 2000, 65).

Die Einführung der BSC erfolgt als mehrstufiges Projekt unter Federführung des zentralen Controllings (vgl. Weber, 2000, 94).

In Abbildung 15 ist ein Beispiel für eine Balanced Scorecard für ein Maschinenbauunternehmen mit Teilefertigung für interne und externe Auftraggeber dargestellt.

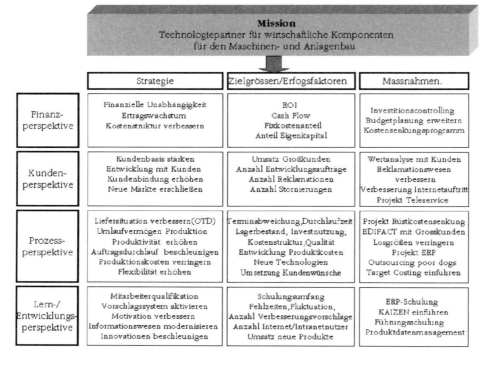

Abbildung 15: Balanced Scorecard-Beipiel für Teilefertiger

Ableitung der Kennzahlen

Die Ableitung der Kennzahlen erfolgt aus den Erfolgsfaktoren in Kooperation mit den operativen Bereichen. Abbildung 16 zeigt dies am Beispiel des Produktionsbereichs des Teilefertigers.

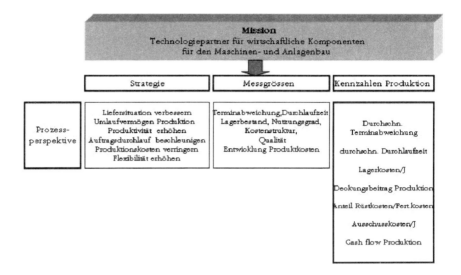

Abbildung 16 Kennzahlen Produktionsbereich

Schwachstellen der BSC zeigen sich im zentralistischen (top down) Ansatz und dem zugrundeliegenden Gesamtmodell. Weber (2000, 52ff) stellt die Frage, welches Unternehmen überhaupt über eine schlüssige Strategie verfügt.

Zweifellos liefert die BSC jedoch eine Systematik und Strategieorientierung für die Logistik und das Logistikcontrolling, die zu einer Ausrichtung der häufig unkoordinierten Bereichspläne auf die Unternehmensziele beitragen.

1.2.9   Benchmarking

Unter Benchmarking versteht man den Vergleich von Produkten, Prozessen, Dienstleistungen, Methoden über Unternehmensgrenzen hinweg (Horvath, 1996, 396). Im Vordergrund steht die Orientierung an best-practice-Prozessen ähnlicher oder auch andersartiger Unternehmen.

Horvath (1996, 396ff) nennt Kosten, Qualität, Kundenzufriedenheit und Zeitgrößen als Vergleichkennzahlen und Zielgrößen (Abbildung 17). Eine detaillierte Auflistung von Prozessgrößen

37

findet sich ferner bei Wildemann (1997, 284). Benchmarking wird im Team betrieben. Entsprechend einem dezentralen Organisationskonzept ist hierzu die Prozesskompetenz durch Einbezug von Prozessverantwortlichen sicherzustellen. Eine wesentliche Quelle der Prozessinformationen bildet das Rechnungswesen des Unternehmens, aber auch Metainformationen aus unterschiedlichen Quellen. Voraussetzung für ein erfolgreiches Benchmarking ist ein funktionsfähiges ERP-System auf der Basis aktueller operativer Daten. Hier sind vor allem Logistikinformationssysteme von Nutzen (vgl. Abschnitt 6.4).

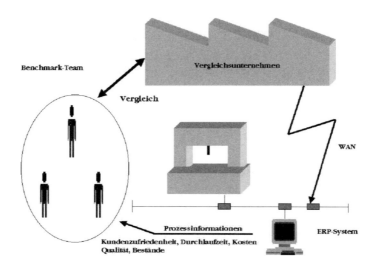

Abbildung 17: Benchmarking

Zweifellos unterstützt die Einbindung des Unternehmens in Lieferketten (SCM) die Gewinnung von Vergleichspartnern und Kennzahlen. So ist der Austausch von Beständen im Rahmen von BtoB auch zur Nutzung von Vergleichen geeignet. Andererseits erzwingt der globale Wettbewerb der innerbetrieblichen Standorte eines multinationalen Konzerns das Benchmarking der Fertigungsprozesse. Ein erfolgreich durchgeführtes Benchmarking bietet die Möglichkeit, *..den Faktor Kundenzufriedenheit in alle Unternehmensbereiche einzubringen* und so eine *interne Kundenorientierung zu schaffen* (Wildemann, 1997, 288). Benchmarking wird so zu einem wesentlichen Erfolgsfaktor von SCM.

Benchmarking-Projekte werden anhand des in Abbildung 18 dargestellten Ablaufes durchgeführt (vgl. Wildemann, 1997, 290f). Am Beginn steht die Auswahl des Objektes und die Definition des Best-Practice–Prozesses. Eine Lückenanalyse (GAP-Analyse) definiert das Verbesserungspotential. Nach Einleiten und Realisieren der Verbesserungsmaßnahmen startet der Prozess erneut.

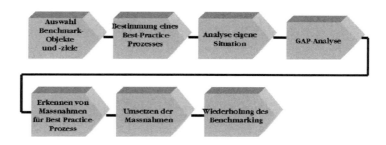

Abbildung 18: Benchmark-Zyklus

1.2.11   Informationstechnik

**Controlling-
Informationen**

Das Produktionscontrolling ist wie alle anderen Bereichscontrollingsysteme auf Informationen und deren Verteilung und Speicherung angewiesen. Horvath leitet daraus die Anforderungen an die Informationsversorgung ab (vgl. Horvath, 1996, 333ff):

- Aufdecken von Schwachstellen im Betriebsablauf

- Informationen für operative und strategische Entscheidungen liefern

- Akzeptanz des Benutzers verbessern

- Aktionen und Entscheidungen auslösen (Triggerfunktion)

- Abdecken der gesamten Wertschöpfungskette

- Realtime–Informationen liefern

- Unternehmensweit mit bestehenden Abfragesystemen verfügbar sein (Intranet-Verfügbarkeit)

- Unternehmensübergreifender Zugriff auf Controllingdaten (Extranet-Verfügbarkeit)

- Das Gebot der Wirtschaftlichkeit berücksichtigen.

Die innerbetriebliche Informationsversorgung ist horizontal und vertikal ausgerichtet.

Der vertikale Informationsverbund integriert die verschiedenen Rechnerebenen im Unternehmen (Abbildung 19)

- die Planungsebene

- die Leitebene

- die Steuerungs- bzw. Fabrikebene (vgl. Kühn/Pritschow, 1991, 5 und Cronjäger, 1994, 21ff).

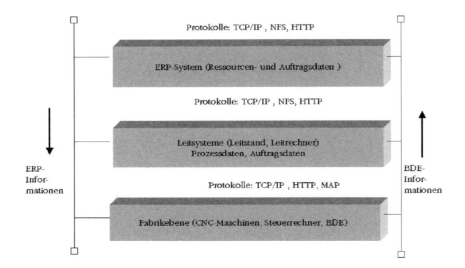

Abbildung 19: Informationshierarchie im Unternehmen

In der obersten Ebene (Planungsebene) werden die Planungs- und Dispositionsaufgaben der Produktionslogistik unterstützt. In der mittleren Ebene, der Leitebene, erfolgt die Koordinierung der in der Gruppenfertigung (Fertigungssegmente, flexible Fertigungssysteme) zusammengeschlossenen Einzelmaschinen, Lager- und Transporteinrichtungen. Die unterste Ebene (Fabrikebene bzw. Steuerungsebene) beinhaltet die Infomationsversorgung und Steuerung der Einzelmaschinen und -geräte.

Informations-
verbund

Inhalt des horizontalen Informationsverbundes von Fertigungseinrichtungen auf der Ebene der Fabriknetze ist der Datenaustausch und die Nachrichtenverarbeitung (Message-Handling) zwischen Fabrik-, Steuerrechnern und Sensorsystemen (vgl.

Cronjäger, 1994, 75ff). Hier stehen wichtige Prozessrückmeldein-
formationen für das Controlling zur Verfügung (Stückzahlen,
Verbräuche, Prozesszeiten). Diese horizontale Informationsver-
kettung erfolgt entlang des Fertigungsprozesses.

Der vertikale Informationsverbund integriert die Fabrikebene mit
der Leitebene und der Planungs- und Dispositionsebene. (vgl.
Mertens, 1995, 47). In Abwärtsrichtung werden Planungs- und
Steuerungsinformationen (z. B. Arbeitspläne, Auftragsbegleitpa-
piere) an die Leitebene und an die Fabrikebene (z. B. CNC-
Programme) transferiert. In Aufwärtsrichtung werden neben den
bereits genannten BDE-Informationen auch Controllingdaten (z.
B. Istauslastung) und Kennzahlen (z. B. Durchlaufzeit/Auftrag)
von der Leitebene zur Planungsebene übertragen. Durch vertikale Integration stehen Daten der Fabrikebene, z. B. BDE-Daten,
aber auch Maschinendaten für die Verbrauchsplanung im ERP-
System zur Verfügung (zum Inhalt der horizontalen und vertikalen Integration siehe z. B. Mertens, 1995).

Beide Integrationsrichtungen sind notwendig für ein wirksames
Produktionscontrolling: Prozesswirtschaftlichkeit kann nur erreicht werden, ...*wenn alle Planungs- und Ausführungsebenen
der Produktion mit ihren Datenquellen und –senken rechnerun-
terstützt arbeiten und die entsprechend zugeordneten Datenba-
sen und Rechnersysteme über ein Kommunikationssystem in einen Rechnerverbund integriert sind* (Kühn/Pritschow, 1991, 1).

Die vertikal und horizontal ausgerichtete Integration der Informationstechnik eröffnet den Prozessagenten mit dem E-Learning
neue Möglichkeiten des Wissensmanagements. Ermöglicht wird
das multimediale Lernen am Arbeitsplatz. Dies fördert die Er-
schliessung menschlicher Ressourcen für den Leistungsprozess
(Fuchs, 2002,296). Zudem wird die Schaffung modularer Unternehmensteile unterstützt, E-Learning kann somit zur Durchsetzung eines dezentralen Controlling-Systems beitragen. Eine besondere Bedeutung erlangen dabei offene, am Prozessagenten
orientierte Lernformen wie Learning on Demand und Just in
Time-Learning (Fuchs, 2002, 301).

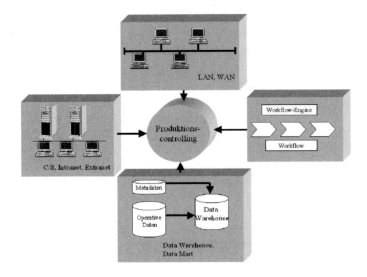

Abbildung 20: Informationstechnik im Produktionscontrolling

Verteilte Informations- verarbeitung

Rückgrat der verteilten Informationsverarbeitung im Produktions-controlling sind offene Rechnersysteme, lokale und globale Netzwerke, die Client/Server-Architektur, Vorgangssteuerungssysteme oder Workflow-Management-Systeme (WFMS) sowie Data Warehouse-Systeme und Data Marts (Abbildung 20).

Einen entscheidenden Erfolgsfaktor für ein schlankes, effizientes und zeitnahes Produktionscontrolling stellen offene Informationssysteme dar. Diese können nach IEEE-POSIX[23] allgemein spezifiziert werden durch Anwendersoftware,

- die auf einer Vielzahl von Rechnersystemen implementiert werden kann,

- mit anderen Anwendungen lokal und entfernt interoperabel ist,

- den Wechsel der Benutzer erleichtert (Geihs, 1995, 20).

---

[23] IEEE-POSIX - Institute of Electrical and Electronic Engineers - Portable Operating System Interface

TCP/IP

Mit dem Aufkommen offener Rechnersysteme auf der Basis von UNIX und dessen Derivaten (z. B. LINUX) wurde gegenüber den früher marktbeherrschenden, proprietär ausgerichteten Groß-rechnersystemen ein Durchbruch in der Informationsverbreitung erzielt. Mit dem in UNIX und WINDOWS implementierten TCP/IP-Protokoll als dominierendem Regelwerk für heterogene Netze ist ein unternehmensweiter und unternehmensübergreifender Zugriff auf Dateien, Ressourcen (Rechner, Drucker usw.) und Programme möglich. Damit und im Zusammenwirken mit den in Abschnitt 1.1.1 erwähnten dateikonvertierenden Standards (EDIFACT, XML) erweitert sich die Prozesskette um außerbetriebliche Funktionen (Lieferantenbeziehungen, Kundenbeziehungen). Das Produktionscontrolling kann diese Funktionen zur Informationsversorgung im Planungsprozess, aber auch zur Weitergabe der Berichte nutzen. Die entsprechenden Zugriffsmöglichkeiten im TCP/IP-Protokoll sind z. B. in Bauer (1991) dargestellt. Zum Aufbau des Protokolls siehe Abbildung 21 (vgl. Washburn et. al, 1998, 3ff).

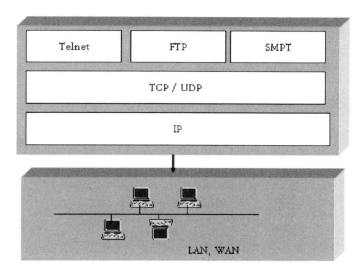

Abbildung 21: TCP-Protokoll

TELNET erlaubt dem Controller das Einloggen in beliebige anderen Netzrechner, um anschließend z. B. mit der Controlling-Funktion eines ERP-Systems zu arbeiten. Dies kann auch über eine WAN-Verbindung und damit weltweit erfolgen. Der Anwender verfügt hiermit über ein virtuelles Terminal am Telnet-Server (vgl. Santifallner, 1990, 70). Umgekehrt kann ein Prozess-verantwortlicher, z. B. ein Konstrukteur an einer CAD-Work-station auf Kostendaten im ERP-Modul Controlling (CO) des Systems R/3 zugreifen (Abbildung 22). In dieser einfachsten, ohne Übergabeprogramme auf Betriebssystemebene realisierbaren Zugriffsform öffnet der Konstrukteur ein zusätzliche Fenster und loggt sich dann in das PPS/ERP-System ein, z. B. um eine Erzeugniskalkulation aufzurufen.

Dem Konstrukteur stehen dabei beide Programmfunktionalitäten (CAD und ERP) abwechselnd zur Verfügung.

Datenaus-tausch

Mit Hilfe des in TCP/IP implementierten File Transfer-Protocols (FTP) kann der Anwender umfangreiche Dateien von einem beliebigen Netzrechner auf seinen eigenen Rechner transferieren (vgl. Santifallner, 1990, 75ff). FTP ist klassische Basis verschiedener Übergabeprogramme zwischen unterschiedlichen CAD- und CAM-Anwendungen einerseits sowie ERP-Systemen auf der anderen Seite.

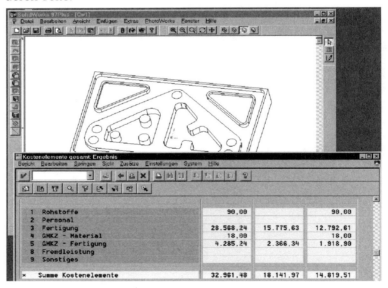

Abbildung 22: Verteilung von Controlling-Informationen (Kalkulation in R/3) an CAD-Workstation

Einen weiteren Funktionszuwachs erfährt das heterogene lokale Netzwerk (Local Area Network - LAN) durch Einsatz des Network File Systems (NFS) als de-facto-Standard für den verteilten

Dateizugriff (Santifallner, 1990, 139). NFS ermöglicht den Aufruf eines Programmes (Prozedur) auf einem Applikationsserver als sogenannter *remote procedure call* (RPC). Dieser ist die Basis des heute als Standardarchitektur für moderne Anwendungssysteme dienenden Client/Server-Netzes: Der Client (z. B. der PC eines Controllers) formuliert einen Auftrag (z. B. Erstellen einer Abweichungsanalyse) an den ERP-Applikationsserver. Das Programm wird dort verarbeitet, das Ergebnis (z. B. die Kostenabweichung) an den aufrufenden Client übermittelt und dort präsentiert. Die Vorteile liegen in der inhärenten Flexibilität (Geihs, 1995, 16). Die Struktur der Informationsverarbeitung wird optimal an die organisatorischen Strukturen der Unternehmung angepasst. Mit der Dezentralisierung der planenden und disponierenden Funktionen wird auch die Informationsverarbeitung dezentralisiert.

Funktionsaufruf in R/3

Im ERP-System SAP R/3 ist dieser Ansatz zu einem umfassenden Aufruf von Funktionsbausteinen erweitert worden (vgl. Buck-Emden, 1995, 98). Mit sogenannten *remote function calls* (RFC) greifen Anwendungsprogramme auf ERP-Funktionen zu. RFC ist dabei definiert als Protokoll für den Aufruf spezieller ABAP/4[24] – Programme, die als Funktionbausteine bezeichnet werden (Buck/Emden, 1995, 98).

Eine wesentliche Voraussetzung offener Systeme stellt die Integration von PC-Anwendungen dar. Insbesondere im Controlling sind Tabellenkalkulation und Textverarbeitung unerläßliche Hilfsmittel für die Planung und Aufbereitung von Daten. Mit der OLE-Schnittstelle wird die Kommunikation zwischen EXCEL-Sheets und R/3-Datentabellen über LAN oder Wide Area Network (WAN) ermöglicht (zur programmtechnischen Realisierung siehe Mende, 1998, 311ff).

Verfügbarkeit von Controlling-Informationen

Die Topologie eines Client/Server- (C/S) -Netzwerkes erstreckt sich über alle Funktionsbereiche des Unternehmens. C/S-Systeme ermöglichen damit sowohl eine bessere Verfügbarkeit von Controlling-Informationen für die Entwicklung, Fertigung, Beschaffung und Vertrieb (funktionale Verfügbarkeit) als auch von Controlling-Objekten wie Kostenträger, Kostenstellen, Arbeitsplätzen, Kostenarten, Profit-Centern, Kreditoren und Debitoren (objektbezogene Verfügbarkeit). Damit erfüllt das C/S-Architekturmodell eine von Wildemann (1987, 219) erhobene Forderung nach integrierter Informationsverarbeitung als notwendig ergänzendes

---

[24] ABAB/4 – 4GL Advanced Business Application Programming

Element zur flexiblen Automation. Die dezentrale Planungskompetenz wird somit durch solche C/S-Architekturen gefördert. Die technischen Voraussetzungen für ein Telecontrolling sind damit geschaffen.

Mit dem Aufkommen von Intranets und Extranets in der betrieblichen Informationsverarbeitung ist eine Integration der Benutzerschnittstelle (Graphical User Interfaces = GUI) der Clients verbunden. So erlaubt das User-Interface SAPGUI des Systems R/3 einen Zugriff auf R/3 –Funktionen über Windows, HTML und JAVA. Zugriffe auf das R/3-System sind aus jedem denkbaren Rechner, Betriebssystem und Browser möglich. Dies ist eine Grundvoraussetzung für die Einbeziehung der Kunden und Lieferanten in die eigenen Geschäftsprozesse, wie dann im SCM-Ansatz gefordert (vgl. Teufel/Röhricht/Willems, 2000, 22).

Prozess-orientierte Informationen

Neuere Ansätze der Informationsverarbeitung gehen von einer prozessorientierten Informationsversorgung mit Hilfe von Workflow-Management-Systemen (WFMS) aus. Ausgangspunkt der Entwicklung dieser Systeme ist einerseits die Automatisierung der Bürokommunikation, andererseits die integrierte Verarbeitung von Kontroll- und Steuerungsvorgängen im CIM-Bereich (Jablonski, 1995, 1). Schulze und Böhm definieren WFMS als Systeme, die verschiedene, gut strukturierte arbeitsteilige und zielgerichtete Abläufe unter eigener Kontrolle durchführen, koordinieren, überwachen (Schulze/Böhm, 1996, 286).

Die Prozessorientierung in WFMS kommt in folgender Definition zum Ausdruck:

Workflow Management Software is a proactive computer system which manages the flow of work among participants, according to a defined procedure consisting of a number of tasks (Mc.Charty/Bluestein, 1991).

Workflow-Management-Systeme

Workflow-Management-Systeme (WFMS) dienen zur Dokumentation von Prozessen, zur aktiven Steuerung des Kontrollflusses, zur Auslösung von Aktionen und zur Weiterleitung von Informationen an die Prozessbeteiligten (Agents) (vgl. Horvath, 1996, 686). Solche Agents können Personen, Maschinen aber auch Serverprozesse sein, die einen Workflow ausführen (Jablonski, 1995, 95, Wenzel, 1995).

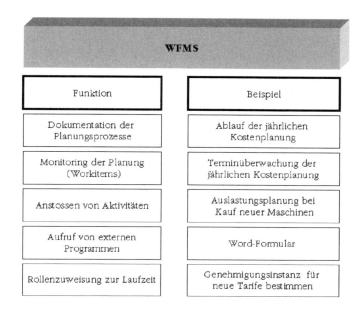

Abbildung 23: Anwendungsmöglichkeiten eines WFMS im Produktionscontrolling

WFMS fungieren als externe Systeme oder integriert in der ERP-Software, wobei integrierte Systeme den Vorteil des unmittelbaren Zugriffs auf die mit Workflows gekoppelten Anwendungsprogramme haben. Das verwendete System R/3 enthält ein solch integriertes WFMS. Für das Produktionscontrolling ergeben sich folgende Anwendungsmöglichkeiten (siehe Abbildung 23):

Anwendung im Controlling WFMS dienen somit zur Durchsetzung des Integrationsgedankens auf der Basis einer prozessorientierten Informationsversorgung. *Dem Controlling steht somit durch das WFM-System ein umfangreiches Informationsreservoir über die unterstützten Unternehmungsprozesse zur Verfügung, das die Grundlage für deren Reengineering bildet* (Horvath, 1996, 686f).

Das Einsatzprofil von WFMS am Beispiel typischer Prozesse:

Controllingprozesse (z. B. Kostenplanung, Beschäftigungsplanung) können dokumentiert und gesteuert werden. Den beteiligten Agenten werden die Informationen prozessorientiert zugewiesen. Der Stand der Planung ist jederzeit erkennbar. Planungsschritte (z. B. eine aktualisierte Kostenplanung) können vom WFMS aufgrund von Zustandsinformationen (z. B. Änderung im Maschinenstammsatz) angestoßen werden. Das WFMS ruft dann die entsprechende ERP-Funktion über RPCs oder RFCs auf (vgl. Horvath, 1996, 686). Das Management solcher Controllingprozesse mit WMFS wird u.a. von Rosemann und Schulte (1996, 193ff) beschrieben.

Durch WFMS-gesteuerte Fertigungsprozesse können das Prozessteam zum richtigen Zeitpunkt mit Controllinginformationen versorgt werden. Beispielsweise kann nach Abschluß eines Fertigungsauftrages vom WFMS eine Nachkalkulation veranlaßt und die Ergebnisse im Mail-System bereitgestellt werden. Workflow Management-Systeme unterstützen somit die Prozessorientierung und die Eigenverantwortung der Mitarbeiter (Strobel-Vogt, 1997, 23).

Data Warehouse

Dienen Workflow-Managementsysteme vor allem der aktiven Steuerung von standardisierten Planungs- und Steuerungsprozessen, so kommt den Data Warehouses und Data Marts die Rolle von Informationslieferanten zu. Informationsnutzer sind neben Führungskräften insbesondere Endanwender. Dadurch steht die Prozessorientierung im Mittelpunkt: Sie erfordert, dass nicht nur der Processowner, sondern alle Prozessbeteiligten in den Stand versetzt werden, Qualität und Leistung der Prozesse zu beurteilen (Hummeltenberg, 41). Abbildung 24 zeigt den Grundaufbau eines Data Warehouses, angelehnt an Groffmann (1997, 13):

Die operativen Daten des Systems R/3 werden extrahiert, gefiltert und konsolidiert und in einem DBMS unabhängig von den operativen Daten gespeichert. Dazu dient die *staging machine*. Ferner können andere Vorsysteme (z. B. Legacy-Systeme) als Datenquellen benützt werden.

In den Basisdaten sind die für Auswertungen aufbereitete Daten enthalten. Grundlage der Speicherung sind relationale, objektorientierte oder multidimensionale Datenmodelle, z. B. das Star-Schema (vgl. 2.3.3) oder das snowflake-Schema (vgl. Kirchner, 1998, 160ff).

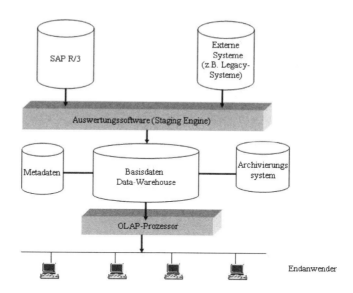

Abbildung 24: Aufbau eines Data Warehouses

Grundaufbau Mit Hilfe einer Auswertungssoftware sind multidimensionale Abfragen (OLAP[25]-Abfragen) möglich, so z. B. entlang eines mehrdimensionalen Info-Würfels (Info-Cube) mit den Achsen Maschinenart, Werk, Auslastung.

Der Endanwender kann dabei aus einem so definierten multidimensionalen Informationswürfel für ihn interessante Dimensionen ausschneiden und drehen (slice and dice = schneiden und würfeln), so z. B. die Auslastung der Maschinen im Jahr 1999 im Werk 1 (Abbildung 25).

---

[25] OLAP - Online Analytical Processing.

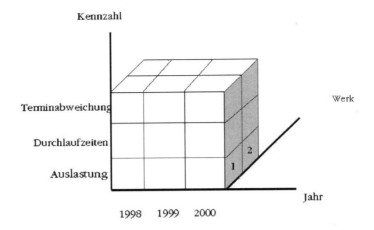

Abbildung 25: Infocube zur multidimensionalen Abfrage

Data Mining

Ermöglicht der OLAP-Prozessor benutzerdefinierte Abfragen nach beliebigen Dimensionen, so kann mit in der Abfragesoftware integrierten Data Mining-Werkzeugen nach neuen Korrelationen gesucht werden (z. B. Korrelation zwischen dem Hersteller X und den festgestellten Maschinenausfällen). Ferner lassen sich Hypothesen (z. B. *Die Instandhaltungskosten sind im Werk 2 höher als im Werk 1*) validieren. OLAP- und Data Mining-Werkzeuge werden damit zu mächtigen Werkzeugen im Controlling.

Im Gegensatz zu der unternehmensweiten Positionierung von Data Warehouses sind Data Marts funktionsbezogene bzw. abteilungsbezogene Untermengen derselben. Hauptmotivation zur Entwicklung von Data Marts ist die im Gegensatz zu Data Warehouses schnellere Einführung.

Aus den beschriebenen Elementen konfiguriert sich das Informations- und Kommunikationsmodell des Produktionscontrollings (Abbildung 26).

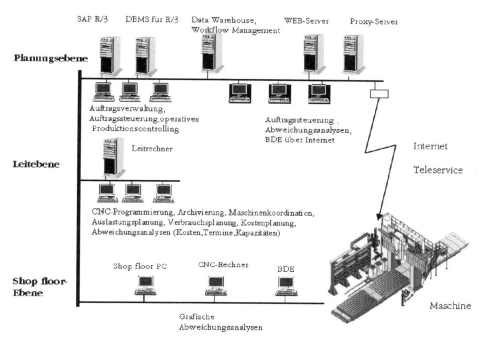

Abbildung 26: Informations- und Kommunikationsmodell für das Produktionscontrolling

**Funktions-
weise**

In der Planungsebene erfolgt die Auftragsverwaltung (SAP-Module PP, MM) und die Kostenplanung (Modul CO), letztere gemeinsam mit der Leitebene, wobei die Planungsebene mehr die Rahmenbedingungen (Methoden) vorgibt und deren Einhaltung überwacht. Basis ist ein Client-/Server-Netzwerk mit einem ERP-Applikationsserver zur Programmhaltung und Verarbeitung und einem Datenbankserver mit den operativen Daten des ERP-Systems.

**Intranet
fördert
Controlling-
Akzeptanz**

Ergänzt wird das C/S-Netz durch ein Intranet, mit dem über Browser auf Web-Seiten (HTTP-Protokoll) zugegriffen wird. Damit können die über das Internet hereinkommenden BDE-Daten externer Werke abgefragt werden. Ferner können Controlling-Informationen (z. B. Planvorgaben, Programmstückzahlen, Ergebnisse von Abweichungsanalysen) an externe Werke übertragen werden. Die einheitliche Oberfläche des Intranets in Form weit verbreiteter Browser erleichtert hierbei die Darbietung von Controlling-Daten in dezentralen Organisationsstrukturen: *The Browser gave the Internet a friendly face* (Williamson, 1997, 3).

Das Intranet kann ferner für den innerbetrieblichen Datenaustausch in Form von Webseiten herangezogen werden, wobei der Zugriff wiederum über Browser erfolgt. Das Intranet ist im Regelfall physisch gemeinsam mit den Clients des C/S-Netzes installiert (Windows-Oberfläche + Browser), hier jedoch aus Gründen der Übersichtlichkeit getrennt dargestellt.

Netzverbindung zwischen den Ebenen

Über ein Backbone (z. B. Lichtwellenleiter) sind die Netze der Planungs-, Leit- und Fabrikebene gekoppelt. In der Leitebene erfolgt die CNC-Programmierung und die Archivierung der CNC-Programme. Ferner findet hier die Auslastungsplanung, Verbrauchs- und Kostenplanung durch den Processowner statt. Dabei werden Informationen, die auf der Fabrikebene gewonnen werden, verwertet. Dies können Ausfallereignisse, aber auch Rückmeldedaten sein.

Die Leitebene erhält die Abweichungsanalysen aus dem ERP-Rechner und übernimmt deren Umsetzung in Optimierungsmaßnahmen entsprechend dem dezentralen Controlling-Konzept.

Die Fabrikebene erhält Controlling-Informationen in Form von grafischen Abweichungsanalysen (Termineinhaltung, Kapazitätsauslastung, Kosten) und meldet abgeschlossene Aufträge bzw. Arbeitsgänge zurück.

Das Data Warehouse hält entscheidungsorientierte Daten für das strategische Produktionscontrolling bereit. Hier wird vor allem von der übergeordneten, hier nicht dargestellten Führungsebene zugegriffen.

Im Workflow-Managementsystem erfolgt insbesondere die Abarbeitung der work to do-list bei standardisierten Planungsvorgängen, so z. B. die Auslastungsplanung bei einer neu beschafften Maschinen.

Verbesserungspotenzial

Eine dezentral ausgerichtete Informationstechnik mit offenen Rechnersystemen, Client-/Server-Systemen, Einsatz von Data Warehouses und Data Marts und Workflow-Management-Systemen stellt strukturell andersartige Anforderungen an das Produktionscontrolling als die traditionelle, zentral organisierte Informationstechnik, stellt aber eine wesentliche Verbesserung des Produktionscontrollings dar:

- Informationen können verteilt erzeugt, gespeichert und präsentiert werden. Generell kann das Prozessteam im Fertigungssystem über Controlling –Informationen verfügen, die in einem anderen Bereich (Abteilung) erzeugt wurden.

- Offene Systeme haben standardisierte Benutzeroberflächen, was die Akzeptanz durch Nicht-Controlling-Personal fördert.

- Die Protokolle für die Netzverwaltung sind sowohl im Fabrikbereich als auch auf der Planungs- und Entscheidungsebene gebräuchlich. Dies sichert den vertikalen Informationsfluss. Dadurch kann Controllingkompetenz nach unten delegiert werden, ohne die Koordinierung zu vernachlässigen.

- Data Warehouses verfügen über mächtige Abfragetools für den Endanwender, aber auch über Analysetools zur Validierung von Hypothesen, die bisher unentdeckte Zusammenhänge im Datenmaterial offenlegen.

- Workflow-Management-Systeme fördern standardisierte Abläufe im Controlling. Gefordert und unterstützt werden einheitliche Methoden, die die Wiederverwendung von Planungsprozessen ermöglichen.

- Die verteilte Informationstechnik fördert dezentrale Verantwortung und Kompetenzen. Sie ist damit eine Grundbedingung für heute angestrebte dezentrale Fertigungsorganisationsformen.

- ERP-Systeme integrieren Data Warehouse- und Workflow-Systeme. So ist der Zugriff auf operative Daten und der Aufruf von Programmbausteinen im Workflow Management gesichert.

1.2.12   Produktionscontrolling im Supply Chain Management

Funktionen von APO

Zur Unterstützung des SCM bieten eine Reihe von Herstellern eigene Softwarepakete an. Der Advanced Planner and Optimizer (APO) von SAP ist ein SCM-Paket mit den SAP R/3 Modul-Bezeichnungen

- Demand Planning (DP) – Modul DP – Demand Planning dient der Bedarfsplanung und –prognose entlang der gesamten Lieferkette (vgl. Knolmayer/Mertens/Zeier, 1999, 110ff).

- Supply Network Planning (SNP) – Modul SNP – Hauptaufgabe ist die Produktions-, Beschaffungs- und Distributionsplanung in Form einer Grobplanung.

- Deployment and Transport Load Builder (TLB) – Modul TLB – Deployment und Transport Load Builder dient der Planung und Nutzung der Distributionsressourcen.

- Production Planning (PP) – Modul PP – Im Modul Production Planning erfolgt eine Auftragseinplanung mit Kapazitätsplanung, die dann im Modul Detailed Scheduling durch Kapazitätsglättung und Reihenfolgeplanung der Aufträge detailliert wird.

- Detailed Scheduling (DS) – Modul DS – Hauptaufgabe ist die Feinplanung der Ressourcen.

- Available to Promise (ATP) – Modul ATP – Available to Promise prüft lieferkettenweit bei Nachfragen die Verfügbarkeit des Materials (Lieferversprechen).

Die SAP-APO-Module verwenden Heuristiken und lineare und nichtlineare Programmierverfahren aus dem Operations Research.

Mit dem Supply Chain Cockpit steht ein Modellierungs- und Visualisierungsinstrument zur Verfügung.

Aus Performance-Gründen geschieht die Datenhaltung im Hauptspeicher des Servers als sogenannter Live Cache (vgl. Bartsch/Teufel, 2000, 106).

Auswirkungen im SCM Im Supply Chain Management ist ein wachsender Bedarf an Finanzinformationen festzustellen (Price/Waterhouse/Coopers, 1999, 34). Dadurch erhält das betriebliche Rechnungswesen eine zunehmende Bedeutung. Dies hat Auswirkungen sowohl auf die eingesetzten Methoden der Datengewinnung als auch auf deren Semantik. Knolmayer/Mertens/Zeier (2000, 15) thematisieren dies bei der Gestaltung von Verrechnungspreisen und deren Methoden. Das Controlling im SCM-Ansatz hat insbesondere die Aufgabe, geeignete Kennzahlen zur Steuerung und Optimierung der Lieferkette bereitzustellen. Im SAP-System sind dies vor allem wertorientierte Kennzahlen (z. B. Umlaufvermögen, Kosten), aber auch Prozesskennzahlen wie Auftragsdurchlaufzeit, Servicegrad, Liefertreue, Umschlagshäufigkeit usw. (vgl. Bartsch/Teufel, 2000, 26ff).

Das Produktionscontrolling im SCM-Ansatz verliert seine produktionszentrische, nach innen gerichtete Sichtweise. Die Controllingsysteme müssen einem allgemeingültigen Standard entsprechen, damit sie von den beteiligten Unternehmen der Lieferkette akzeptiert werden.

Insbesondere die Kostenrechnung steht auf dem Prüfstand. Nachvollziehbarkeit, Aktualität und Plausibilität sind gefordert.

Zur Steuerung der überbetrieblichen Lieferkette bedarf es eines aussagefähigen Logistikcontrollings. Da die in der innerbetrieblichen Produktionslogistik betriebenen Planungsprozesse

- der Bedarfsermittlung,

- der Kapazitätsplanung,

- der Terminplanung

Kongruente Methoden

mit den Verfahrens-, Standort- und Reihenfolgeentscheidungen auch zum Wesen des Supply Chain Managements gehören – wenn auch auf höherem Aggregationsniveau- bedarf es kongruenter Planungs- und Kontrolltechniken entlang der Lieferkette.

Die ERP-Systeme der Lieferanten, der Kunden und des Herstellers müssen auf kongruenter Methodenbasis beruhen. Dies gilt dann auch für das Produktionscontrolling der Lieferkettenunternehmen.

Strategie-vorteil durch ERP-System

Zweifellos bedeutet hierbei das Potential und die Verbreitung des verwendeten ERP-Systems einen Strategievorteil gegenüber Wettbewerbern.

Deutlich wird diese Kongruenz am Beispiel der im Lieferkettencontrolling verwendeten Leistungskennzahlen (Performance Indicators), die weitgehend identisch sind mit denen einer kundenzentrischen, innerbetrieblichen Logistik (vgl. 1.1.1). Zu nennen sind hier:

- Servicegrad

- Kapazitätsnutzung

- Durchlaufzeiten

- Lagerbestände

- Umschlagshäufigkeiten

- Terminabweichungen und

- Kostenkennzahlen (vgl. Bartsch/Teufel, 2000, 26ff).

Performance Indicators im SCM

Divergierende Methoden, beispielsweise unterschiedliche Kalkulationsverfahren, unterschiedliche Planungshorizonte für den Bedarf, unterschiedliche Granularität bei der Kapazitätsplanung, unterschiedliche ERP-Systeme führen zu Reibungsverlusten in der SCM-Umsetzung. SCM erzwingt deshalb eine Standardisierung der Methoden und Informationen.

2 Moderne Produktionsstrukturen mit dezentraler Fertigungsorganisation

Die organisatorische Flexibilisierung geht auf Seiten der Fertigungstechnologie einher mit einer weitgehenden Automatisierung. Struktur und Wertschöpfungsbeitrag flexibler Fertigungssysteme sind zu untersuchen, die Prozesse am Fertigungssystem im Produktionscontrolling zu berücksichtigen.

2.1 Automatisierte, flexible Produktion

Die klassischen Organisationstypen der Fertigung

- nach dem Verrichtungsprinzip (Werkstattfertigung), bei dem die Maschinenart als Layoutkriterium dient (layout by machine),

- nach dem Fließprinzip, bei dem die Anordnung der Maschinen bzw. Arbeitsplätze nach dem Produktdurchlauf erfolgt (layout by product) (vgl. Hahn/ Lassmann, 1999, 49ff),

Nachteile der Werkstattfertigung

sind aus dem Bestreben entstanden, einerseits eine möglichst hohe Produktivität zu erreichen (Fließprinzip), andererseits im Streben nach Flexibilisierung , was nur bei Werkstattfertigung mit der räumlichen Konzentration ähnlicher Universalmaschinen, bedient durch universell ausgebildete Arbeitskräfte (Facharbeiter), erreichbar ist. Automatisierung und Flexibilisierung sind hier konkurrierende Zielgrößen. Die Produktionslogistik bei Werkstattfertigung ist durch lange Liegezeiten, hohe Werkstattbestände, lange Durchlaufzeiten und bei Vollauslastung durch schlechte Termineinhaltung gekennzeichnet. Sie erweist sich damit als für das SCM wenig geeignete Organisationsform (vgl. Knolmayer/Mertens/Zeier, 2000, 69).

Taktzwang, geringe Flexibilität bei Ausfällen und Störungen und geringe Produktvariabilität sind Merkmale der Fließfertigung.

Nachteile der Fließfertigung

Die strukturellen Nachteile beider Organisationstypen haben zur Entwicklung flexibler Produktionssysteme geführt. Diese sind nach dem Insel- bzw. Zellen- oder Zentrenprinzip mit weitgehender Automatisierung des Werkstückdurchlaufes strukturiert.

Sie liefern die Lösung des Dilemmas *Automatisierung versus Produktvielfalt*. Trotz der Automatisierung versucht man durch Rechnereinsatz eine weitgehende Produktdifferenzierung und damit auch Produktflexibilität der Fertigung zu erreichen. Maschinenseitig dominiert die CNC-Steuerung, die Möglichkeit der Kopplung der Maschinen an die vertikale und horizontale Vernetzung im Unternehmen und die zunehmende Verwendung von Kommunikationsprotokollen, wie sie im Bereich der Büronetze anzutreffen sind. Sie erfüllen damit die im Zusammenhang mit dem CIM-Ansatz erhobene Forderung nach Integration des innerbetrieblichen Informationsflusses (Cronjäger, 1994, 78). Die in Gestalt des Intranets gegebene Protokollidentität bei WAN- und LAN-Architektur ermöglicht die durchgängige Online-Kopplung von Maschinensystemen mit Internetanwendungen. Cronjäger (1994, 78) gliedert diese Maschinensysteme in CNC-Einzelmaschinen, Bearbeitungszentren , Fertigungsinseln , Fertigungszellen, flexible Fertigungssysteme (FFS) und flexible Transferstrassen.

Formen flexibler Produktion

Von den genannten Systemen ist die flexible Transferstraße aufgrund des vorherrschenden Losgrößenspektrums vorwiegend in der Großserienfertigung anzutreffen, die anderen Systemtypen eher dem Maschinenbau mit seinen mittleren bis kleineren Losgrößen zuzurechnen. Gerade die kundeninduzierte, ausgeprägte Produktvielfalt dieser Branche fordert Konzepte, die von der CNC-Einzelmaschine bis zum flexiblen Fertigungssystem reichen. Bearbeitungszentren, flexible Fertigungsinseln und flexible Fertigungszellen zeichnen sich gleichermaßen durch eine hohe Teilevariabilität bei kleineren und mittleren Losgrößen wie auch durch eine hohe Produktivität aus. Infolgedessen können sie als besonders wirtschaftliche und kundenfreundliche Systeme gelten.

Flexible Bearbeitungszentren bestehen aus einer CNC-Maschine mit automatischem Werkzeugmanagement mit vorrangiger Bearbeitung einzelner Arbeitsgänge. Fertigungsinseln entstehen durch räumliche Konzentration von Maschinen nach dem Ordnungskriterium *Produktgruppen*. Fertigungszellen und flexible Fertigungssysteme haben den prinzipiell gleichen Aufbau – CNC-Maschinen gekoppelt durch ein automatisches Transportsystem mit dezentralen Rüstplätzen, erstere sind jedoch vorrangig für eine Teilbearbeitung, letztere für Komplettbearbeitung konzipiert (vgl. Hahn/Lassmann, 1999, 151ff).

In den Abbildung 27 bis 29 sind Beispiele für Bearbeitungszentren und flexible Fertigungssysteme dargestellt.

Abbildung 27: Bearbeitungszentrum (Quelle: Waldrich-Coburg)

Prüfstein für das Controlling

Der höchste Automatisierungsgrad bei gleichzeitiger Flexibilität hinsichtlich der Variantenvielfalt ergibt sich dabei bei flexiblen Fertigungssystemen (Abbildung 28). Aufgrund ihrer Komplexität und Kapitalmassierung stellen sie besonders hohe Anforderungen an das Produktionscontrolling. Gleichzeitig unterstützen Sie durch ihre Flexibilität wie kein anderes Fertigungssystem die Kundenperspektive in der Unternehmensstrategie. Sie sind zweifellos der Prüfstein für die Leistungsfähigkeit des Produktionscontrollings. Flexible Fertigungssysteme werden deshalb in den Anwendungsbeispielen in den folgenden Kapiteln zum bevorzugten Zielobjekt.

Moderne Fertigungseinrichtungen sind geprägt durch einen hohen Anteil informationsverarbeitender Komponenten (CNC-Rechner, Leitrechner, LAN-Komponenten). Im Gegensatz zu Fertigungssegmenten sind FFS durch eine hohe Fertigungsbreite gekennzeichnet (Wildemann, 1994, 48).

Abbildung 28: Flexibles Fertigungssystem (Quelle: Waldrich-Coburg)

Aufbau von FFS

Das Konzept flexibler Fertigungsstrukturen bei gleichzeitig hoher Automatisierung wird durch das Layout von flexiblen Fertigungssystemen verdeutlicht. Typische Kennzeichen dieser FFS sind:

- Verkettung von Einzelmaschinen durch automatisierte Förderstrecken (Fahrerlose Transportsysteme, Palettentransportsysteme usw.) mit dem Ziel der Reduzierung der Duchlaufzeiten der Aufträge (time-to-customer).

- NC-Programmierung direkt am Fertigungssystem (Werkstattorientierte Programmierung = WOP).

- Bypass-Rüsten auf speziellen Arbeitsplätzen als sogenanntes *hauptzeitparalleles Rüsten*. Weitere Arbeiten mit Nebenzeit-Charakter (Messen, Entgraten) werden ebenfalls im Zerspanungs-Bypass erledigt. Der wirtschaftliche Effekt: Die Produktionsmaschinen werden von eben diesen nicht wertschöpfenden Arbeiten entlastet. Diese Arbeiten erfolgen zudem auf Arbeitsplätzen mit deutlich geringerem Platzkostensatz (vgl. Hahn/Lassmann, 1999, 51).

- Der gesamte Produktionsablauf erfolgt zwangsgesteuert durch einen übergeordneten Leitrechner. Aus Gründen der

Datensicherheit und des know how-Schutzes erfolgt hier auch die Archivierung und Verteilung der CNC-Steuerprogramme (DNC = Direct Numerical Control).

- Steuerrechner und Leitrechner sind gekoppelt mit unternehmensweiten Netzwerken nach industrieüblichen Protokollen (vgl. 1.2.10) mit den darin implementierten Kommunikationsmöglichkeiten.

- Dispositive Funktionen (Materialbeschaffung, Arbeitsverteilung, Auftragsfreigabe) werden im Zuge dezentraler Fertigungsphilosophien (KANBAN, Segmentfertigung, Job Enrichment) weitgehend den Prozessbeteiligten der Fertigungssysteme zugeordnet (Selbstdisposition). Die Kontrolle des Arbeitsergebnisses erfolgt gleichfalls im System selbst (Selbstkontrolle) (vgl. Ziegenbein, 1995, 193f). Die Prozesseigner sind ferner an der Investitionsplanung und an der kurzfristigen Optimierung der Auftragsabwicklung aktiv beteiligt (Selbstoptimierung). Die Dichotomie zwischen vorgelagerten Dispositions- und Steuerungsfunktionen und nachgelagerten Fertigungsfunktionen wird abgelöst durch eine im Fertigungssystem integrierte Vorgangskette (Funktionsintegration). Als typischer Vertreter solcher Fertigungssysteme kann das in Abbildung 29 im Schemabild dargestellte flexible Fertigungssystem eines großen Maschinenbauunternehmens gelten.

Process Owner

Process Agents

Das FFS besteht aus 2 identischen CNC-Maschinen für die Zerspanungsprozesse. Beide Maschinen sind durch ein automatisches Palettenfördersystem verbunden. Alle nicht wertschöpfenden Prozesse (Rüsten, Entgraten, Anreissen) sind an Bypass-Arbeitsplätzen konzentriert. Ein Leitrechner übernimmt die zeitsynchrone Einsteuerung der Werkstücke, die CNC-Programmverwaltung, die Werkzeugverwaltung und die Betriebsdatenerfassung bzw. -auswertung. Die Personalbesetzung besteht aus einem Teamsprecher (Processowner) und 4 Teammitgliedern (Agents). Jedes Teammitglied kann entsprechend dem dezentralen Organisationsprinzip als Teamsprecher fungieren. Im System erfolgt die Komplettbearbeitung unterschiedlicher Werkstücke.

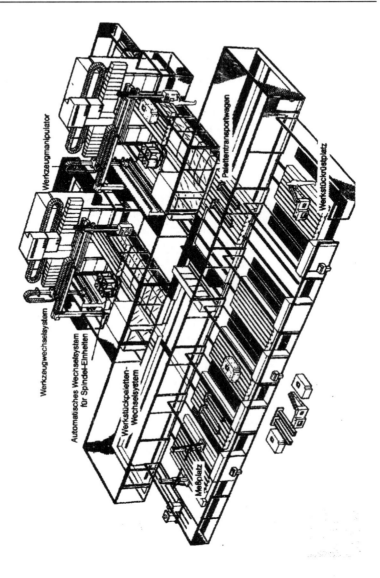

Abbildung 29: Flexibles Fertigungssystem (Quelle: Waldrich-Coburg)

2.2   Fertigungssegmentierung

**Markt- und
Gewinnorien-
tierung**

Neben den in Abschnitt 2.1 beschriebenen Fertigungssystemen hat sich mit dem Fertigungssegment eine weitere Form zur Flexibilisierung der Produktion herausgebildet. Hier erfolgt eine vorwiegend produktorientierte Konzentration von Fertigungseinrichtungen sowie der notwendigen Planungs-, Kontroll- und Dispositionsfunktionen zu Fertigungsbereichen, gekennzeichnet durch die Metapher *Fabrik in der Fabrik* (Wildemann, 1994, 23ff). Leitbild der Segmentierung ist die stärkere Markt- und Gewinnorientierung des Segmentes, aber auch die bereits bei flexibler Fertigung konstatierte Dezentralisierung logistischer Funktionen und Entscheidungen (Abbildung 30). Fertigungssegmentierung ist bei allen Wettbewerbsstrategien mit Schwerpunkt auf der Differenzierungsstrategie anzutreffen (Wildemann 1994, 78).

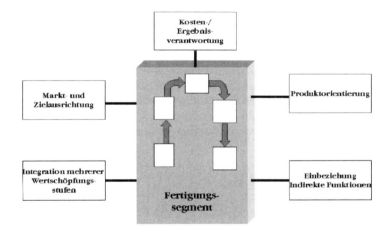

Abbildung 30: Definitionsmerkmale von Fertigungssegmenten in Anlehnung an Wildemann

**Kosten-
veantwortung**

Zwischen der Fertigungssegmentierung und dem Einsatz flexibler Fertigungssysteme bestehen Gemeinsamkeiten: Marktorientierung des Segmentes führt zum Zwang der Fertigung kleinerer Stückzahlen, die wiederum nur auf flexiblen Systemen wirtschaftlich herstellbar sind (Wildemann, 1994, 31).

Im Hinblick auf das Controlling ist die ausgeprägte Kostenverantwortung dieser Segmente hervorzuheben, die deshalb häufig auch als Cost-Center betrieben werden (Wildemann, 1994, 49f). Von den indirekten Funktionen der Auftragsdurchführung werden vorrangig die Arbeitsvorbereitung, die Disposition, das Werkzeugmanagement, die Materialbereitstellung, Transport, Steuerung und Instandhaltung in das Segment verlagert (Wildemann, 1994, 76). Dagegen ist das Controlling überwiegend noch nicht in der Verantwortung des Segmentes. Zementierte Kompetenzen zentraler Bereiche und Verrechnung von Zentralumlagen schränken dabei den Grad der Kostenbeeinflussung im Segment ein (Wildemann, 1994, 75f).

Materialver-antwortung

Die Selbstdisposition, Selbstkontrolle und Selbstoptimierung in modernen Fertigungsstrukturen senkt den Aufwand für die Koordination (Lingscheid, 1989). Dispositive Kosten entstehen nicht mehr in vorgelagerten Planungsabteilungen, sondern direkt im Fertigungssystem. Deutlich wird dies bei der Dezentralisierung der Materialverantwortung durch Anwendung des KANBAN-Prinzips in der Materialdisposition: Anstelle der Materialversorgung durch eine vorgelagerte Dispositionsabteilung im Zuge eines Bringprinzips fordert der Prozessowner das benötigte Material in eigener Verantwortung an (Holprinzip). Damit verlagert sich ein Teil der Kostenverantwortung (Lagerkosten, Fehlmengenkosten) in das Fertigungssystem. Aus durch Umlage zu verrechnenden Kosten (Sekundärkosten) werden in der Fertigungsstelle direkt anfallende Primärkosten. Da diese einfacher zu planen sind, wird die Kostenrechnung transparenter und kann in das Fertigungssystem verlagert werden.

Einfache Controlling-werkzeuge

Da das Prozessteam teilweise zum Selbstnutzer der Betriebsdaten (z. B. der Ausfalldaten der Maschine) wird, kann der Aufwand für die Weiterleitung der BDE-Informationen an zentrale Controllingstellen auf wichtige Informationen im Sinne des Management by Exception beschränkt werden. Selbstverständlich erfordert die erhöhte Kosten- und Ergebnisverantwortung geeignete wert – und mengenbezogene Prozessinformationen für die Prozessbeteiligten. Kaplan/Norton (1996,8) erheben deshalb im BSC-Ansatz die Forderung, *that financial and nonfinancial measures must be part of the information system for employees of all levels.* Dies bedingt wiederum eine andere Gestaltung der Controlling-Instrumente: Gefordert sind einfache Controlling-Werkzeuge in Form bedienerfreundlicher, prozessnaher Kostenrechnungs- und ERP-Systeme mit einer leicht verständlichen Präsentationsform. Ferner Planungs- und Kontrollmethoden, die vom Prozesseigner verstanden und auch ohne betriebswirtschaftliches Spezialwissen angewandt werden können.

Zu nennen ist hier die Initiative von SAP für eine vereinfachte an die Fachabteilung angepasste Benutzeroberfläche (EnjoySAP).

2.3 Agile Fertigungssysteme

Das Ausnutzen des economics of scale-Effektes hat zur Entwicklung von sogenannten agilen Fertigungssystemen geführt: Standardisierte Bearbeitungszentren wreden je nach mittelfristiger Auftragslage in bestehende Fertigungseinrichtungen integriert oder von diesen abgezogen (Abbildung 31). Dies schafft eine enorme Volumenflexibilität. Das Fertigungssystem kann damit an die Situation des Produktes in der Produktlebenskurve bzw. im Produktportfolio angepasst werden. Im Prinzip ist damit die Fertigung eines Produktes vom Serienanlauf bis zur Reifephase mit dem strukturell gleichen Produktionssystem möglich. Darüberhinaus bedeutet die hohe Standardisierung und leichte Umsetzbarkeit der Systeme einen höheren Investitionsschutz. Dies ist nicht ohne Auswirkungen auf die Berichts- und Planungssysteme (Kostenrechnung, ERP-System): Sie müssen sich an rasch ändernde Produktionssituationen anpassen lassen, also gleichfalls skalierbar sein.

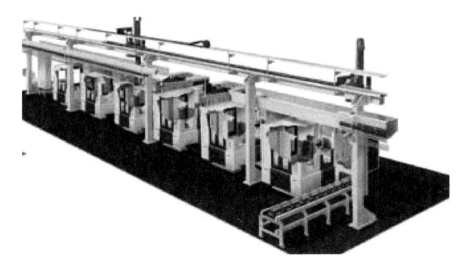

Abbildung 31: Agiles Fertigungssystem (Hüller-Hille)

2.4   Das Fertigungssystem in der Prozessoptimierung

Fertigungssysteme sind Objekte in Geschäftsprozessen. Es liegt deshalb nahe, diese Fertigungssysteme im Kontext der zu optimierenden Prozesse zu betrachten, d. h. die Prinzipien des Business Process Reengineering auch auf die Optimierung dieser Systeme anzuwenden (vgl. Hahn/Lassmann, 1999, 167).

2.4.1   Prozessarten

Process Reengieering

Überträgt man die Zweckbestimmung, die Hammer für die Optimierung von Geschäftsprozessen postuliert, so dient das Fertigungssystem der Wertschöpfung für einen internen (z. B. die unternehmenseigene Montage) oder externen Kunden. Wie bei jedem Geschäftsprozess, wirken auch hier Kernprozesse, Unterstützungsprozesse und Innovationsprozesse zusammen (Königsmark, Trenz, 1996, 19). Anstatt von Kernprozessen wird im folgenden von Hauptprozessen gesprochen (Abbildung 32, 33).

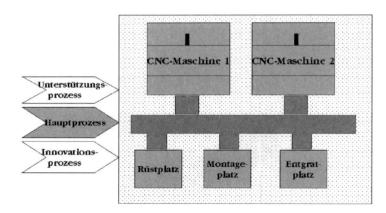

Abbildung 32: Prozessarten am Fertigungssystem

In der folgenden Abbildung 33 sind die Prozesse am Fertigungssystem mit den Abkürzungen gekennzeichnet:

I = Innovationsprozess, U = Unterstützungsprozess und H=Hauptprozess (Kernprozess).

Teilprozesse	Prozessart
Investitionsplanung	I
Langfristiges Planen der Materialversorgung	I
Langfristige Programmplanung	I
Langfristige Personalplanung	I
Planung Steuerungsmethoden	I
Insourcing oder Outsourcing (langfristig)	I
Kurzfristige Verfahrenswahl	U
Losgrößenplanung	U
Eigenfertigung oder Fremdbezug (kurzfristig)	U
Schichtplanung	U
Arbeitsplanung, CNC-Programmierung	U
Personaleinsatzplanung	U
Reihenfolgeplanung Arbeitsgänge	U
Gemeinkostenkontrolle	U
Produktkostenkontrolle	U
Kapazitätsplanung	U
Qualitätskontrolle	U
Terminplanung	U
Materialplanung	U
Auftragsfreigabe	U
Fertigen	H
Rüsten	U
Transportieren	U
Wartung, Instandhaltung	U
Rückmeldung Betriebsdaten	U

Abbildung 33: Prozesse am Fertigungssystem

2.4.2   Operative Wertschöpfungsgeneratoren im Fertigungssystem

Ausgewogene Prozessziele

Die in der Balanced Scorecard (vgl. 1.2.8) definierten Strategiegrößen sind in operationale Zielgrößen für das einzelne Produktionssystem herunterzubrechen. Dabei ist die ausgewogene Orientierung an der Finanz-, Kunden-, und Wissensperspektive und zwischen Ertrags- und Leistungskennzahlen sicherzustellen. Die auf Produktivität und Kostenminimierung ausgerichteten klassischen Ziele der Produktionswirtschaft sind für eine dezentrale, mit weitgehenden Planungs- und Entscheidungskompetenzen versehene und unternehmerisch handelnde Fertigungsorganisation nicht mehr hinreichend. Gefordert ist hier eine unternehmerische Sicht der Prozesswirtschaftlichkeit mit Prozesszielen, die auch die Unterstützungs- und Innovationsprozesse wie auch die rationelle Informationsbeschaffung einbezieht (vgl. Hahn/ Lassmann, 1999, 168) und sich an den Bedürfnissen des internen und externen Kunden orientiert. Wildemann (1994, 324) formuliert dies wie folgt: *Für die Erschließung von Leistungspotentialen ist ein Controllingansatz zu wählen, der sich neben finanzwirtschaftlichen Größen an kunden- und prozessbezogenen Kriterien orientiert.*

Keine einseitige Produktivitätszentrik

Damit steht insbesondere die einseitige Produktivitätszentrik in der Kritik. Aber auch eine einseitige Ausrichtung an Kundenbedürfnissen, wie sie in vielen Unternehmen zu beobachten ist, verschenkt das in den Mitarbeitern, der Organisation und der Produktionskapazität vorhandene Potential und vernachlässigt insbesondere das Primat der Finanzperspektive. Gesucht sind somit ausgewogene Erfolgsfaktoren (Wertschöpfungsgeneratoren).

Wertschöpfungsgeneratoren

Insgesamt können am Fertigungssystem 12 Wertschöpfungsgeneratoren identifiziert werden (Abbildung 34). Im Hinblick auf die Kundenperspektive sind dies die Kundenzufriedenheit, bestimmt durch die Produktqualität, die Termineinhaltung und die Fähigkeit der Fertigungsorganisation, auf Kundenwünsche (Produktvariation) eingehen zu können. Die Produktflexibilität wird hierbei entscheidend im Innovationsprozess festgelegt. Durch Investition in flexible, rasch umstellbare Fertigungseinrichtungen mit geringen Rüstkosten kann marktorientiert reagiert werden. Daneben ist die Flexibilität bei Produktänderungen auch Resultat effizienter Unterstützungsprozesse im System. So ist z. B. eine leistungsfähige CNC-Programmierung , fertigungsnah plaziert, in der Lage, Kundenwünsche schnell zu realisieren. Qualität (vgl. z. B. Rommel, 1995) und time to market sind weitere Wertgeneratoren der

Kundenperspektive Letztere ist dabei als Zeit bis zur Marktreife eines neuen Produktes definiert, überwiegend durch die Schnelligkeit der Innovationsprozesse in den der Fertigung vorgelagerten Abteilungen (Entwicklung, Versuch, Konstruktion) bestimmt. Durch Anwendung simultaner Vorgehensmethoden (Simultaneous Engineering) werden die Prozessverantwortlichen im Fertigungssystem frühzeitig in die Produktgestaltung eingebunden. Das Prozessteam kann u.a. durch effiziente Kapazitätsplanung und flexible Personaleinsatzplanung (Schichtmodelle) zur raschen Verfügbarkeit von Prototypen beitragen. Es nimmt ferner am Produktentstehungsprozess (Wertanalyse, Kaizen) teil.

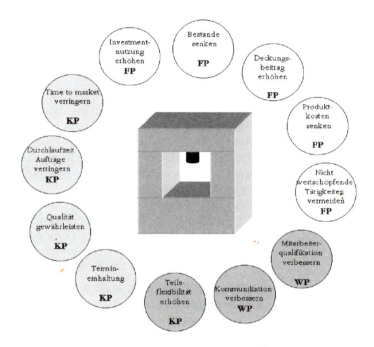

Abbildung 34: Wertschöpfungsgeneratoren im Fertigungssystem
mit vorrangig unterstützter Perspektive
(FP=Finanz-, KP=Kunden-,
WP=Wissensperspektive)

Die Durchlaufzeit der Aufträge ist unmittelbares Ergebnis der Selbstdisposition im System. Durch geeignete Schichtmodelle , hohe Kapazitätsauslastung, flexible Personaleinsatzplanung ist auch sie mittelbares Ergebnis der Unterstützungsprozesse, während sie unmittelbar auch von technologischen Parametern z. B. des Zerspanungsprozesses beeinflusst wird. Neben der Termineinhaltung ist die Durchlaufzeit eine wesentliche Bestimmungsgröße der Kundenperspektive.

Interner und externer Wettbewerb

Fertigungssysteme mit dezentraler Fertigungsorganisation sind einem starken internen und externen Wettbewerb ausgesetzt. Das Anstreben der Kostenführerschaft wird für die Fertigung unabhängig von der Wettbewerbsstrategie der Unternehmensleitung zur unbedingten Forderung. Man steht in Konkurrenz zu internen Wettbewerbern, d.h. Maschinen und Fertigungseinrichtungen, die beispielsweise zum eigenen Unternehmen, aber zu einem anderen Profit- oder Cost-Center gehören (Verfahrenskonkurrenz). Ferner setzt man im Profit-Center-Ansatz dezentral organisierte Fertigungssysteme bewusst der vollen Marktkonkurrenz aus, d. h. sie konkurrieren mit dem Beschaffungsmarkt für Produktionsteile (Beschaffungskonkurrenz).

Verfahrensentscheidungen

Inwieweit Kostenführerschaft erreicht wird, hängt von der Qualität der vom Personal getroffenen Entscheidungen und Aktionen ab. Langfristig wird sie durch die Mitarbeit an der Investitionsplanung von Nachfolgemaschinen bestimmt, kurzfristig durch die laufenden Entscheidungen im System, also durch Wahl optimaler Losgrößen, die Verfahrenswahl, laufende Maßnahmen zur Kostensenkung, konsequente Verfolgung einer Materialplanungsstrategie. Eine besondere Bedeutung hat hier die durch Schichtmodelle und hohe Auslastung beeinflussbare Fixkostendegression. Gerade bei hochautomatisierter Fertigung mit hohem Kapitalanteil ist die wirksame Kapazitäts- und Personaleinsatzplanung eine zentrale Vorraussetzung für Kostenführerschaft.

Nicht wertschöpfende Tätigkeiten

Nicht wertschöpfende Tätigkeiten (z. B. Suchen , Rüsten, Transportieren) lassen sich durch Einrichten zerspanungsparalleler Rüstplätze und Messplätze wie auch durch effiziente Arbeitsorganisation und rasche Informationsbereitstellung (z. B. durch schnellen Zugriff auf Auftragsdaten im ERP-System) reduzieren. Visualisierung von Prozessinformationen – z. B. durch Auslastungsdiagramme, Gantt-Pläne, Netzpläne – sind weitere Maßnahmen zum Vermeiden von Suchzeiten. Zu nennen ist hier ferner die zentrale Archivierung von CNC-Programmen.

Kosten sind sekundäre Erfolgsfaktoren in der Finanzperspektive. Sie verschleiern, dass das Fertigungssystem durch eine hohe, erlöswirksame Auslastung höherrangige Ziele wie den Deckungsbeitrag und den cash flow anstreben kann. Die Problematik der Erlöszurechnung an den Fertigungsoutput darf den Controller nicht davon abhalten, adäquate Grössen in Form von Verrechnungssätzen heranzuziehen. Dazu sind Ersatzgrößen für Erlöse und Deckungsbeiträge zu finden. Dies wird in den Abschnitten 4.8 und 4.9 aufgegriffen.

Wissensperspektive und Kommunikation

Die Wissensperspektive verlangt für das Personal des Fertigungssystems vollen Zugriff auf Informationen und Datenbestände (z. B. des ERP-Systems) und die Befähigung, Prozessentscheidungen treffen zu können (vgl. Kaplan/Norton, 1996, 8). Eine entscheidende Rolle im Konzept des Business Process Reengineerings kommt hierbei der Kommunikation zu. Sie ist der Katalysator für eine Neugestaltung des Wertschöpfungsprozesses (vgl. Hammer/Champy, 1995, 112ff).

Internetanbindung

Die Kommunikation wird zunächst durch die Anbindung des Fertigungssystems an das betriebliche Kommunikationssystem hergestellt. Im Vordergrund der Maßnahmen steht hier die in Abschnitt 1.2.10 erwähnte Anbindung an Client/Server-Netze, an lokale Netze mit Internet-Technologie (Einsatz von Browsern, Speicherung von Web-Seiten in Web-Servern) und auch die überbetriebliche Anbindung über das Internet. Statt isolierter Fabriknetze mit proprietärer hard- und software sind offene Protokolle, Betriebssysteme und Rechner gefordert. Die Internetanbindung gewinnt dabei zunehmend an Bedeutung. Medienbrüche (z. B. Erstellen eines CNC-Programmes im Rechner, Speichern auf Magnetbandkassette, Einlesen in CNC-Maschine) können damit vermieden werden. Einen solchen Medienbruch zeigt die Eingabe eines am Rechner erstellten CNC-Programmes, dessen Weitergabe an den Prozessowner und das Einlesen in die CNC-Maschine (Abbildung 35, linke Hälfte). Durch Kopplung des Prozessrechners mit dem Programmierplatz über ein Lokales Netzwerk mit zentraler Archivierung der Programme (DNC= Direct Numerical Control) werden die Medienbrüche ausgeschaltet (Abbildung 35, rechts). Die Kommunikation beschränkt sich allerdings nicht nur auf die Technik. Gefordert sind enge Beziehungen des Prozessteams zu internen und externen Kunden. Aus der Sicht der Kundenperspektive benötigt das Prozessteam aktuelle Informationen über Kundenwünsche (vgl. Kaplan/Norton, 1996, 134).

Die genannten Wertschöpfungsgeneratoren sind Gegenstand einer ausgewogenen Prozessbewertung am Fertigungssystem (Abbildung 36). Der so gewonnene Wertschöpfungsfaktor kann für die Prozessbewertung herangezogen werden.

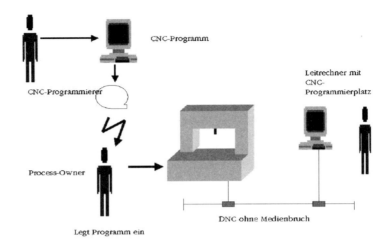

Abbildung 35: Beispiel für Medienbruch im Fertigungssystem

Wertschöpfungsgenerator	Beurteilung	
Investnutzung , cash flow	3	1=schlecht
Bestandssenkung	2	2=ausreichend
Deckungsbeitrag	3	3=gut
Produktkosten	3	4=sehr gut
Nicht wertsch. Tätigkeiten	2	
Time to market, neue Produkte	3	
Durchlaufzeit Td	2	
Qualität	1	
Termineinhaltung OTD	4	
Teileflexibilität, neue Verfahren	2	
Kommunikation	2	
Mitarbeiterqualifikation	3	
Summe	30	
Wertschöpfungsfaktor	**2,5**	

Abbildung 36: Prozessbewertung am FFS

**Prozess-
bewertung**

Im Mittelpunkt steht das Gesamtverhalten des Systems , entstehend aus der Interaktion zwischen Maschine , Bediener , Disponenten, Führungspersonal und Informationswesen. Hier sind Zielkonflikte nicht zu vermeiden. Lehnen die Verantwortlichen eines Fertigungssystems häufiger Versuchsaufträge ab (Motto: die Serienproduktion hat Vorrang), führt dies zu kürzeren Durchlaufzeiten der Serienaufträge, aber zu einer Abwertung des time-to-market-Kriteriums. Durchlaufzeit und Investnutzung sind gleichfalls konträre Zielgrößen. Diese Zielkonflikte sind durch Orientierung an der Unternehmensstrategie aufzubrechen. Die Bedeutung der einzelnen Prozessfaktoren differiert zudem mit unterschiedlichen Wettbewerbsstrategien (Abbildung 37).

Strategie	KF	PD	KK
Investnutzung, cash flow	++	+	++
Bestandssenkung	++	+	++
Deckungsbeitrag	++	+	++
Produktkosten	++	+	+
Nicht wertsch. Tätigkeiten	++	+	+
Time to market	+	++	++
Durchlaufzeit	++	+	++
Qualität	+	++	++
Termineinhaltung	+	++	++
Teileflexibilität, neue Verfahren	+	++	+
Kommunikation	+	++	+
Mitarbeiterqualifikation	+	++	++

Abbildung 37: Bedeutung der Wertschöpfungsgeneratoren im Wettbewerb KF=Kostenführerschaft, PD=Produktdifferenzierung, KK=Kernkompetenz, ++ große , + mittlere Bedeutung

**Wertschöp-
fung und
Produkt-
portfolio**

In der Zusammenfassung zeigt sich bei dezentraler Fertigungsorganisation ein größeres Einflusspotential der Prozessbeteiligten. Eine rein produktivitätsorientierte Zielvorgabe ist aufgrund des größeren Wettbewerbsdruckes noch weniger angezeigt als bei zentraler Fertigungsorganisation. Im Zuge einer am BPR orientierten Prozessbewertung ergeben sich beträchtliche Optimierungspotentiale im Hinblick auf eine wettbewerbsfähige Produktion. Insofern ist der BPR-Ansatz auch für Fertigungsprozesse richtungsweisend. Die strategische Ausrichtung der Wertgeneratoren an den zu unterstützenden drei Perspektiven der BSC vermeidet abteilungsegoistische und lokale Optima.

2.4.3 Controlling-Datenmodell des Fertigungssystems

Die operativen Controllinginformationen definieren ein multidimensionales Datenmodell. Da der Infocube (vgl. Abbildung 25) nur einen Teil der Erfolgsgrößen und Kennzahlen darzustellen vermag, wird üblicherweise das Star- bzw. das Snowflake-Schema als Erklärungs- und Entwurfsmodell für die Controllingdaten gewählt (vgl. Kirchner, 1998, 160ff).

Star-Schema

Im verbreiteten Star-Schema werden die Kennzahlen in einer Faktentabelle definiert. Dies können im Maximalfall alle in Abbildung 37 genannten Größen bzw. deren Konkretisierung in Form von operativen Kennzahlen sein. Der Controller trifft ggf. eine Auswahl der benötigten Kennzahlen. Die Kennzahlen werden je nach Informationsbedarf nach verschiedenen Dimensionen ausgewertet (Abbildung 38).

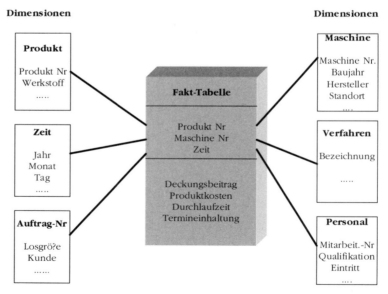

Abbildung 38: Controllingdaten im Star-Schema

Das Star-Schema beschreibt mögliche Informationsstrukturen im Produktionscontrolling. Es ist das bevorzugte Datenmodell von Data Warehouses (vgl. Seemann/Schmalzridt/Lehmann, 2001, 186f).

3   Produktionslogistik mit SAP/R3

Controlling und Logistik integriert

Zielobjekt des Produktionscontrollings ist der Produktionsvollzug. Dessen Planung und Kontrolle erfolgt simultan. Produktionscontrolling und Produktionslogistik müssen folglich integriert betrachtet werden, setzt doch das Controlling entsprechend der Metapher vom *Controller als Steuermann des Unternehmens* nicht erst nach Abschluss der Prozesse, sondern bereits in deren Planung und Steuerung ein,. Mit dem Modul PP des Programmes SAP R/3 lassen sich die Prozesse der Produktionslogistik effektiv planen und steuern. Dies wird im folgenden am Szenario der flexiblen Fertigung dargestellt.

3.1   Steuerungsprozesse in der Produktionslogistik

Fertigungsszenarien

In der Terminologie des SAP R/3-Systems kann man die Fertigung in die Typen diskrete Fertigung, stetige Fertigung und Linienfertigung einteilen (Abbildung 39). Die diskrete Fertigung befasst sich mit der Fertigung von Produktvarianten in mittleren und kleineren Stückzahlen, wobei ein Kundenbezug vorhanden sein kann (Kundenauftragsfertigung), aber nicht muss (kundenanonyme Losfertigung). Stetige Fertigung ist Ausdrucksform einer kontinuierlichen Fertigung eines Artikels, Linienfertigung repräsentiert die Fließfertigung auf verbundenen Betriebsmitteln.

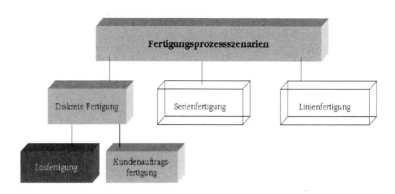

Abbildung 39: Szenarien der Fertigungsprozesse

Von den möglichen Fertigungsprozessszenarien repräsentiert die diskrete Fertigung mit Losfertigung die Gegebenheiten flexibler Produktionsstrukturen am treffendsten (vgl. Teufel/Röhricht/ Willems, 2000, 224f). Wegen der großen Produktvarianz ist die Produktionslogistik hier wesentlich komplexer als bei Serien- und Linienfertigung. Die Losfertigung stellt somit höhere Anforderungen an das Produktionscontrolling. Die Effizienz des Produktionscontrollings verifiziert sich deshalb vor allem bei diskreter Fertigung auf flexiblen Produktionssystemen. Mögliche Szenarien einer diskreten Fertigung:

- Kundenbezogene Auftragsfertigung (make to order)

- Losorientierte Lagerfertigung (make to stock).

Beispiel eines komplexen FFS

Für die Darstellung der Produktionslogistik mit R/3 wird die letztere ausgewählt. Ein Bezug zum Kundenauftrag ist hier möglich, aber nicht obligatorisch. Vorfertigung einzelner Komponenten auf Lager ist optional. Eine Steuerung des Auftragsablaufs ohne das Instrumentarium des Vertriebsmoduls SD im System R/3 ist machbar, was dem Bedürfnis nach dezentraler Steuerung durch das Prozessteam entgegenkommt. Im folgenden wird die Steuerung dieser Prozesse mit dem ERP-System SAP R/3 am Beispiel der Fertigung von Maschinenbauteilen in einem komplexen FFS dargestellt. Es handelt sich dabei um einstufige Produkte, die im FFS komplett gefertigt und anschließend an ein Zwischenlager geliefert werden. Die Produktionslogistik besteht hier aus einer Folge von Teilprozessen entsprechend Abbildung 40.

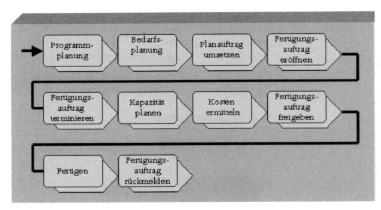

Abbildung 40: Teilprozesse der operativen Produktionslogistik

Teilprozesse der operativen Produktionslogistik

Ausgehend von der Planung des Produktionsprogrammes wird der Teile-, Baugruppen- und Rohstoffbedarf ermittelt. Vom System R/3 erzeugte Planaufträge dokumentieren diesen Bedarf. Diese Planaufträge werden in Bestellanforderungen (bei Kaufteilen) bzw. in Fertigungsaufträge (bei Eigenfertigungsteilen) umgesetzt. Termin-, Kapazitäts- und Kostenplanung klären den Ressourcenverbrauch mit ggf. erneuter Programmplanung (iterativer Prozess). Die Verfügbarkeit von Kapazitäten, Material und Personal stößt die Freigabe des Auftrages an. Mit Fertigung und Rückmeldung wird der Auftragsdurchlauf abgeschlossen.

3.2   Funktionsumfang des Systems R/3

Das System R/3 ist ein hochintegriertes ERP-System für unterschiedliche Branchen (Maschinenbau, Anlagenbau, chemische Industrie, Pharmaindustrie) und Auftragsszenarien (kundenanonyme Massenfertigung, Variantenfertigung, kundenbezogene Einzel- und Kleinserienfertigung). Integrierbare Data Warehouse–Lösungen, ein Workflow-System und umfangreiche Schnittstellen sowie Bürofunktionen unterstützen sämtliche Funktionsbereiche des Unternehmens. Das System R/3 ist modular aufgebaut (Abbildung 41).

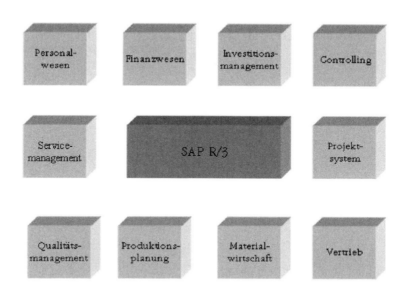

Abbildung 41: Module des Systems R/3

Module R/3

Die Datenhaltung erfolgt entsprechend dem verteilten Datenhaltungsmodell der Client-/Server-Architektur in relationalen Datenbank-Managementsystemen (RDBMS) auf Datenbankservern, die von den Applikationsservern getrennt sind. Eine 4GL[26]-Programmiersprache (ABAP/4) erlaubt die Programmierung von Dateizugriffen auf das RDBMS mit dem SAP-Dialekt OPEN-SQL[27] und die Generierung benutzerindividueller Reports. Ein integrierbares Data Warehouse (Business Information Warehouse = BW) extrahiert operative Daten (z. B. Auftragsdaten, Bestandsdaten) und speichert Metadaten und stellt diese für Auswertungen zur Verfügung. Ein eigenes Workflow-Management-System ermöglicht die Modellierung, die aktive Steuerung und das Monitoring von einfachen Planungs- und Steuerungsprozessen im Umfeld des ERP-Systems. Die in Abbildung 41 dargestellten Module sind Teil der umfassenden Internet-Architektur mySAP.com mit grafischen, personalisierbaren Oberflächen für Windows und Browser.

Die Produktionslogistik arbeitet mit dem Modul PP. Die Module Materialwirtschaft (MM), Controlling (CO), Vertrieb (SD), Finanzwesen (FI) haben zuliefernde und überwachende Funktion.

Die ERP-Funktionen für die Logistik sind im Hauptmenü der Position *Logistik* zugeordnet (Abbildung 42).

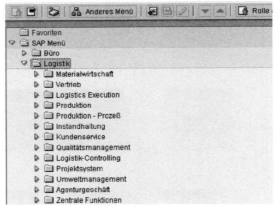

Abbildung 42: Hauptmenü SAP R/3, Logistik aufgeklappt

---

[26] 4GL – 4.Generation Language der Programmierung

[27] SQL – Structured Query Language

Bei der Produktionslogistik ist ein prozessorientierter Menü-Aufbau erkennbar. Das System SAP R/3 integriert die betrieblichen Funktionen entlang der Wertschöpfungskette (Abbildung 43).

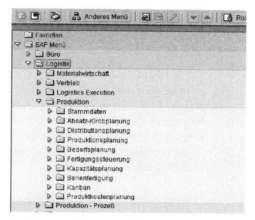

Abbildung 43: Menüaufbau Produktionslogistik

Hoher Integrationsgrad

Die Integration entlang der Leistungsprozesse ist Voraussetzung für die Einbindung des Unternehmens in umfassende, überbetriebliche Lieferketten sowie für eine integrierte Unternehmenssteuerung. Der hohe Integrationsgrad zeigt sich am R/3-Modul Produktionsplanung (PP). Dessen Funktionen unterstützen die gesamte innerbetriebliche Auftragsabwicklung.

3.3   Customizing

Standard vor Anpassung

Eine hochintegrierte Standardsoftware für unterschiedliche Branchen und Fertigungsszenarien erfordert die Anpassung (Customizing) an die organisatorischen und funktionalen Gegebenheiten des Zielunternehmens. Vorgeplante Prozesse in der Standardsoftware (Referenzmodelle) sind Vorbild und Anstoß zum beschleunigten Reengineering der Ablauforganisation des Unternehmens. Das Customizing bewegt sich dabei in der Ambivalenz zwischen größtmöglicher Anpassung an die Wünsche der Fachabteilung und einer möglichst weitgehenden Standardisierung des Systems. Der Wunsch nach schneller Einführung und wirtschaftlicher Evolution des Systems bei Releasewechseln sprechen für eine Orientierung am Standard des Systems (vgl. Cap Gemini/Ernst und Young/FH Konstanz, 12/2001, 7). Standardisierung geht somit vor Anpassung.

Das Customizing erstreckt sich auf Methoden, Organisationseinheiten und quantitative Größen. Beispiel für ersteres ist die Konfiguration eines geeigneten Kalkulationsschemas für das Unternehmen. Anpassung der Organisationseinheiten erfolgt beispielsweise in der Anlage von Profit-Centern im Unternehmen. Im Rahmen quantitativer Anpassungen können u.a. Umsatzsteuersätze, Währungsrelationen, Gemeinkostensätze eingegeben werden.

Kernpunkte des Customizings des Systems R/3 sind ein Vorgehensmodell zur Einführung und Weiterentwicklung des Systems, ferner Referenzmodelle zur Ausrichtung der Ablauf- und Aufbauorganisation des Unternehmens an bewährten Prozessen und Einführungsleitfäden (Implementation Guides = IMG) mit Einstellmöglichkeiten zur Anpassung und Konfiguration des Systems (Abbildung 44).

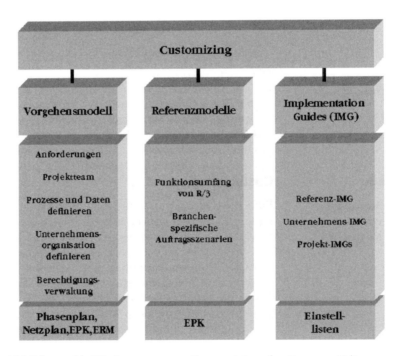

Abbildung 44: Werkzeuge zum Customizing des Systems R/3
(Auszug)

Die Werkzeuge im Vorgehensmodell unterstützen das Projektteam bei der Einführungsplanung des ERP- Systems.

Hauptinstrumente sind hierbei Phasenpläne und Netzpläne. Referenzmodelle in Form von ereignisgesteuerten Prozessketten (EPK) sowie Datenmodelle in ERM-Darstellung zeigen Prozessketten und Datenstrukturen von Branchenlösungen und Auftragsszenarien.

Werkzeuge   Der Referenz-IMG enthält die gesamten Voreinstellungen des Systems R/3, gegliedert nach Modulen. Für unternehmensspezifische Anpassungen wird dieser in einen Unternehmens-IMG und ggf. in Projekt-IMGs transportiert. Anpassungen werden in den Projekt-IMGs vorgenommen und bei erfolgreichem Testbetrieb dann in den Unternehmens-IMG eingestellt. Letzterer ist die Basis für den Produktivbetrieb des Systems.

Beispiel   Typisches Beispiel für das quantitative Customizing ist die Einstellung des betrieblichen Produktivitätsniveaus (Zeitgrad). Zunächst wird der entsprechende Knoten im IMG aufgerufen (Abbildung 45) und dann die Standardeinstellung für den Zeitgrad überprüft (Abbildung 46) und ggf. angepasst.

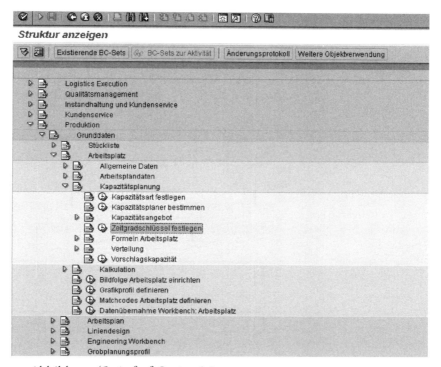

Abbildung 45: Aufruf Customizing

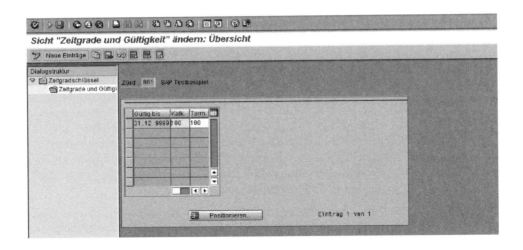

Abbildung 46: Zeitgrad einstellen

3.4   Stammdaten

Stammdaten   Die Informationsversorgung des Wertschöpfungsprozesses erfolgt
durch den Grunddatenbestand der Produktionslogistik, beste-
hend aus Materialdaten, Stücklisten, Arbeitsplatzdaten und Arbeitsplänen (Abbildung 47). Der Grunddatenbestand ist Voraussetzung für die Funktionsfähigkeit des ERP-Systems.

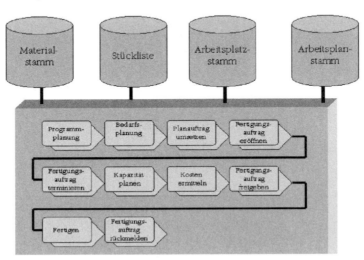

Abbildung 47: Grunddatenbestand der Wertschöpfungskette

Die Stammdaten sind Objekte im Menü der Produktionslogistik (Abbildung 48).

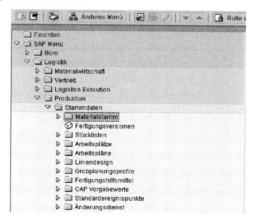

Abbildung 48: Stammdaten im Menü der Produktionslogistik

Der Materialstamm beinhaltet alle Daten zu den Produkten, Baugruppen, Einzelteilen und Werkstoffen. Wegen seiner zentralen Zulieferfunktion für die Abteilungen des Unternehmens wird er in funktionsbezogene Sichten gegliedert (Abbildung 49).

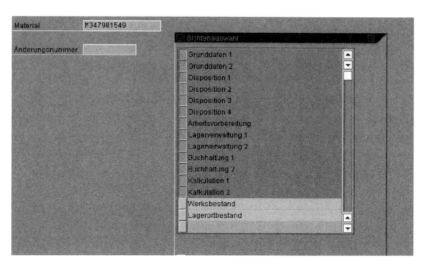

Abbildung 49: Sichten des Materialstamms

Materialstamm   Vor Anlegen des Materialstammes ist die Materialart zu bestimmen: Hier wird u. a. unterschieden zwischen Fertigerzeugnissen,

Halbfabrikaten (alle nicht verkaufsfähigen Teile und Baugruppen) und Rohstoffen. Die Materialart determiniert eine Reihe von Aktionen im System. Eine nachträgliche Umwidmung ist nicht möglich.

Die Sichten ermöglichen einem Funktionsbereich (z. B. Einkauf, Konstruktion, Fertigung), sich auf die relevanten Informationen (z. B. Disposition, Beschaffung) zu beschränken. Damit wird die Komplexität des Materialstamms bei arbeitsteiliger Organisation verringert und dessen Pflege erleichtert. Allerdings entstehen Abstimmungsprobleme zwischen den Funktionsbereichen (*wer ist für die Eingabe der Grunddaten verantwortlich?*). Der Erstellungsprozess von Materialdaten ist folgerichtig ein lohnendes Objekt von Workflow-Management-Lösungen (vgl. Strobel-Vogt, 1997, 77ff).

In Abbildung 50 bis 53 sind beispielhafte Sichten des Materialstammes dargestellt.

Abbildung 50: Materialstamm: Grunddaten

In der Dispositionssicht werden die Parameter zur Bedarfsermittlung, zur Losgrößenbildung und zur Beschaffung gepflegt.

Dispositions-sicht

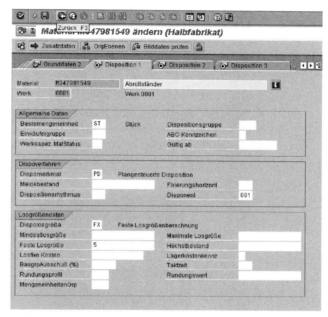

Abbildung 51: Materialstamm: Dispositionsdaten

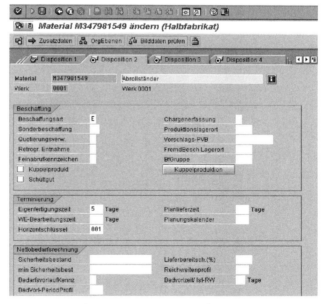

Abbildung 52: Materialstamm: Dispositionsdaten 2

Sie enthält ferner das Verfahren für die Ermittlung des Materialbedarfs (z. B. PD = plangesteuerte Disposition durch Stücklistenauflösung), die Beschaffungsart (E=Eigenfertigung, F=Fremdbezug) und die Vorschlags-Losgröße für die Disposition.

Hier wird von einer festen Losgröße (Parameter = FX) von 5 Stück und einer Planlieferzeit von 5 Arbeitstagen ausgegangen.

Die nachfolgende Buchhaltungssicht dient aus der Logistik-Perspektive zur Bestandsbewertung und enthält u.a. Standardpreise für die Bestandsbewertung, die dann als Vorschlagswerte für die nicht gezeigte Kalkulationssicht dienen (Abbildung 53).

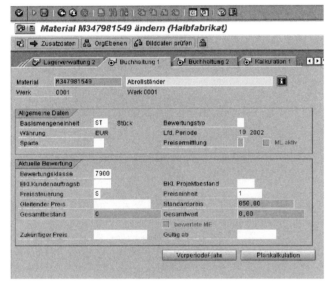

Abbildung 53: Materialstamm: Buchhaltungssicht

Die Stückliste liefert die Informationen zur Produktstruktur, die in der Montage und in der Kalkulation benötigt werden (Abbildung 54).

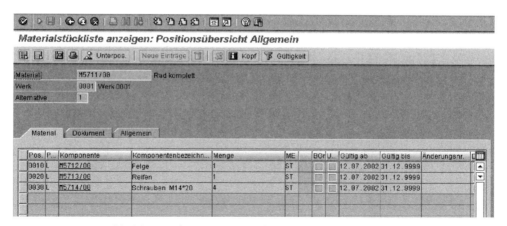

Abbildung 54: Montagestückliste

Stückliste

Hier ist zu unterscheiden zwischen der für die Montage verwendeten Stückliste, die alle Komponenten eines Endproduktes oder einer Baugruppe enthält und einer Werkstoffstückliste, die für ein Einzelteil die benötigte Werkstoffmenge ausweist.

Arbeitsplatz

Die Informationen zu den Maschinen und sonstigen Betriebsmitteln sind im Arbeitsplatzstamm enthalten. Hier finden sich kapazitive, organisatorische und zeitwirtschaftliche Daten zu den Betriebsmitteln (Maschinen, Montagearbeitsplätze). Arbeitszeit, Nutzungsgrad und Anzahl der Einzelkapazitäten bestimmen die verfügbare Kapazität des Arbeitsplatzes (Abbildung 55).

Durch Verknüpfung des Arbeitsplatzes mit einer zuvor im Modul CO anzulegenden und zu beplanenden Kostenstelle lassen sich die Bezugsgrößen der Kostenverursachung (Leistungsarten) bewerten. Hier wird die voreingestellte Leistungsart 10 (Maschinenstunden) verwendet. Leistungen am Arbeitsplatz werden mit dieser Leistungsart an die betreffende Kostenstelle verrechnet.

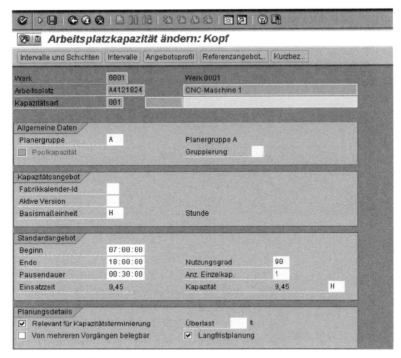

Abbildung 55: Arbeitsplatzstamm (Kapazitätssicht)

Verknüpfung mit Kostenstelle

Die Kopplung zwischen Arbeitsplatz und Kostenstelle erfolgt durch eine Verknüpfung im Arbeitsplatzstamm des Systems R/3 (Abbildung 56). Hier wird auf die zugehörige Kostenstelle (im Beispiel: KS4121824) referenziert und die erforderliche Leistungsart (10) angegeben. Diese Kopplung erlaubt den Zugriff vom Arbeitsplatz auf die Kostensätze der Kostenstelle (Tarife) in Form einer direkten Leistungsverrechnung.

Die Parameter für die Termin- und Belegungsplanung (Kapazitätsplanung) werden beim Arbeitsplatzstamm hinterlegt. Dazu sind Zeitformeln zu definieren und im Arbeitsplatzstamm einzugeben. Die Werte selbst werden erst im Arbeitsplan hinterlegt.

Hier im Arbeitsplatzstamm geht es zunächst darum, die zulässigen Zeitformeln für die auf den Arbeitsplatz referierenden Arbeitsgänge zu definieren.

Abbildung 56: Arbeitsplatzstamm (Verknüpfung mit Kostenstelle)

Zeitformeln

R/3 unterscheidet Zeitformeln für die Terminplanung, hinterlegt im System als Formeln SAP001 und SAP002 sowie für die Kapazitätsbelegung, hinterlegt als Formeln SAP005 und SAP006. Die Auswahl erfolgt in der Arbeitsplatzmaske (Maschinenmaske), dargestellt in Abbildung 57.

Aufgrund der zu fordernden Strukturidentität von Planung und Kontrolle muß sich die Bezugsgrößenplanung stringent an den Zeitgrößen des Arbeitsplanes und des Arbeitsplatzes orientieren. Der Arbeitsplatz soll für genau die entsprechenden Zeitformeln konzipiert sein wie der Arbeitsplan, die Kostenplanung, Kalkulation, Kapazitätsplanung und Durchlaufzeitermittlung.

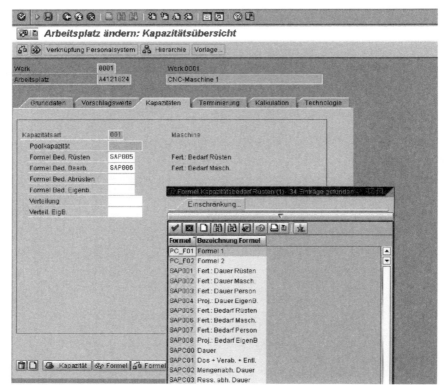

Abbildung 57: Zeitformeln für Belegung und Terminierung

Belegung und Terminierung

Bei speziellen Fertigungsverfahren können die Formeln vom Benutzer ergänzt werden. Wird ein Fertigungsauftrag durchgeführt, erfolgt die Belastung der Kostenträger mit Hilfe dieser Formeln.

Die Bedeutung der Formeln zeigt die Tabelle in Abbildung 58.

	Zeitgröße	**SAP-Formel**
Kostenplanung, Kapazitätsplanung	Rüstzeit	SAP005
Kostenplanung, Kapazitätsplanung	Fertigungszeit * Losgröße	SAP006
Durchlaufterminierung	Rüstzeit	SAP001
Durchlaufterminierung	Fertigungszeit * Losgröße	SAP002

Abbildung 58: Zeitformeln für Terminplanung und Kapazitätsbelegung

Die Arbeitspläne beinhalten alle Daten zur Fertigung eines Produktes. Dies sind beispielsweise die Arbeitsgangreihenfolge, die belegten Maschinen oder die Fertigungszeiten (Abbildung 59).

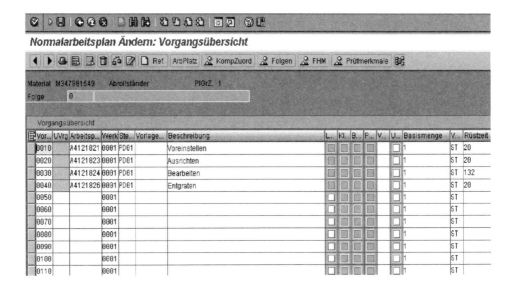

Abbildung 59 Arbeitsplan mit Arbeitsgängen

Rüstzeit und Zeit/Einheit werden in der Zeitmaske eingegeben. Sie beinhalten die Maschinenzeit (Belegungszeit). Der Produktionsfaktor *Personal* ist im Faktor *Maschine* anteilig berücksichtigt Die Personalzeit wird deshalb nicht erfaßt, d. h. man geht vom Primats der Maschinenzeit aus. Die Leistungsart ist hier nochmals einzugeben (Abbildung 60).

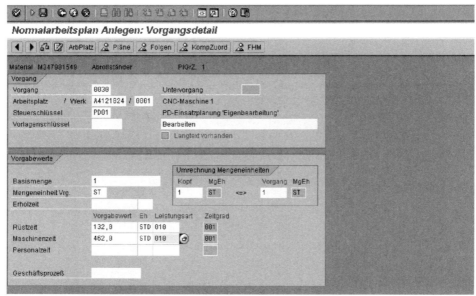

Abbildung 60: Arbeitsplan mit Fertigungszeiten

3.5 Programmplanung

**Planungs-
strategien**

Ausgangspunkt der Planung und Steuerung der Wertschöpfungskette ist die Programmplanung (vgl. Wenzel, 1996, 392). Sie beinhaltet die Planung der Produktionsstückzahlen der Planungsperiode (Tag, Woche, Monat, Jahr). Grundlage der Programmplanung sind die unterschiedlichen Planungsstrategien des Systems
R/3 (Abbildung 61). Zu unterscheiden ist:

- die kundenanonyme Lagerfertigung,

- die Losfertigung für Kunden- und Lageraufträge,

- die Vorplanung mit Endmontage,

- die Vorplanung ohne Endmontage und

- die Kundeneinzelfertigung.

Diese Strategien ermöglichen eine flexible Anpassung der Auftragsabwicklung an das Fertigungsszenario des Unternehmens.

Abbildung 61: Planungsstrategien in der diskreten Fertigung in R/3 (Auszug)

Lagerfertigung
- Bei der Lagerfertigung erfolgt die Programmplanung ohne direkten Bezug zum Kundenauftrag (kundenanonym). In Erwartung zukünftiger Kundenaufträge wird eine Absatzprognose im System R/3 SD erstellt, aufgrund derer dann eine Programmplanung der zu fertigenden Primärbedarfsstückzahlen erfolgt. Die Programmplanung hat keinen systeminternen Bezug zu Kundenaufträgen, auch erfolgt keine Bedarfsverrechnung mit diesen. Eine Berücksichtigung der verfügbaren Lagerbestände (Nettoplanung) kann, muss aber nicht erfolgen (Bruttoplanung). Verfügbarkeitsprüfungen, z. B. im Rahmen des Supply Chain–Ansatzes, erfolgen gegen den Lagerbestand. Die eingehenden Kundenaufträge werden vom Lager bedient.

Losfertigung
- Bei der Losfertigung für Kunden- und Lageraufträge kann der Kundenauftrag in die Programmplanung einbezogen werden. Mehrere Kundenaufträge werden in diesem Fall zu Fertigungslosen zusammengefasst. Daneben können noch kundenanonyme Lageraufträge zur Ergänzung des Lagerbestandes generiert werden. Diese Planungsstrategie ermöglicht sowohl eine kundenanonyme als auch kundenbezogene Programmplanung.

Vorplanung mit Endmontage
- Bei Vorplanung mit Endmontage werden die Baugruppen bzw. Einzelteile eines Enderzeugnisses vorgefertigt (vorgeplant) und dann auf Lager gelegt. Unter Vorplanung ist dabei die Mengenplanung, die Termin- und die Kapazitätsplanung zu verstehen. Die Kundenaufträge werden automatisch in die Programmplanung einbezogen. Dazu werden die eintreffenden Kundenaufträge mit der Programmplanung der Endprodukte maschinell verrechnet. Die Verfügbarkeit der Endprodukte wird dann anhand der vorgeplanten Programmstückzahlen der Enderzeugnisse ermittelt oder wahl-

weise anhand ihrer Lagerbestände. Die Endmontage wird erst bei Eintreffen des Kundenauftrages veranlasst. Diese Strategie erfordert wiederum die explizite Einplanung des Kundenbedarfes, allerdings auf der Ebene der Endprodukte (Kundenprimärbedarf). Sie erlaubt den Prozessbeteiligten, den Bedarf im Fertigungssystem relativ autonom zu planen. Bei steigendem Kundenbedarf reagiert die Programmplanung durch entsprechend höhere Programmstückzahlen an Baugruppen und Teilen.

Vorplanung ohne Endmontage

- Die ausserdem mögliche Vorplanung ohne Endmontage wird hier nicht in Erwägung gezogen, da sie für Komplexprodukte mit hoher Wertschöpfung in der Teile- und Baugruppenebene nicht geeignet ist.

Kundeneinzelfertigung

- Die Kundeneinzelfertigung orientiert sich am Primärbedarf eines einzelnen Kunden. Der Kundenauftrag wird kundenindividuell eingeplant (Einzelplanung), gefertigt und abgerechnet. Zwischen den Kundenaufträgen erfolgt keine Mengenkonsolidierung, auch sind Bedarfszusammenfassungen aus unterschiedlichen Kundenaufträgen – z. B. zum Erreichen optimaler Losgrößen – nicht vorgesehen. Sinnvoll ist diese Auftragsart z. B. im Flugzeugbau mit der geforderten rekursiven Auftragsverfolgung (tracing) und in der Einzelfertigung kundenspezifischer Anlagen. Hier besteht ein stringenter Bezug zur Kundenauftragsverwaltung.

Generell besteht die Wahl zwischen zentraler und dezentraler Programmplanung. Bei ersterer wird der Bedarf an Enderzeugnissen (z. B. Maschinen) auf Unternehmensebene zentral geplant. Der Teilebedarf wird dann bis auf die Einzelteile (Sekundärbedarf), ggf. sogar bis auf die Werkstoffe und Hilfsstoffe (Tertiärbedarf) heruntergebrochen und durch Planaufträge dokumentiert. Die Programmkompetenz wird hier den Fertigungssystemen weitgehend entzogen. Bei dezentraler Programmplanung erfolgt gleichfalls eine zentrale Programmplanung und Bedarfsauflösung (die zentrale Programmplanung ist dennoch unverzichtbar), die Fertigungssysteme erstellen jedoch für die errechneten Sekundärbedarfe eine eigene Programmplanung und stimmen diese mit ihren kapazitiven Möglichkeiten ab.

Im allgemeinen eröffnet die Strategie *Losfertigung* für Kunden- und Lageraufträge den Prozessbeteiligten die größte Autonomie. Hier kann das Produktionsprogramm wahlweise mit oder ohne maschinelle Bindung an die zentrale Kundenauftragsverwaltung im Modul SD geplant werden. Überträgt man dies auf die Gegebenheiten bei flexiblen, dezentral organisierten Fertigungssystememen, so liegt die Programmkompetenz für die im FFS zu planenden Stückzahlen beim Prozessteam. Dieses erstellt das kurzfristige Produktionsprogramm. Der wichtigen und unerlässlichen Forderung, kundenbezogen zu planen, kann durch intensive Abstimmprozesse im Vorfeld der Programmplanung entsprochen werden. Insbesondere ist hier auch die Planung in Bezug auf interne Kunden möglich. Die Programmplanung ist hier auch ohne Verbindung zur Kundenauftragsverwaltung von R/3 (SD) funktionsfähig.

Dezentrale Programmkompetenz

Dittrich/Mertens/Hau (2000, 25) sehen das Einsatzfeld der kundenanonymen Lagerfertigung, der Losfertigung und der beiden Vorplanungsstrategien bei Unternehmen mit invarianter Produktstruktur, während die Kundeneinzelfertigung eher für Unternehmen mit großer Produktvarianz geeignet ist.

Wie gestaltet sich nun die Programmplanung bei diskreter Fertigung? Unter Berücksichtigung realisierter oder prognostizierter Kundenaufträge wird gemeinsam von Vertrieb und Produktion das Tages-, Wochen–, oder Monatsprogramm der zu fertigenden Endprodukte (Brutto-Primärbedarf) festgelegt. Mit Hilfe der Menüfunktion *Programmplanung* (Abbildung 62) werden dazu die zu fertigenden Stückzahlen mit den Wunschlieferterminen in die Programmtabelle (Abbildung 63) eingetragen.

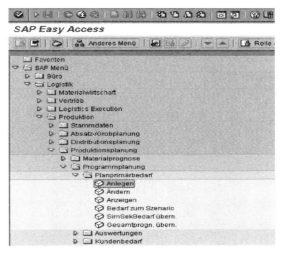

Abbildung 62 Programmplanung

Planprimärbedarf anlegen: Planungstableau

Planungsbeginn 08.01.2003 Planungsende 12.02.2004

Tableau | Positionen | Einteilungen

Material	Werk	VS	A.	B..	17.01.2003	20.01.2003	21.01.2003	22.01.2003	23.01.2003	24.01.2003	27.01.2003	28.01.2003	29.01.2003	30.01.2003	31.01.2003	03.02.2003
M347981549	0001	80	✓	ST		10										10
	0001	80	✓													
	0001	80	✓													
	0001	80	✓													
	0001	80	✓													
	0001	80	✓													
	0001	80	✓													
	0001	80	✓													
	0001	80	✓													
	0001	80	✓													

Abbildung 63: Programmplanung mit Sollstückzahlen der verkaufsfähigen Produkte (Primärbedarf)

Durch hinterlegte Ressourcenprofile kann ggf. sofort eine Verfügbarkeitsprüfung (Betriebsmittel, Materialkomponenten, Personal) erfolgen. Darauf wird hier nicht näher eingegangen.

3.6 Bedarfsermittlung

Methoden

Zweck der Bedarfsermittlung ist grundsätzlich die Errechnung
oder Prognose des Komponentenbedarfs (Einzelteile, Baugruppen, Werkstoffe) für ein gegebenes Programm an verkaufsfähigen Erzeugnissen. Der Bedarf an Verkaufserzeugnissen (Primärbedarf) soll durch Bereitstellung der Komponenten (Sekundärbedarf) gesichert werden. SAP R/3 verfügt dazu über eine Reihe
von Methoden der Bedarfsermittlung (Dispositionsmethoden),
von denen für die diskrete Fertigung einsetzbar sind:

- die deterministische, programmgesteuerte Methode (Kennzeichen in R/3: PD)

- die verbrauchsgesteuerte Disposition (VB, VM, VV)

- die rhythmische Disposition (VR,R2).

Bei der programmgesteuerten Disposition (PD) erfolgt eine deterministische Ableitung des Komponentenbedarfs durch das
Verfahren der Stücklistenauflösung. Sie ermöglicht genaue Bedarfszahlen, allerdings mit erhöhten Anforderungen an die Plau-

sibilität des Datenbestandes (Stücklisten) (Dittrich/Mertens/Hau, 2000, 50ff). Die verbrauchsgesteuerte Disposition löst bei Erreichen eines Bestellpunktes (Meldebestandes) im Bestandsdiagramm eine Nachbestellung aus. Der Meldebestand kann dabei durch den Disponenten (Methode VB) oder maschinell (Methode VM) festgelegt werden. Eine Variante dieser Dispositionsart ist die Methode VV mit einer Prognose des zukünftigen Bedarfs. Die rhythmische Disposition geht dagegen von festen Bestellintervallen aus.

Belegung und Terminierung

Dittrich/Mertens/Hau (2000, 48ff) haben in Modellstudien die Einsatzmöglichkeiten und die Wechselwirkungen der verschiedenen Dispositionsarten untersucht. Entsprechend der Verbreitung in der Praxis erweist sich dabei die deterministische Bedarfsermittlung (PD) als generell anwendbar, wenn auch mit erhöhtem Rechenaufwand verbunden.

A-B-C-Teile

X-Y-Z-Teile

Insbesondere für Teile großen und mittleren Wertes (A- und B-Teile) und bei Teilen mit schwankendem Verbrauch bei schlechter Prognosefähigkeit (Z-Teile) ist sie die Standardmethode. Bei B- und C- Teilen sind verbrauchsgesteuerte und rhythmische Methoden einsetzbar, sofern die Teile konstantes Verbrauchsverhalten haben (X-Teile) bzw. bei schwankendem Verbrauch noch gut prognostizierbar sind (Y-Teile) (Dittrich/Mertens/Hau, 2000, 50).

Die große Wertschöpfung in modernen Fertigungssystemen bedingt für A- und B-Teile eine genaue Materialdisposition. Die Dispositionsart PD ist hier die geeignete Methode. Sie bildet die Basis der folgenden Ausführungen.

Ablauf der Bedarfs-ermittlung

Die dieser Methode zugrundeliegende deterministische Bedarfsermittlung erfolgt mit Hilfe der Stücklistenauflösung im R/3 - Prozess *Bedarfsplanung*. Zunächst wird der Bedarf an Einzelteilen (Sekundärbedarf) und an Roh- und Hilfsstoffen (Tertiärbedarf) errechnet. Dann werden die verfügbaren Lagerbestände vom Bruttobedarf subtrahiert. Ergebnis ist der Nettobedarf, d. h. der in der Planperiode zu beschaffende oder zu fertigende Bedarf. Der Ablauf am Beispiel des Produktes *Abrollständer*:

Die Komponente dieses Produkts besteht aus dem Werkstoff, erfasst in einer Werkstoffstückliste (Abbildung 64).

Im Beispiel besteht das Produkt Abrollständer aus 40 kg Stahl der Sorte CK45.

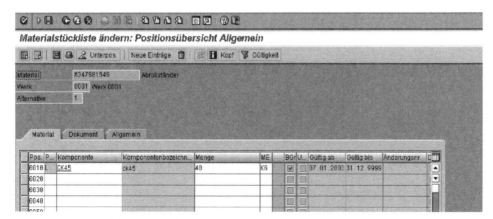

Abbildung 64: Werkstoff als Komponente des Produkts

Basis dieser Mengenrechnung ist die Stückliste und der verfügbare Lagerbestand (Abbildung 65).

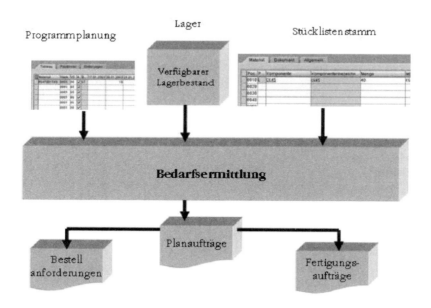

Abbildung 65: Bedarfsplanung

**Bedarfs-
terminierung**

Pro Bedarfsposition (Endprodukt, Einzelteil, Werkstoff) wird dabei 1 Planauftrag erzeugt, der die Nettomenge nach Abzug des verfügbaren Lagerbestandes und den Bedarfstermin abdeckt. Als Losgröße wird der Vorschlagswert aus der Dispositionssicht des Materialstammes verwendet. Aufgrund der im Materialstamm enthaltenen Planlieferzeit bzw. Wiederbeschaffungszeit wird der Starttermin des Planauftrages im Rahmen einer Bedarfsterminierung wie folgt errechnet:

Starttermin = Bedarfstermin – Planlieferzeit

Bei mehrstufigen Produkten wird dabei aus der Stücklistenstruktur ein Netzplan aufgebaut und dieser dann terminiert. Durch Rückwärtsterminierung der Planlieferzeiten aus dem Materialstamm werden die spätesten Endtermine der Komponenten (Einzelteile und Baugruppen) als sogenannte Eckendtermine errechnet (Abbildung 66). Diese Art der Terminierung unterscheidet sich von der später beschriebenen Fertigungsterminierung (Arbeitsgangterminierung) durch die Herkunft und Genauigkeit der verwendeten Zeitwerte.

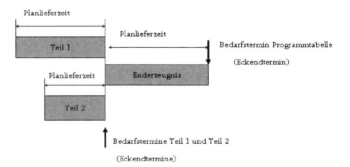

Abbildung 66: Bedarfsterminierung bei mehrstufigen Produkten

Jede Position in der Programmtabelle wird in Planaufträge umgesetzt. Planaufträge werden als Objekte der Bedarfsdeckung (Zugang) dem Bedarf (Abgang) gegenübergestellt (Abbildung 67). Der Bruttoprimärbedarf von 10 Stück, Liefertermin 20.01.2003 wird analog zur Losgrösse in 2 Planaufträge umgesetzt, in gleicher Weise der Primärbedarf von 10 Stück am 3.02.2003.

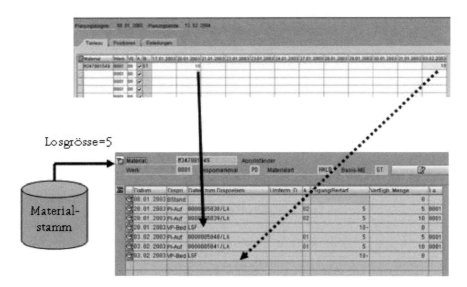

Abbildung 67 Umsetzung Programmtabelle in Planaufträge

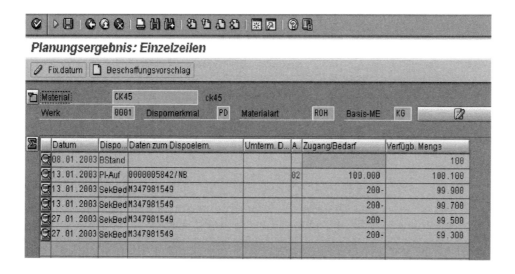

Abbildung 68: Bedarfsauswertung Rohstoff

Bedarfsaus-
wertung

Die beiden Einträge in der Programmtabelle (Abbildung 63) sind als Lagerbedarf (LSF) mit negativem Vorzeichen zu finden. Bereits laufende Fertigungsaufträge früherer Planungsaktivitäten werden bestandserhöhend berücksichtigt. Eine entsprechende Verfügbarkeitsprüfung erfolgt gleichermaßen für die Komponenten, dargestellt am Beispiel des Werkstoffes CK45 (siehe Abbildung 68).

Die generierten Planaufträge stehen anschließend als terminierte Bedarfsaufforderung an die Fertigung und den Einkauf im System zur Verfügung (Abbildung 69).

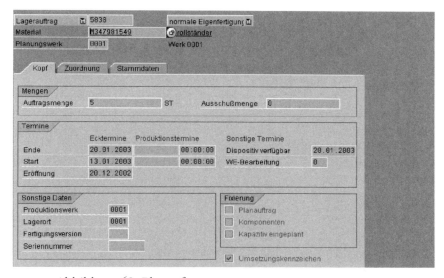

Abbildung 69: Planauftrag

Planauftrag

Im Prozess *Planauftrag umsetzen* werden aus den Planaufträgen für die zu beschaffenden Kaufteile Bestellanforderungen (BANF) generiert, die dann Eingangsdaten für den Prozess *Beschaffen* sind (Prozess hier nicht dargestellt).

Der Planauftrag ist auf Verfügbarkeit (ATP= Available To Promise) des benötigten Sekundärbedarfes (Material CK 45) zu prüfen (Abbildung 70).

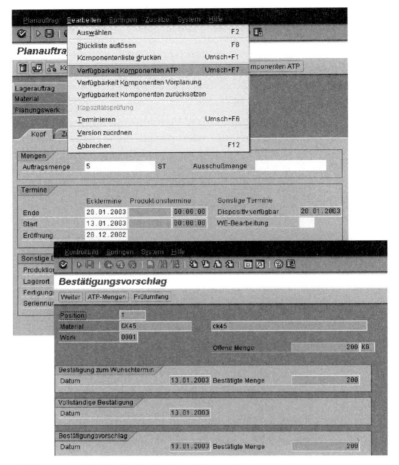

Abbildung 70: Verfügbarkeitsprüfung Komponenten

Umsetzung in Fertigungsauftrag

Die Umsetzung der Planaufträge in Bestellanforderungen und Fertigungsaufträge kann als Sammel – oder Einzelumsetzung erfolgen. Bei mehrstufigen Produkten werden dabei entsprechend der Stücklistenstruktur Fertigungsaufträge für die Komponenten mitgeneriert.

3.7   Terminierung Fertigungsauftrag

Der durch Umsetzung eröffnete Fertigungsauftrag ist die Grundlage der Feinterminierung (Arbeitsgangterminierung), der Kapazitätsplanung und der Kostenermittlung. Die fertigungsseitige Deckung des Teilebedarfs erfolgt grundsätzlich durch diese Aufträge. Für die Verwaltung dieser Fertigungsaufträge stehen eine Reihe von prozessorientierten Menüfunktionen zur Verfügung (Abbildung 71).

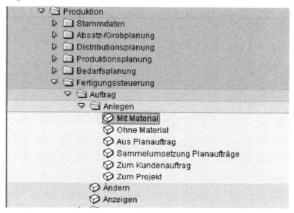

Abbildung 71: Verwaltung der Fertigungsaufträge

Unterschieden werden dabei u. a. die Bearbeitungsstufen des Fertigungsauftrages (Stati)

- eröffnet (EROF)

- freigegeben (FREI)

- rückgemeldet (RÜCK)

- abgerechnet (FRAB).

Status Fertigungs- auftrag
Jeder Status triggert unterschiedliche Aktionen. So bewirkt die Freigabe eine Fixierung mit Einschränkung von Auftragsänderungen, der Status Rückmeldung führt zur Entlastung der Kapazität. Zu Beginn erhält der Auftrag den Status *eröffnet.*

Der im Beispiel aus Planaufträgen generierte Fertigungsauftrag deckt termingerecht den Bedarf in Form von Produktionslosen, orientiert am Vorschlagswert im Materialstamm (kann jedoch verändert werden). Die Ecktermine werden als Vorschlagswerte vom Planauftrag übernommen (vgl. Abbildung 69). Da diese auf der Basis der im Materialstamm enthaltenen Planlieferzeiten ermittelt sind, stellen sie Grobplanungswerte dar, die im Rahmen der genaueren Arbeitsgangterminierung (Feinterminierung) präzisiert werden. Der Aufruf mit der Verwaltungsfunktion in Abbildung 71) zeigt den bereits umgesetzten und terminierten Fertigungsauftrag (Abbildung 72):

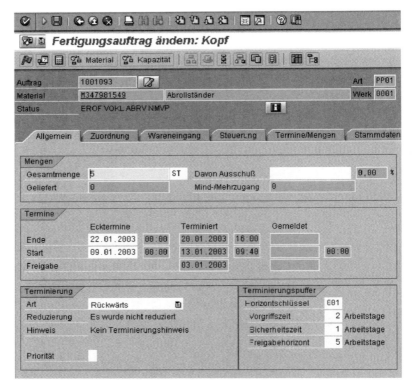

Abbildung 72: Fertigungsauftrag eröffnet und terminiert

Eröffnung Fertigungsauftrag Die Eröffnung des Fertigungsauftrages triggert je nach Customizing diverse Verfügbarkeitsprüfungen (Material, Personal, Betriebsmittel).

Basis der Terminierung ist zunächst die Durchlaufzeit des Arbeitsganges (vgl. Nebl, 1996, 321). Diese setzt sich zusammen aus den Komponenten Losgröße * Fertigungszeit/Stück, Rüstzeit, Vorliegezeit und Nachliegezeit (Abbildung 73):

$$Td = m * te + tr + tvorliege + tnachliege$$

mit den Größen m = Losgröße, tr = Rüstzeit, te = Zeit pro Einheit.

Ab- und Aufrüsten wird zur Rüstzeit zusammengefasst.

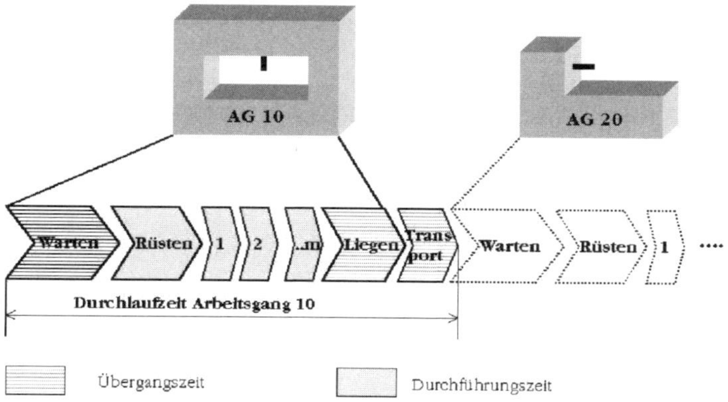

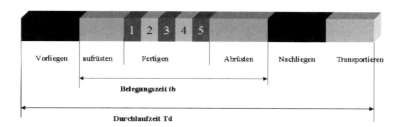

Abbildung 73: Durchlaufzeit und Übergangszeit (Quelle:SAP)

Durchlaufzeit

Zu der in Abbildung 73 ermittelten Durchlaufzeit ist noch die Transportzeit zum nächsten Arbeitsgang zu addieren (vgl. Glaser, 142). Am Beispiel eines Loses mit 5 Teilen erhält man dann die im Schema Abbildung 74 dargestellte Brutto-Durchlaufzeit des Arbeitsganges.

Abbildung 74: Bruttodurchlaufzeit am Beispiel eines Loses von 5 Stück

Die Addition der Durchlaufzeiten pro Arbeitsgang ergibt die Netto-Durchlaufzeit TDnetto des Auftrages. Zu dieser können zur Risikoverringerung bei terminkritischen Aufträgen ggf. externe Pufferzeiten hinzuaddiert werden, so am Start die Vorgriffszeit, zum Ende die Sicherheitszeit (Abbildung 75).

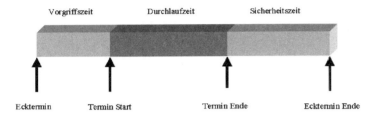

Abbildung 75 Durchlaufzeit Auftrag

**Rückwärts-
terminierung**

Start- und Endtermine werden aufgrund der Daten des Arbeitsplanes durch Vorwärts- bzw. Rückwärtsterminierung ermittelt.
Bei Vorwärtsterminierung wird nach Eingabe des Start-Eck-
termins oder dessen Übernahme vom Planauftrag der Eckendtermin errechnet. Zudem wird der Produktionsstart (Terminiert Start) und das Produktionsende (Terminiert Ende) ermittelt.

Wird die Rückwärtsterminierung gewählt, erfolgt zuerst die Eingabe des Eckendtermins bzw. dessen Übernahme aus der Bedarfsermittlung. Dann werden spätester Produktionsstart (Terminiert Start), Eckstarttermin und spätestes Produktionsende (Terminiert Ende) errechnet (Abbildung 76).

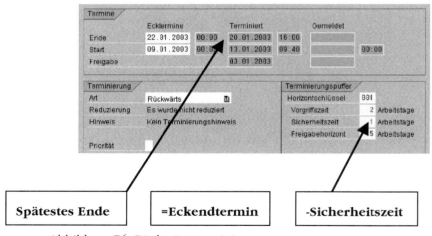

Abbildung 76: Rückwärtsterminierung

Der Eckendtermin wird durch den Planauftrag vorgegeben. Der Fertigungsbeginn kann zum spätestmöglichen wie auch zum frühestmöglichen Termin erfolgen. Hierbei ergibt sich bei vorhandenem Zeitpuffer ein Zielkonflikt zwischen geringerer Kapitalbindung (bei Fertigung zum spätestmöglichen Zeitpunkt) und geringerer Terminabweichung (bei Fertigung zum frühestmöglichen Zeitpunkt) (vgl. Dittrich/Mertens/Hau, 2000, 139ff). Die folgende Abbildung 77 zeigt die prinzipiellen Rechenregeln in R/3 bei Vorwärts- und Rückwärtsterminierung.

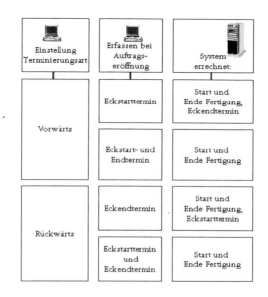

Abbildung 77: Terminierungsregeln (Auszug, nach SAP)

**Reduzierung
Durchlaufzeit**

Die Terminplanung verfügt über ein Instrumentarium zur Sicherung der Termintreue (OTD): Bei angespannter Terminsituation werden Reduzierungsmaßnahmen angestoßen: Liegen die nach den in Abbildung 77 definierten Regeln errechneten Termine ausserhalb der Ecktermine aus der Bedarfsermittlung, ist eine Reduzierung angezeigt.

Dies kann erfolgen durch:

• die Reduzierung der Übergangzeit des Vorganges

• die Überlappung von Arbeitsgängen

- das Lossplitting, d. h. die Aufteilung eines Produktionsloses auf Parallelmaschinen

- die Reduzierung der Vorgriffs- und der Sicherheitszeit des Auftrages

- kapazitive Maßnahmen (Schichtzahlerhöhung, Arbeitszeitverlängerung, verlängerte Werkbank)

(vgl. Teufel/Röhricht/Willems, 2000, 251).

Lossplitting

Glaser/Geiger/Rohde (1991, 359) zeigen im Rahmen einer Befragung von 70 mittelständischen Unternehmen, dass die Übergangszeitreduzierung die präferierte Methode ist[28]. Dies erklärt sich durch deren hohe Wirksamkeit – die Übergangszeit hat bei Losfertigung den größten Anteil an der Durchlaufzeit - und deren unkomplizierte Umsetzung. Überlappung und Lossplitting wirken vor allem durch Parallelisierung der Belegungszeiten, sind wegen des geringen Anteils derselben an der Durchlaufzeit weniger wirksam und nur mit größerem Aufwand (mehrfache Rüstkosten beim Lossplitting) umzusetzen. Kapazitive Maßnahmen sind kostenintensiv (Überstundenzuschläge), können aber vor allem in der Umsetzung einer *atmenden Fabrik* mit flexibler Schichtorganisation sinnvoll sein.

Reduzierung Übergangszeit

Zur Reduzierung der Übergangszeit verfügt das System SAP R/3 über Algorithmen, die in Abhängigkeit einer zuvor definierten Auftragspriorität die Übergangszeit in Stufen reduziert (Reduzierungsstufe in Abbildung 76 links unten).

Der Grad der Reduzierung kann vom Systemverwalter im Customizing eingestellt werden. Beispielsweise kann die Übergangszeit in einer 1. Stufe um 20%, in Stufe 2 um 30% usw. reduziert werden, bis die Produktionstermine innerhalb der vom Planauftrag übernommenen Ecktermine liegen (Abbildung 78).

Neben der Übergangszeit, die im System R/3 als Matrix eingegeben wird, kann auch die Vorgriffs- und Sicherheitszeit reduziert werden.

Dittrich/Mertens/Hau (2000, 137f) stehen allerdings den beschriebenen Reduzierungsmethoden vor allem wegen der Intransparenz des Reduzierungsablaufes kritisch gegenüber.

---

[28] Übergangszeit = Nachliegezeit + Transportzeit + Vorliegezeit

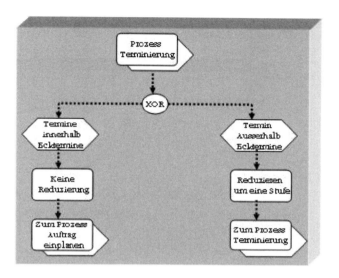

Abbildung 78: Algorithmus zur stufenweisen Reduzierung

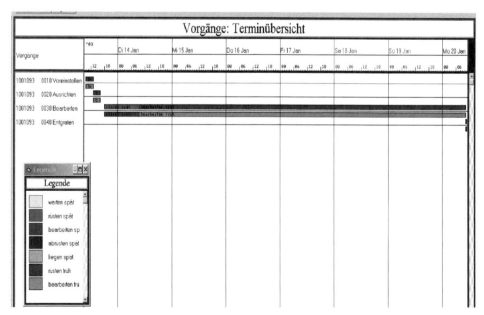

Abbildung 79: Gantt-Plan des Fertigungsauftrages (1. Hälfte)

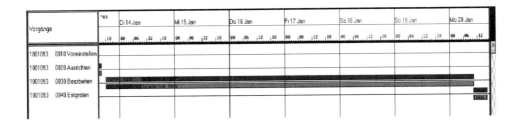

Abbildung 80: Gantt-Plan des Fertigungsauftrages (2. Hälfte)

GANTT-Plan

Visuelle Unterstützung im Bemühen nach Termineinhaltung erhält das Prozessteam durch das Gantt-Diagramm. Frühester und spätester Start sowie die Komponenten der Zeitplanung werden visualisiert (siehe Abbildung 79, 80).

3.8   Kapazitätsplanung

Die Kapazitätsplanung ermittelt zunächst die Belegung der Maschinen und Arbeitsplätze durch die generierten Fertigungsaufträge (Grobplanung). In einer zweiten Phase sind die Kapazitätsanforderungen mit dem Angebot in Einklang zu bringen (Kapazitätsabgleich, Kapazitätsfeinplanung).

3.8.1   Kapazitätsgrobplanung

Nach Abschluss der Terminierung erfolgt eine Belegungsrechnung. Hier wird die Belegungszeit (Durchführungszeit) eines Vorganges zum frühesten oder spätesten Starttermin eingelastet (dies ist in Abbildung 81 dargestellt).

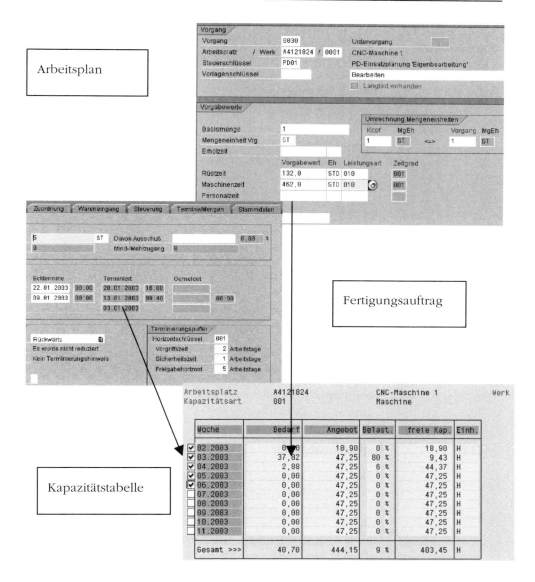

Abbildung 81: Belegungsplanung

Das Ergebnis der Einlastung ist in der Belegungstabelle der Maschine ablesbar. Sie zeigt dem Arbeitsplaner in Tabellenform die Auslastung der Maschine in den einzelnen Perioden (z. B. Wochen) im Vergleich zur verfügbaren Kapazität (Kapazitätsange-

**Auslastungs-
grafik**

bot). Im Beispiel sind mehrere Aufträge für das Produkt Abrollständer in verschiedenen Perioden eingeplant. Die Einlastung
erfolgt gegen unbegrenzte Kapazität. Überlastungen werden in
der Tabelle in Abbildung 81 erkennbar. Die Auslastungsgrafik
zeigt demzufolge die Beschäftigungssituation des Arbeitsplatzes
(Abbildung 82).

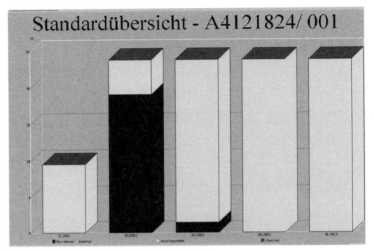

Abbildung 82: Auslastungsgrafik CNC-Maschine (hell = freie Kapazität)

3.8.2   Kapazitätsabgleich

Überlastungen stellen die Plausibilität der Planungsergebnisse bei
den Prozessverantwortlichen in Frage und führen zu Störungen
im Verhältnis zu internen und externen Kunden, sind also eine
kritische Größe in der Kundenperspektive. Aussagen zur Verfügbarkeit von Materialien, insbesondere die ATP[29]-Prüfung innerhalb der Lieferkette, verlieren an Plausibilität. Durch geeignete
Maßnahmen muss deshalb noch vor Freigabe des Auftrages ein
Kapazitätabgleich (Kapazitätsfeinplanung) vorgenommen werden. Maßnahmen sind beispielsweise (vgl. Glaser/Geiger/Rohde
(1991, 213ff)

- Verschieben von Aufträgen in Kapazitätstäler

---

[29] ATP - Available to Promise

- Fremdvergabe von Aufträgen

- Änderung der verfügbaren Kapazität (Überstunden, Schichtvariation)

- Lossplitting.

Der Kapazitätsabgleich ist aufwendig. Er erfordert leistungsfähige Planungsinstrumente, wie sie im System R/3 in Form des ELS (Elektronischen Leitstandes) verfügbar sind. Aufwandsreduktion kann daneben auch noch durch eine Beschränkung auf Engpassmaschinen erreicht werden. Im Beispiel des FFS müssen diese allerdings vorher in Abstimmung mit dem Produktionsprogramm lokalisiert werden. Mit dem ELS

- können Aufträge bzw. Arbeitsgänge den Kapazitäten (Maschinen, Arbeitsplätzen) im Dialog zugeordnet werden,

- diese Auftragszuordnung simulativ verändert werden, bis eine für die Kapazitäts- und Terminplanung befriedigende Situation erreicht wird sowie

- die Auslastung der Maschinen und der aktuelle Stand der Aufträge überwacht werden.

ELS haben somit eine planende (Kapazitätsfeinplanung) und eine überwachende Funktion. Innerhalb der Überwachungsfunktion stehen dabei die Störungsprävention und die Störungskompansation im Vordergrund (vgl. Warnecke, 1991, 17). Im klassischen zentralen Organisationsmodell sind ELS sowohl in den der Fertigung vorgelagerten Bereichen (Arbeitsvorbereitung, Produktionssteuerung, Controlling) als auch prozessintegriert am Fertigungssystem zu finden. Bei dezentraler Fertigungsorganisation überwiegt der prozessintegrierte Einsatz. Processowner planen damit die kurzfristige Arbeitsverteilung und überwachen und steuern den Prozess (vgl. Bullinger, 1993, 17ff).

Elektronischer Leitstand

Gegegebenenfalls können zum Zweck der Auswertung von Controlling-Informationen ganze Leitstandhierarchien aufgebaut werden. Der Vorteil liegt dabei in der Visualisierung von wirtschaftlich/organisatorischen Prozesszuständen auf der Basis der operativen ERP–Daten. Problematisch ist dabei die Konsolidierung der Daten auf den unterschiedlichen Leitständen, sofern dort maschinenbezogene Interaktionen durchgeführt werden. Aus diesen Gründen ist der Zugriff aller Leitstände auf eine einheitliche Datenbasis im ERP-System, wie er bei in das ERP-System integrierten Leitständen praktiziert wird, vorzuziehen.

Der ELS besteht im unteren Teil aus dem Arbeitsvorrat, bestehend aus den eröffneten Fertigungsaufträgen (Abbildung 83).

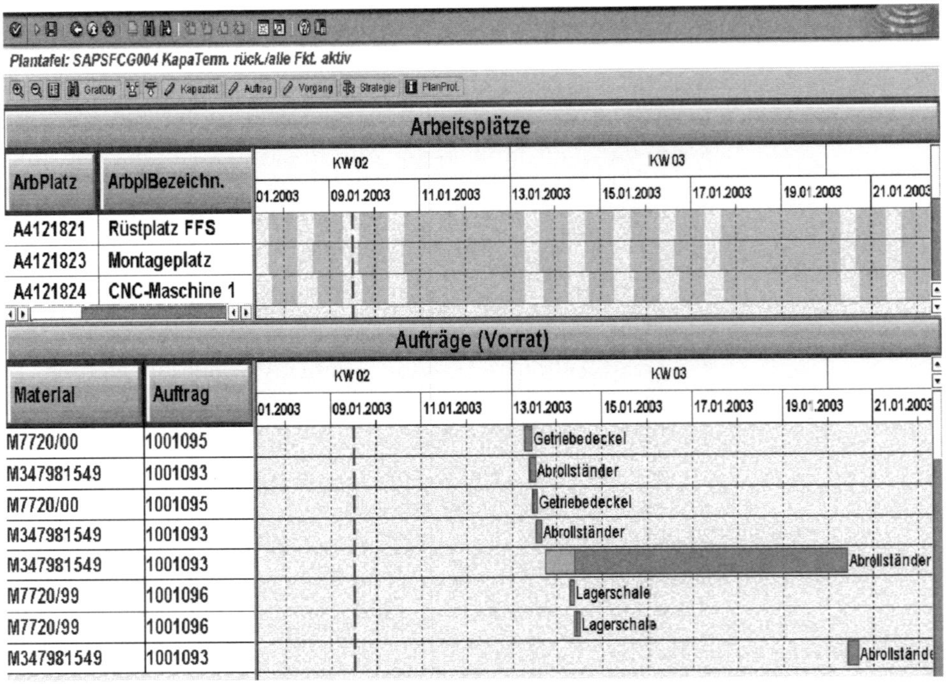

Abbildung 83: Aufbau elektronischer Leitstand

Im System R/3 arbeitet der elektronische Leitstand simultan zur Auftragseinplanung. Durch Aufruf des entsprechenden Menübefehls wird der ELS aktiviert. Ein eröffneter Auftrag wird mit dem Starttermin automatisch in den ELS übernommen. Die Arbeitsgänge sind entsprechend dem Gantt-Plan in Abbildung 79 treppenförmig angeordnet.

Im oberen Teil sind die Maschinen bzw. Arbeitsplätze einer Fertigungsgruppe angeordnet, im Beipiel die Teilsysteme des FFS. Ein variabel einstellbarer Zeitstrahl strukturiert den Planungshorizont. Die dunklen Flächen im Zeitstrahl oben zeigen die nutzbaren Arbeitszeiten.

Durch Anklicken eines Auftrages (Arbeitsganges) im Arbeitsvorrat wird die Einlastung ausgelöst. Der Auftrag wird der Maschine aufgrund der Arbeitsplandaten zugewiesen (Abbildung 84).

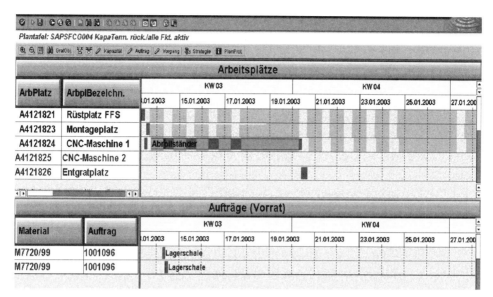

Abbildung 84: Auftrag eingeplant (obere Hälfte)

Durch horizontales Verschieben des so eingelasteten Auftrages kann das Kapazitätsgebirge geglättet (harmonisiert) werden. So erhält der Kapazitätsplaner die Möglichkeit, die Reihenfolge und den Start der Aufträge so lange zu variieren, bis eine optimale Kapazitätsauslastung erzielt wird. Aufgrund der harmonisierten Kapazitätssituation haben die so entstandenen Auftragstermine eine größere Plausibilität (realistische Termine, Feintermine).

Änderungen der Auftragsreihenfolge im ELS können automatisch im Fertigungsauftrag berücksichtigt werden. Sie führen hier zu veränderten Start- und End-Terminen.

Somit besteht ein geschlossener Planungszyklus zwischen ELS und Auftragseinplanung im Sinne einer Simultanplanung.

Strategie-profile　　Der ELS kann durch verschiedene Strategieprofile zum intelligenten Planungsinstrument konfiguriert werden, so u. a. durch Anwendung von Regeln zur Rüstzeitminimierung und diverse Einplanungsregeln Sie sind in Abschnitt 6.2 (Kapazitätscontrolling) beschrieben

War der elektronische Leitstand ursprünglich als stand-alone – Software konzipiert, so findet er sich zunehmend als Bestandteil moderner ERP-Systeme. Diese Integration vermeidet das Agieren zwischen ELS und ERP, insbesondere den zeitaufwendigen file-transfer der Auftrags- und Stammdaten an den ELS. Einer Integration des ELS in ERP ist deshalb der Vorzug zu geben.

Integration in ERP

Der ELS kann neben der Feinplanung der Fertigungsaufträge auch in der Fertigungsüberwachung vor Ort z. B. durch das Prozessteam eingesetzt werden. Sein Nutzenpotenzial zeigt sich insbesondere in der zeitnahen Störungsbewältigung. Wird er mit einem BDE-System gekoppelt, können Maschinenausfälle und Wiederinbetriebnahmen an den ELS weitergeleitet werden, was zu kürzeren Reaktionszeiten bei Gegenmaßnahmen führt.

Dezentrale Eignung

Durch den einfachen Aufbau und die interaktive Bedienung erleichtert der ELS die Durchsetzung einer dezentralen Fertigungsorganisation mit Delegation von Planungs- und Steuerungskompetenzen an das Prozessteam (vgl. Knolmayer/Mertens/Zeier, 2000, 70).

SCM-Leitstand

Eine zunehmende Rolle erhält der Leitstand in der Synchronisation und Koordination der SCM-Prozesse über das gesamte Liefernetzwerk. Die Planung und Optimierung der Beschaffungs- und Distributionsprozesse wird durch Leitstandslösungen ermöglicht (vgl. Bothe 1998,13f). Eine einheitliche ERP-Software aller Lieferkettenpartner eröffnet dabei ein zusätzliches Wirtschaftlichkeitspotential.

Kostendefizite

Angesichts der wachsenden Bedeutung von Finanzinformationen in der Supply Chain ist eine stärkere Kostenorientierung bei der Anwendung des Leitstandes anzustreben. Hier weisen die eingesetzten Leitstände Defizite auf: Beispielsweise wäre die Angabe von Kostensätzen der beteiligten Kapazitätsressourcen sinnvoll. Die Angabe des Maschinenstundensatzes und des Leerkostensatzes (fixer Kostensatz) verstärkt beim Prozessteam das Problembewusstsein für ungenutzte Kapazitäten und kostengünstige Verfahrensalternativen. Hilfreich sind hier für die am Leitstand zu treffenden Verfahrensentscheidungen die relevanten Kosten (z. B. variable Fertigungskosten pro Los). Alternative Belegungen, Lossplitting oder Teilefamilienbildung, aber auch Maßnahmen zur Vermeidung von Leerkosten lassen sich damit quantifizieren.

3.9   Auftragskalkulation

Die Kosten des Auftrages errechnen sich durch interne Leistungsverrechnung nach der Beziehung:

> **Kfert = (m * te + tr) * VSS   €/Los**

Der Verrechnungssatz VSS ist der der Kostenstelle zugeordnete Tarif (Verrechnungssatz).

Die Auftragskalkulation wird zusammen mit der Produktkalkulation im Kostencontrolling (Kapitel 5) beschrieben.

3.10 Belastungsorientierte Auftragsfreigabe

Sind Termin, Kapazitätsbelegung und Kosten akzeptabel, erfolgt die Auftragsfreigabe mit dem Drucken der Begleitpapiere. Neben dieser klassischen Freigabemethode wird heute zudem die *belastungsorientierte Auftragsfreigabe* (BOA) eingesetzt.

BOA

Diese beruht auf der Prämisse, dass das Kapazitätsangebot eines Arbeitsplatzes bzw. einer Kapazitätsgruppe und der Kazitätsbedarf im Gleichgewicht ist. Die Logik der BOA besteht nun darin, die Belegungszeiten der wartenden und des gerade bearbeiteten Auftrages im System zu begrenzen. Es sollen nicht mehr Aufträge freigegeben werden, als das System entsprechend dieser Belastungsgrenze verkraften kann.

Freigabe-modell

Bestände und Durchlaufzeiten der Aufträge hängen unmittelbar von der Zahl der im System befindlichen Aufträge und deren Belegungszeiten ab. Die belastungsorientierte Auftragsfreigabe gibt nur dann einen neuen Auftrag A für ein Produktionssystem frei, wenn eine zuvor definierte Belastungsgrenze nicht überschritten wird, d. h., wenn die Belegungszeiten der bereits vor dem System und im System befindlichen Aufträge B(S) die Belastungsgrenze nicht überschreiten.

> **B(S) > Bgrenz → keine Freigabe von A**

Bgrenz wird dabei analytisch oder empirisch festgelegt (vgl. Glaser/Geiger/Rohde, 1991, 213ff).

Trichter-formel

Grundlage der Bestimmung von Bgrenz ist die sogenannte Trichterformel. Danach ergibt sich die mittlere Durchlaufzeit eines Auftrages aus der Belegungszeit der im System vorhandenen Aufträge, dividiert durch die mittlere Ausbringung im System in Stunden/Tag.

Beispiel

Wenn sich im Mittel im Produktionssystem durchschnittlich 48 Auftragsstunden befinden (Bmittel) und das System in 2 Schichten 16 Auftragsstunden /Tag abarbeiten kann, ergibt sich eine mittlere Durchlaufzeit von

$$\text{Td mittel} = 48 / 16 = 3 \text{ Arbeitstage}$$

Diese Durchlaufzeit wird nun kritisch bewertet. Ist sie unzumutbar, strebt man also z. B. eine mittlere Durchlaufzeit von 2 Arbeitstagen an, so ergibt sich die Belastungsgrenze mit

$$\text{Bgrenz} = \text{Tdsoll} * \text{Lmittel} = 2 * 16 = 32 \text{ Auftragsstunden}$$

Welche Arbeitsplätze an der Kapazitätsplanung teilnehmen, wird in Abbildung 55 (relevant für Kapazitätsterminierung) eingestellt.

3.11 Rückmeldung und Abrechnung

Nach erfolgter Fertigung wird der Fertigungsauftrag rückgemeldet und abgerechnet.

Formen der Rückmeldung

Rückmeldeort und Rückmeldeobjekt können unterschiedlich konfiguriert werden, wobei der Aufwand mit der Zahl der Rückmeldepunkte pro Auftrag zunimmt. Häufige Formen der Rückmeldung (vgl. Teufel/Röhricht/Willems, 2000, 269ff):

- Rückmeldung als Endrückmeldung des gesamten Auftrages ohne Teilrückmeldungen der Arbeitsgänge

- Rückmeldung an einem als Meilenstein definierten Arbeitsvorgang (z. B. Endabnahme)

- Rückmeldung eines Vorganges mit automatischer Rückmeldung aller vorhergehenden Vorgänge

- Rückmeldung eines jeden Vorganges im Arbeitsplan.

Rückmeldung pro Arbeitsgang

Eine arbeitsgangweise Rückmeldung (Abbildung 85) erlaubt die Ermittlung von Istzeiten und bildet damit die Basis für Soll-Ist-Kalkulationen der Produkte. Sie führt allerdings zu einem beträchtlichen Erfassungsaufwand. Wirtschaftlicher ist die Rückmeldung des gesamten Auftrages. Hier werden die Planzeiten des Arbeitsplanes auch für die Istzeiten und damit Istkalkulationen übernommen. Bei Rückmeldung von Baugruppen mit komplexen Auftragsnetzen kann auch der letzte Vorgang der obersten Baugruppe (z. B. Montage) zum Meilenstein erklärt werden. Mit dessen Rückmeldung werden automatische alle noch offenen Vorgänge rückgemeldet.

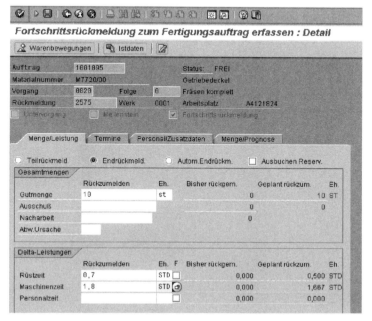

Abbildung 85: Arbeitsgangweise Rückmeldung im System R/3.

Granularität der Rückmeldung

Kriterien für die Granularität (Feinheitsgrad) der Rückmeldung sind die jetzige bzw. zukünftige Wertschöpfung pro Arbeitsgang sowie die Portfolio-Situation der rückzumeldenden Teile. Die arbeitsgangweise Rückmeldung erlaubt Soll-Ist-Kalkulationen des Teilespektrums. Bei Losen mit hohem Kostenzuwachs durch den Fertigungsprozess *(Langläufer)*, Komponenten von Question Marks und Stars ist eine arbeitsgangweise Rückmeldung gerechtfertigt. Bei Kleinserienfertigung bzw. bei Auslaufprodukten im Produktportfolio genügt im Regelfall die Rückmeldung pro Auftrag. Eine arbeitsgangweise Rückmeldung bringt hier wenig Erkenntnisgewinn, erfordert jedoch einen direkten (Leerkosten der Maschinen während der Eingabe) und indirekten Aufwand (zusätzliche Prozesskosten zur Auftragsabwicklung). Ggf. sind zur Gewinnung von Entscheidungsdaten ad-hoc-Auswertungen mit arbeitsgangweiser Rückmeldung denkbar. Bei FFS lassen sich ferner die Daten des Leitrechners auswerten.

Rückmeldedaten sind die Auftragsnummer, die Werkernummer, Gut- und Ausschussstückzahl, Beginn und /oder Ende des Arbeitsganges bzw. des Auftrages, Istbelegungszeiten (tr und m*te) sowie Ursachen für Ausfälle, Ausschuss und Leerzeiten. Die Rückmeldung kann im SAPGUI des Systems R/3 oder mit speziellen BDE-Terminals erfolgen, die mit dem ERP-Rechner über das LAN kommunizieren. Erstere wird als manuelle, letztere als halbmaschinelle Rückmeldung bezeichnet. Die Rückmeldung im System R/3 geschieht in der Standardkonfiguration mit der in Abbildung 85 dargestellten Maske. Sie kann als Teil- oder Endrückmeldung erfolgen.

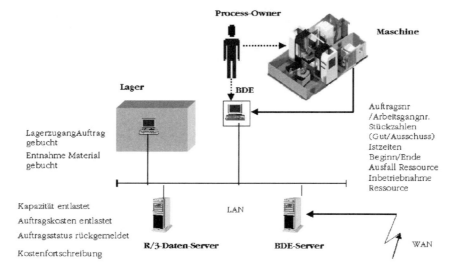

Abbildung 86: BDE - Aktionen

Abbildung 86 zeigt die Aktionen, die im R/3-System (abhängig vom Customizing) ausgelöst werden (vgl. Teufel/Röhricht/ Willems, 2000, 269ff):

- Automatische Buchung der rückgemeldeten Teile im Lager mit Kostenzuschreibung zu den Beständen

- Kostenentlastung der fertiggemeldeten Aufträge

- Entlastung der belegten Kapazität

- Istkosten werden auf gefertigte Teile gebucht

- Entnahmebuchung des vorgesehenen Materials für den Auftrag (retrograde Entnahme).

**BDE-
Konfiguartion**

Gegenüber der Rückmeldung über die SAP R/3-Maske bietet die halbmaschinelle Rückmeldung über spezielle BDE-Terminals (Abbildung 87) den Vorteil einer besseren Bedienerführung und der teilautomatisierten Eingabe der Auftragsnummer durch einen Barcodeleser. Dadurch sinkt die Fehlerquote. BDE-Terminals melden die erfassten Daten an einen BDE-Server, von dem sie dann an den ERP-Rechner übertragen werden. Die Anbindung der BDE-Terminals und der BDE-Server erfolgt dabei in der Regel über ein LAN mit TCP/IP-Protokoll.

Abbildung 87: BDE-Terminal (Quelle: PCS)

Nach der Rückmeldung erfolgt die Auftragsabrechnung mit der Ermittlung der Auftragskosten. Die Auftragskostenübersicht zeigt im Beispiel des Abrollständers (Abbildung 88)

- die Kosten für die Rohstoffe
  (Planmenge des Auftrages * Standardpreis pro kg)

- die Materialgemeinkosten (Voreingestellt im Customizing)

- die Fertigungskosten in Form der internen Leistungsverrechnug.

**Abrechnung
Auftrag**

Im Beispiel wird der Auftrag mit 14801,69 € Plankosten belastet. Gleichzeitig erfolgt eine Entlastung durch Istmenge * Standardpreis, letzterer hinterlegt im Materialstamm (Kalkulationssicht). Das ausgefasste Material (Rohstoffe) für den Auftrag ist noch nicht verbucht, deshalb sind die Istwerte noch nicht aufgeführt. Die Plankosten für die Fertigung (382,56) werden um 6,94 % überschritten (interne Leistungsverrechnung).

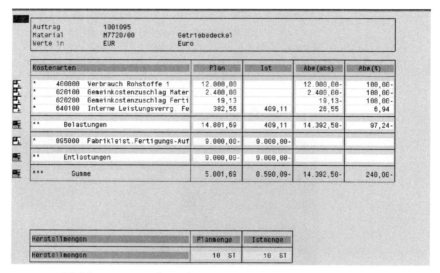

Abbildung 88: Auftragskosten

3.12   Lagerverwaltung im Fertigungssystem

Lagerstamm-satz

Läger bilden die güterwirtschaftlichen Schnittstellen des Fertigungssystems. Sie dienen der Synchronisation von Angebot und Bedarf. Im Beispiel des FFS wird Rohmaterial (CK45) im Werkstofflager gelagert und bei Auftragsbeginn entnommen. Fertige Lose werden an das Zwischenlager zur Montage bzw. zum Versand geliefert. Basis der Lagerverwaltung ist der Lagerstammsatz, anzulegen im Modul MM oder PP des Systems R/3 (Abbildung 89).

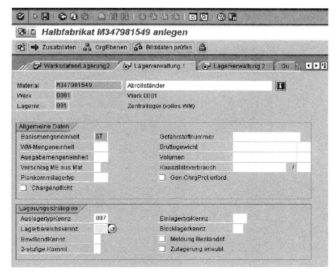

Abbildung 89: Lagerstammsatz

Zur rechnerischen Entnahme des für einen Fertigungsauftrages benötigten Materials sind verschiedene Buchungsszenarien im Customizing einstellbar. Alternativ dazu ist die Entnahme im Rahmen der Bestandsführung des Moduls MM denkbar (Abbildung 90)

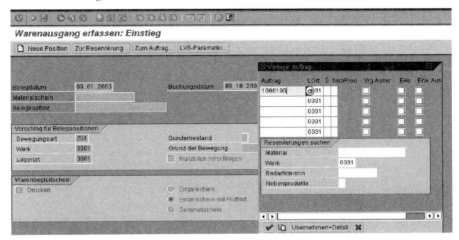

Abbildung 90: Warenausgang erfassen

Wird ein Auftrag abgeschlossen, so ist der Zugang der Gutstückzahl im Lager zu buchen. Die manuelle Buchung ist sowohl in der Rückmeldemaske als auch im Modul Bestandsführung in MM möglich (Abbildung 91).

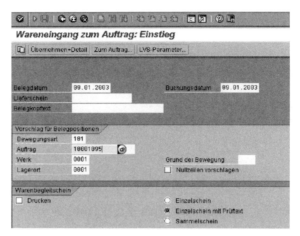

Abbildung 91: Manuelle Buchung des Lagerzuganges des Auftrages

Bei Kleinserienfertigung ist diese Buchungsform wegen des größeren Aufwandes zu vermeiden. Der erfolgte Lagerzugang kann dann z. B. in der Buchhaltungssicht mengen- und wertmässig abgefragt werden (Abbildung 92).

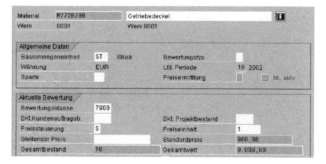

Abbildung 92: Bestandsabfrage

Die Bewertung des gelagerten Materials erfolgt je nach Customizing mit Standardpreisen oder gleitenden Durchschnittspreisen (vgl. Teufel/Röhricht/Willems, 2000, 155). Wegen der einfacheren Behandlung und der hohen Teilevarianz empfiehlt sich bei der angegebenen Losfertigung die Standardpreismethode.

Automatische Buchungen

Wird ein Auftrag abgeschlossen, so kann die BDE-Meldung eine automatische Zugangsbuchung im Zwischenlager nach dem FFS (automatischer Wareneingang) anstossen. Gleichfalls ist eine automatische Entnahmebuchung bei Freigabe des Fertigungsauftrages oder bei der Rückmeldung denkbar (retrograde Entnahme). Sie ist in der Kapazitätsmaske des Arbeitsplatzes einzustellen.

3.13 KANBAN-Steuerung

Fat Production

Die klassische Auftragssteuerung beruht auf dem zentralistisch geprägten Bringprinzip. Die disponierenden Instanzen (Arbeitsvorbereitung, Materialdisposition, Personaldisposition) tragen die Verantwortung für die termingerechte Bereitstellung der Ressourcen. Die Nachfrager werden bei Fehlmengen von der Verantwortung entlastet (z. B. Lohnsicherung bei Materialmangel). Informationen und Güterflüsse laufen im Gleichstromprinzip. Typisch für das Bringprinzip sind Diskrepanzen zwischen Informations- und Güterfluss. Sie führen regelmäßig zu einer Bestandsanhäufung im Lagerwesen und in der Produktion (Fat Production). In der Folge ergeben sich große Warteschlangen vor den Engpassmaschinen, hohe Zwischenlagerbestände und Vorliegezeiten, was wiederum die Durchlaufzeiten der Aufträge verlängert. Diese Durchlaufzeit ist konjunktursensibel: Bei hoher Nachfrage steigt sie an, bei rückläufiger Konjunktur ist dagegen aufgrund des verständlichen Bestrebens der Werker, Unterbeschäftigung zu verschleiern, mit einer Durchlaufzeitremanenz zu rechnen.

Sinnvoller ist deshalb ein Bedarfsanstoß durch die Nachfrage der am Ende der Wertschöpfungskette stehenden Instanzen (Holprinzip). Informations- und Güterfluss laufen im Gegenstromprinzip. Entsprechend der üblicherweise eingesetzten Anforderungskarten ist das Verfahren unter dem Begriff KANBAN-Steuerung bekannt geworden. Die Kennzeichen des bei Toyota entwickelten Systems:

- der Verbraucher (z. B. Montage) fordert das Material durch einen leeren KANBAN-Behälter und entsprechendem KANBAN (Karte mit Teilenummer, Stückzahl, Quelle und Senke) bei der vorgelagerten Prozessstufe in der Wertschöpfungskette an.

- der leere Behälter wird von der Vorstufe (Quelle = Materialversorger) als Auftrag zur Bereitstellung bzw. Fertigung der angeforderten Menge interpretiert, anschließend als voller Behälter mit KANBAN bereitgestellt.

- leere bzw. volle Behälter werden vom Transportwesen als Transportauftrag zwischen Senke und Quelle bzw. umgekehrt interpretiert.

Regeln

Vor dem Verbraucher ist ein Produktionsversorgungsbereich (Zwischenlager) einzurichten. Bei der Auslösung einer Bedarfsanforderung wird stringent darauf geachtet, dass nur angefordert wird, was auch benötigt wird. Vorratsanforderungen sind nicht erlaubt. Im Zweifelsfall werden eher Leerzeiten und Leerkosten in Kauf genommen, als auf Vorrat zu fertigen.

Die Bestandssteuerung im System erfolgt durch Variation der im System umlaufenden Behälter. In einer Einlaufphase wird die Zahl der Behälter sukzessiv verringert, bis ein optimaler Zustand erreicht wird. Hier ist zu beachten, dass bei zurückgehender Behälterzahl der Aufwand für den Transport steigt: Bei geringer Behälterzahl muss das Transportwesen angeforderte Behälter umgehend transportieren, um ein Abreissen der KANBAN-Strecke zu vermeiden. Das Optimum liegt somit nicht bei der geringstmöglichen Behälterzahl.

Regelkreis

Verbraucher und Lieferant bilden einen Regelkreis. Am Beispiel der Versorgung des FFS mit Rohmaterial ergibt sich der in Abbildung 93 dargestellte Aufbau.

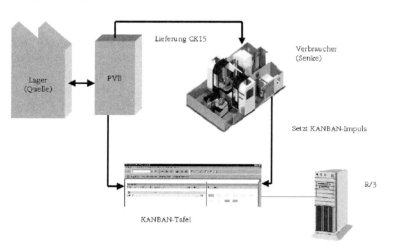

Abbildung 93: KANBAN-Regelkreis
(PVB=Produktionsversorgungsbereich)

Das geschilderte Verfahren wird als manuelles KANBAN bezeichnet Der Informationsfluss erfolgt durch den sichtbaren Zustand der Behälter (leer, voll) und durch Karten (Artikel, Menge, Quelle, Senke).

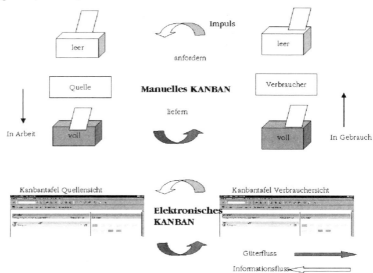

Abbildung 94: Manuelles (oben) und elektronisches KANBAN (unten)

KANBAN-Tafel Bei EDV-Unterstützung des KANBAN-Systems (elektronisches KANBAN) wird der Informationsgehalt der Karten im ERP-System gespeichert. Der Behälterstatus (leer, voll) wird in einer KANBAN-Tafel dargestellt. Diese ist sowohl der Quelle (dem Lieferanten des angeforderten Materials) als auch der Senke (dem anfordernden Verbraucher) zugänglich. Daneben kann noch der Status *in Arbeit* (Quelle füllt den Behälter) und *in Gebrauch* (Verbraucher leert den Behälter) unterschieden werden (Abbildung 95).

Die KANBAN-Tafel in R/3 visualisiert die Materialversorgung im Regelkreis. Die in dem Versorgungsbereich kursierenden realen oder virtuellen Behälter werden dazu in ihrem Status dargestellt.

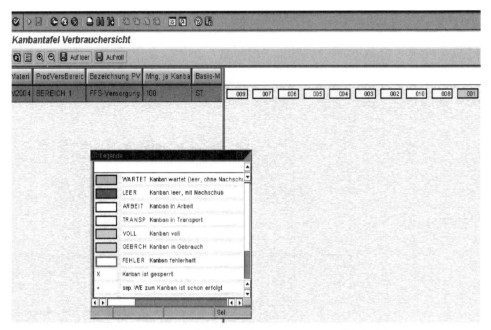

Abbildung 95: elektronische KANBAN-Tafel (R/3)

Im Beispiel wird die Versorgung des flexiblen Fertigungssystems mit Befestigungsschrauben dargestellt. Diese Schrauben werden vom Fremdlieferanten über Kanban abgerufen. Es kursieren 10 Behälter im Versorgungssystem. Die Steuerung des Ablaufes erfolgt durch die Behälterzustände (vgl. Knolmayer/Mertens/Zeier, 2000, 80f). Diese werden in SAP R/3 durch die in Abbildung 96 beschriebenen Stati ausgedrückt.

Funktion KANBAN-Tafel

Bei kurzen Wiederbeschaffungszeiten und räumlicher Nähe von Quelle und Verbraucher genügen die beiden Stati voll und leer.

Elektronisches KANBAN

Der Verbraucher fordert dabei die Nachlieferung an, indem er den Behälterstatus in der KANBAN-Tafel auf leer setzt. Dies stößt bei der Quelle, die gleichfalls über Zugang zur Plantafel verfügt, einen Produktions- bzw. Liefervorgang an. Dies kann - je nach Einstellung im Customizing des R/3-Systems –mit der automatischen Freigabe eines Fertigungsauftrages verknüpft werden. Die Eingabe des Behälterstatus und der Teilenummer kann durch Scannen entsprechender Barcode-Aufdrucke auf den Behältern erfolgen (Abbildung 97).

Status	Bedeutung	Ausgelöste Aktion
voll	Quelle hat Teile produziert(BDE)	z. B. Teilezugang beim Verbraucher gebucht
leer	Verbraucher fordert an, Aufforderung an Lieferant, zu liefern	z. B. Fertigungsauftrag an Quelle wird freigegeben
In Arbeit	Quelle produziert gerade	
In Gebrauch	Verbraucher verarbeitet Material	
wartet	Verbraucher benötigt z.Zt. kein Material (z. B. Maschinenstörung)	
Transport	Voller Behälter geht zum Verbraucher	

Abbildung 96: Stati der Behälter (Quelle SAP)

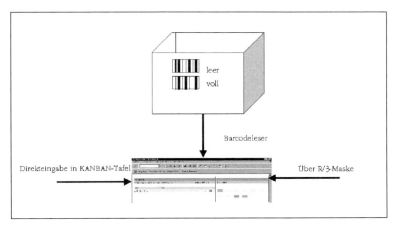

Abbildung 97: Behälterzustand

Daneben kann der Behälterzustand auch direkt an der KANBAN-Tafel oder in der Impulsmaske (Abbildung 98) eingegeben werden.

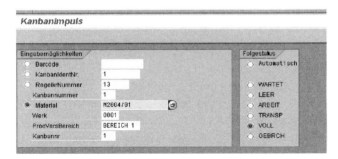

Abbildung 98: Kanban-Impuls eingeben

Der Ablauf: Die Quelle (der Lieferant) markiert den bisher leeren Behälter, um ihn dann später auf den Status *In Arbeit* zu setzen. Nach Auffüllen wird der Status *in Transport* eingegeben. Der Verbraucher setzt den gelieferten Behälter anschließend auf *voll*, verarbeitet ihn dann (*in Gebrauch*) und fordert dann einen neuen Behälter an, indem er ihn auf *leer* setzt.

Werden neben *voll* und *leer* die zusätzlichen Stati verwendet, so kann im Customizing eine sinnvolle Abfolge (z. B. leer → in Arbeit → voll → Transport → in Gebrauch →wartet → leer) vereinbart werden. Die Plantafel verwendet dann den jeweils folgenden Zustand.

Die Hauptvorteile des KANBAN-Prinzips sind in der Verringerung der im Produktionssystem befindlichen Bestände und der Auftragsdurchlaufzeiten zu sehen. Daneben ist durch die Übernahme der Materialverantwortung durch die Fertigungsstellen ein Motivationseffekt im Sinne des job enrichment zu erwarten.

Das KANBAN-System wird üblicherweise mit einer darauf abgestimmten Behälterorganisation betrieben. Nicht zuletzt aufgrund der relativ aufwendigen Einfahrphase und der Notwendigkeit einer einheitlichen Karten- und Behälterorganisation ist der Hauptanwendungsfall des manuellen KANBAN-Systems in der Fertigung mittlerer und größerer Serien zu sehen.

Einrichten Kanban

Die Installation einer elektronischen Kanban-Strecke erfolgt im SAP-Menue (Abbildung 99).

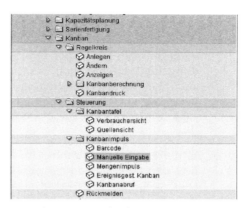

Abbildung 99: Kanban-Menuefunktionen

Für ein bestimmtes Material ist ein Produktionsversorgungsbereich (Lagerbereich) und dann der Regelkreis einzurichten (Abbildung 100). Gestaltungsgrössen sind u. a. die Behälterzahl im System, der Lieferant, die Steuerung des Ablaufes.

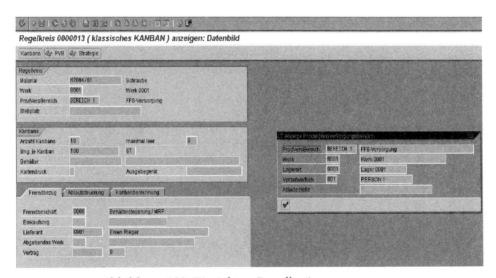

Abbildung 100: Einrichten Regelkreis

Durch das beschriebene elektronische KANBAN ergeben sich neue Anwendungsmöglichkeiten. Die Zuordnung von Teilenummer und Behältermenge zum Regelkreis in der Plantafel macht es möglich, mit virtuellen Behältern zu arbeiten. Die Behälterorganisation ist losgelöst von den real verwendeten Transportmedien. Im Mittelpunkt steht der Nachfrageimpuls durch den Verbraucher und dessen Befriedigung durch die Quelle.

Vorteile

Elektronisches KANBAN ermöglicht die wirtschaftliche Anwendung des Systems auch bei einer größeren Teilevarianz, somit auch bei Kleinserienfertigung. Da diese Bedingungen bei der Fertigung auf flexiblen Fertigungssystemen üblicherweise erfüllt sind, kann auf eine KANBAN-Eignung bei FFS geschlossen werden.

In der Praxis liegen zahlreiche Anwendungen einer erfolgreichen KANBAN-Anwendung gegenüber Lieferanten und Kunden vor. Hier stellt das KANBAN-System zweifellos eine Vereinfachung der Materialversorgung bei geringen Beständen dar. Durch die Anwendung von elektronischem KANBAN lassen sich die Bedarfsimpulse schneller beim Lieferanten (Quelle) platzieren als bei manueller Steuerung.

Die KANBAN-Philosophie wird zunehmend auch als BtoB-KANBAN realisiert (Abbildung 101):

BtoB-KANBAN

Nach Authorisierung erhält der Lieferant über das Internet Zugang zum R/3-System des Verbrauchers (Kunden). Letzterer führt die KANBAN-Tafel. Der Lieferant kann so die Verbrauchssituation beim Kunden erkennen und sofort die Nachlieferung veranlassen (vgl. Hantusch/Matzke/Prez, 1997, 132f).

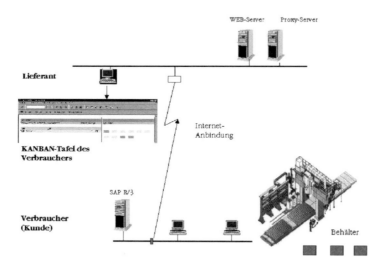

Abbildung 101: BtoB-KANBAN

3.14   ERP und Supply Chain Management

Das SAP-Programm APO für das Lieferkettenmanagement ist dem ERP-System vorgelagert mit dem Zweck einer integrierten Bedarfs- und Ressourcenplanung entlang der Lieferkette. Die in APO ermittelten Bedarfe und Ressourcen in der Lieferkette werden an das ERP-System übergeben, in dem dann die operative, unternehmensinterne Auftragsabwicklung erfolgt. Umgekehrt gehen Informationen aus dem ERP-System an das APO-Modul zurück und lösen dort wiederum Plananpassungen aus. Die Istdaten der Auftragsabwicklung werden zu Kennzahlen aggregiert und in ein Data Warehouse überspielt, wo sie dann z. B. für Controllingzwecke verfügbar sind (Bartsch/Teufel, 2000, 19f).

Aufgaben-
teilung

Die Prozessführung bleibt beim ERP-System (R/3). Stammdaten werden gleichfalls im System R/3 verwaltet, jedoch je nach Bedarf in aggregierter Form in das APO-System übernommen. Den Informationsfluss zwischen R/3 und APO (Bothe, 1999, 74) zeigt Abbildung 102 (vgl. Bartsch/Teufel, 2000, 158ff, Knolmayer/Mertens/Zeier, 2000, 126ff).

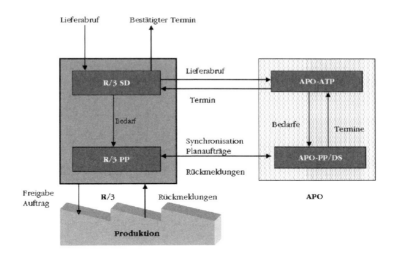

Abbildung 102: Informationsfluss zwischen R/3 und APO (Bothe)

Der Ablauf der Interaktionen: Nach Auftragseingang (System R/3) erfolgt im APO-System (Modul APT = Available to Promise) eine Verfügbarkeitsprüfung. Diese Prüfung geschieht im APO-System unter Berücksichtigung aller entlang der Lieferkette verfügbaren Lokationen (Lieferwerke und Läger), ggf. auch unter Verwendung von Substitutionsprodukten. Dabei werden im System hinterlegte Regeln zur Verfügbarkeitsprüfung herangezogen. Die Bedarfe werden im APO-Modul PP/DS (Production Planning/ Detailed Scheduling) einer Kapazitätsfeinplanung unterzogen, wobei aggregierte Fertigungsgruppen und Belegungszeiten zum Einsatz kommen. Als Hilfsmittel zur Feinplanung dient u. a. ein ELS. Diese Feinplanung kann wiederum über mehrere Lieferwerke erfolgen. Die realistischen Liefertermine werden von PP/DS an das Modul ATP geliefert.

Die parallel im R/3-System aufgelösten Bedarfszahlen werden in Planaufträge umgesetzt, wobei eine Synchronisation mit den in APO generierten Bedarfszahlen und Terminen erfolgt.

SCM erzwingt eine kunden- und lieferantengetriebene Produktionslogistik (collborative planning) (Bartsch/Teufel, 2000, 29).

Ereignisse in der überbetrieblichen Lieferkette führen dabei zu Reaktionen im selbstoptimierenden Fertigungssystem (Abbildung 103).

Kunde in Lieferkette	Interne Produktionslogistik
Erhöht Abnahmemenge	Erhöht Losgröße, Starttermin nach vorne
Ändert Liefertermin	Ändert Starttermin
Passt Kapazität an	Passt Kapazität an
Verringert Lagerbestände (Vertriebslager)	Verkürzt Durchlaufzeit
Verringert Lagerbestände (Eingangslager)	Verkürzt Durchlaufzeit

Abbildung 103: Innerbetriebliche Reaktionen auf SCM-Ereignisse

4 Kosten- und Ertragsmanagement

Maschinenplankostenrechnung auf EXCEL-Basis

Eine an Selbstoptimierung, Selbstdisposition und Selbstkontrolle ausgerichtete Fertigungsorganisation delegiert die Entscheidungen in das Fertigungssystem. Diese Entscheidungen erfodern Informationen durch ein auf der Fertigungsebene installiertes Planungs- und Kontrollsystem. Kostenplanung und Kostenkontrolle findet somit – unter methodischer Führung von Controlling-Fachkräften – vorwiegend in der Fertigung selbst statt. An die Kostenrechnung stellen sich hier Anforderungen, die sich grundsätzlich von denen zentraler Controlling-Organisationen unterscheiden. Da die Kostenrechnung selbst ein wesentlicher Kostenfaktor im Unternehmen ist, muss auf ihre wirtschaftliche Ausgestaltung Wert gelegt werden. Die spezifischen Anforderungen sollen im folgenden herausgearbeitet werden. Eine Maschinenplankostenrechnung auf EXCEL-Basis realisiert ein dezentrales Kostenmanagement, das auch mit begrenzten Ressourcen machbar ist. Dieses Kostenmanagement ist die methodische Basis des Kostencontrollings mit SAP R/3.

Bedeutung des Ertragsmanagements

Angesichts der Bedeutung der Leistungsprozesse für die Finanzperspektive ist Kostenwirtschaftlichkeit in der Fertigung allein nicht hinreichend. Vielmehr ist das Kosten- durch ein Ertragsmanagement zu ergänzen. Dazu sind den Prozessbeteiligten Finanzinformationen zur Verfügung zu stellen (Kaplan/Norton, 1996, 8).

4.1 Kostenrechnungssysteme

Aufgaben der Kostenrechnungssysteme

Kaplan (1995, 61) weist der Kostenrechnung folgende Aufgaben zu:

- Unterstützung der Entwicklung

- Aufdecken von Schwachstellen im Herstellungsprozess

- Informationsbereitstellung für die Programmplanung

- Unterstützung der Auswahl von Zulieferern

- Informationen für Preisverhandlungen.

- Unterstützung der Verfahrensoptimierung und der Investitionsplanung .

Mängel traditioneller Kostenrechnung

Mit der zunehmenden Ausrichtung der Unternehmenslogistik auf das Supply Chain Management werden die Mängel traditioneller Kostenrechnungssysteme offenbar: Sie sind nicht in der Lage, Logistikkosten verursachungsgerecht abzubilden (Knolmayer/ Mertens/Zeier, 2000, 28). Diese Probleme werden durch Fertigungssysteme mit einem erhöhten Informationsbedarf und einer gestiegenen Kostenverantwortung und Kostenbeeinflussung verstärkt (vgl. Wildemann, 1996, 20f).

Management Accounting

Die Metamorphose vom vergangenheitsorientierten Istkostenrechnungssystem zum zukunfsorientierten Management Accounting stellt neue Anforderungen (Kaplan, 1995, 62), die noch um die Herausforderungen der dezentralen Kostenverantwortung erweitert werden. Von einer produktionsnahen Kostenrechnung werden folgende Eigenschaften erwartet (Abbildung 104):

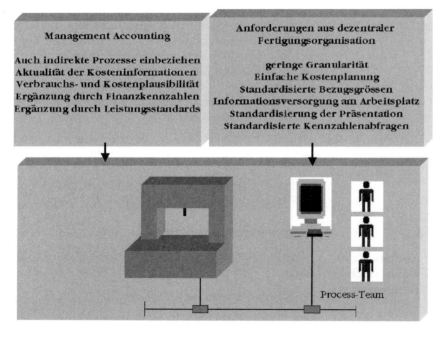

Abbildung 104: Anforderungen an produktionsnahe Kostenrechnung

Im Produktionscontrolling sind Kostenrechnungssysteme unterschiedlichster Art anzutreffen (Abbildung 105).

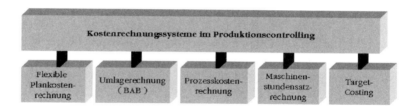

Abbildung 105: Kostenrechnungssysteme im Produktionscontrolling

4.1.1   Flexible Plankostenrechnung

Die flexible Plankostenrechnung (FPKR) ist das bei konventioneller Fertigung bevorzugte System für eine entscheidungsorientierte Unternehmensführung (Kilger, 1993, 11; Hummel/Männel, 1993, 141 und Stahl, 1992, 106).

Analytische PLanung

Wesensmerkmal ist die verursachungsgerechte Zuordnung von Kosten zu Leistungsgrößen (Bezugsgrößen). Die geplanten Kosten sind Ergebnis einer analytischen Planung, abgeleitet aus detaillierten Verbrauchsanalysen (Horvath, 1996, 253). Hervorzuheben ist die strikte Kopplung von Kostenhöhe und Beschäftigung, so dass - im Gegensatz zu den reinen Vollkostensystemen - eine künstliche Proportionalisierung der Fixkosten vermieden wird. Dies erklärt die hervorragende Eignung des Systems für alle Arten von kurzfristigen Wirtschaftlichkeits- und Programmentscheidungen. In der Form der flexiblen Grenzplankostenrechnung erfolgt nur eine Weiterverrechnung der variablen Kosten auf die Kostenträger, während die Fixkosten en bloque ins Unternehmensergebnis übernommen werden.

Wirtschaftlichkeitskontrolle

Die FPKR ist das geeignete System zur Wirtschaftlichkeitskontrolle von Produktionsprozessen (vgl. Weber, 1991, 45). Sollkosten dienen als Vorgabe für die Kostenstellenverantwortlichen und werden im Rahmen eines Soll-Ist-Vergleichs den tatsächlich verursachten Kosten (Istkosten) gegenübergestellt. Durch Abspaltung von Preis-, Mengen-, Verfahrensabweichungen und den Abweichungen höherer Ordnung werden die Ursachen der Kostenabweichungen sukzessive herausgefiltert.

Der Prozess der Kostenplanung beginnt mit der Auswahl und Abgrenzung der Kostenstelle als Verrechnungs- und Verantwortungsobjekt. Anschließend erfolgt die Auswahl geeigneter Bezugsgrößen (Leistungsarten) als Maßstab der Kostenverursachung der variablen Kosten, so z. B. Lohnstunden, Rüststunden, gefertigte Stückzahlen.

Auf der Basis der prognostizierten Planbeschäftigung für die Bezugsgröße erfolgt dann eine Verbrauchsplanung für jeden Produktionsfaktor (z. B. Stromverbrauch, Ersatzteilverbrauch). Durch Bewertung mit den Planpreisen (z. B. €/kwh) erhält man die Plankosten pro Periode (Jahr, Monat) und anschliessend die Kostensätze pro Bezugsgröße (z. B. €/Fertigungsstunde, €/Lohnstunde) als Basis für die Produktkalkulation.

Abweichungs-ermittlung

Nach Ablauf der Planungsperiode wird die Istbeschäftigung erfasst. Die Plankosten werden auf diese Istbeschäftigung umgerechnet und ergeben so die Sollkosten als Vorgabe für die Stellenverantwortlichen. Die Betriebsbuchhaltung erfasst die tatsächlich angefallenen Istkosten und kontiert diese auf die verursachende Stelle. Der Vergleich der Sollkosten mit den erfassten Istkosten zeigt die Gesamtabweichung, die dann im Rahmen einer Abweichungsanalyse untersucht und ggfs. personalisiert wird.

Qualifizierte Controller erforderlich

Der Aufwand für das Installieren und Betreiben einer FPKR ist hoch und erfordert qualifizierte Controller, was die Eignung als shop-floor-Kostenrechnungssystem beschränkt: Bereits die Auswahl geeigneter Bezugsgrößen bedeutet einen komplexen Entscheidungsprozess, der beträchtliche Planungsressourcen bindet. Vikas (1996, 313) betont folglich zu Recht die Auswirkungen einer zu weitgehenden Bezugsgrößendifferenzierung im Hinblick auf die Wirtschaftlichkeit der Erfassung. Auch Weber (1998, 180f) weist auf den Aufwand hin, der mit durch die veränderte Unternehmenswelt hervorgerufenen Bezugsgrößenanpassungen verbunden ist.

Auswahl Bezugsgrößen

Die Auswahl der geeigneten Bezugsgrößen erfolgt weitgehend erfahrungsorientiert. Das Ablaufschema der Bezugsgrößenwahl verzeichnet eine Vielzahl von Maßnahmen und Entscheidungen (Kilger, 1993, 314). Den oft vielfältigen Bezugsgrößen der FPKR stehen damit auf der Seite der Mengenplanung in der Produktionslogistik nur wenige Bezugsgrößen (Belegungszeit) gegenüber. Der Effekt differenzierter Bezugsgrößen, eine homogene Kostenverursachung zu gewährleisten, verpufft damit, ein Anlass, die Variabilität bei der Bezugsgrößenwahl in der FPKR kritisch zu hinterfragen.

Analog zur Bezugsgrößenplanung ist auch die Verbrauchsplanung und die Kostenplanung bei der FPKR ein komplexer Prozess. Im Regelfall erfolgt diese Verbrauchsplanung als stellenin-dividueller, relativ unstrukturierter Prozess, gekennzeichnet durch ungenügende DV-Unterstützung (vgl. Klenger/Falk-Kalms, 1998, 213). Insbesondere in der Detailphase der Kostenplanung wird häufig mehr oder weniger manuell-improvisatorisch vorge-gangen. Kennzeichnend ist, dass in vielen ERP-Systemen Ver-brauchs- und Kostenplanung kaum installiert sind.

Kostenarten-standardisie-rung

Große Variabilität kennzeichnet die flexible Plankostenrechnung auch bei der Wahl der Kostenarten. Vielfältige, an die Leistungs-struktur angepasste Kostenarten sind bei traditioneller Fertigung mit Universalmaschinen sicherlich gerechtfertigt. Bei automati-sierter Fertigung stellt sich allerdings die Frage, ob den relativ homogenen Leistungsarten, wie sie in Form der Zeitplanung nach REFA gehandhabt werden und der gleichfalls relativ homo-genen Kostenartenstrukturen nicht eine stärkere Standardisierung angemessen ist. Mit Recht plädiert Wildemann (1987, 216) im Hinblick auf FFS für eine Kostenartendifferenzierung, die sich auf die wesentlichen Kostenarten beschränkt.

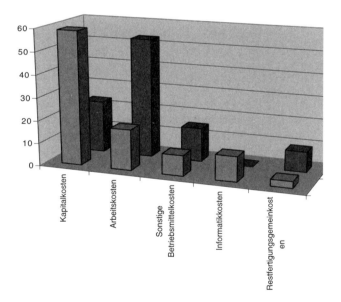

Abbildung 106: Kostenstruktur eines FFS (vorne) im Vergleich zu einer konventionellen Maschine (hinten)

Hoffmann und Scharbert (1990) zeigen dazu, daß sich die Kosten eines installierten FFS auf wenige Kostenarten verteilen (Abbildung 106). Nahezu 80% entfallen auf Kapital- und Arbeitskosten (A-Kostenarten). Sie weisen nach, daß die in den Restgemeinkosten subsummierten, vielfältigen Kostenarten an Bedeutung verlieren. Im Vergleich zu einem konventionellen Fertigungssystem erhalten die Kapitalkosten eine weit höhere Bedeutung, während die Arbeitskosten zurückgehen.

Das Fazit: Komplexität und relativ geringe Standardisierung des Planungsprozesses beschränken die Eignung der flexiblen Plankostenrechnung als dezentrales Planungs- und Kontrollsystem für die shop floor –Ebene.

4.1.2   Prozesskostenrechnung

Mit zunehmender Orientierung der Unternehmensorganisation an Prozessen sieht Horvath (1996, 100) Konsequenzen für die Gestaltung des Controllings: Dieses ... *muss selbst prozessorientiert sein..* Dies wird erreicht durch Ablösung der noch häufig üblichen Wertschlüssel (z. B. Fertigungslohn) durch Mengenschlüssel als Zuschlagsbasis. Die Berücksichtigung dieser Vorgehensweise auf z. B. Verwaltungs- und Vertriebsbereiche führt zur Prozesskostenrechnung (PRKR): *Generell geht es darum, diejenigen Prozesse und Aktivitäten zu identifizieren, die ursächlich für die Entstehung von Kosten sind und die ihrerseits Produkten zurechenbar sind* (Coenenberg, 1992, 101).

Die Prozesskostenrechnung hat ihr Haupteinsatzfeld in den der direkten Produktion vorgelagerten Planungs-, Kontroll- und Dienstleistungsprozessen. Keinesfalls soll sie die bestehenden Kostenrechnungssysteme verdrängen (Wildemann, 1997, 238). Wesentliche Intention ist die bei traditioneller Kostenrechnung praktizierte, wenig transparente Behandlung der Gemeinkosten in indirekten Planungsstellen (z. B. Auftragsplanung, Bestellwesen, Arbeitsvorbereitung, Fakturierung). Deren pauschale Weiterverrechnung als Prozentschlüssel von Einzelkosten in der Produktkalkulation (Weber, 1998, 175f und Wildemann, 1997, 237) ist zu vermeiden. In der PRKR werden im Gegensatz dazu den Verwaltungsprozessen Kosten zugeordnet, auf Kostentreiber bezogen, diesen in Form von Verrechnungssätzen belastet und in die Kostenträger weiterverrechnet (Coenenberg, 1992, 195 und Kilger, 1993, 102).

Einsatzgebiete   Horvath/Mayer (1995, 60) sehen das Einsatzgebiet der Prozesskostenrechnung in den indirekten Aktivitäten der Leistungserstellung.

**Prozess-
analyse**

Ein weiteres Ziel der PRKR besteht in der Offenlegung von Kosten der Prozesse im Rahmen von Maßnahmen zur Steigerung der Prozesswirtschaftlichkeit. Im Mittelpunkt der Prozesskostenrechnung steht die Prozessanalyse. Die Teilprozesse eines Bereiches werden identifiziert. Jedem Teilprozess werden die Kostentreiber (kostenrelevante Outputgrößen) zugeordnet. Anschliessend werden die Kosten geplant und in leistungsmengeninduziert (lmi) und leistungsmengenunabhängig (lmu) eingeteilt (Horvath, 1998, 87). Die Prozesskostensätze ergeben sich dann durch Division der Kosten durch die Leistungseinheiten. Anschliessend kann noch eine Verdichtung zu Hauptprozessen erfolgen (vgl. Horvath&Partner, 1997, 86ff).

Beispiel

Die Tätigkeitsanalyse des Prozesses Fertigungsaufträge eröffnen *ergibt folgende Teilprozesse:*

1. Auftrag eröffnen

2. Auftrag terminieren

3. Kapazitätsauslastung feststellen

4. Auftrag freigeben

Diese Prozesse sind leistungsmengeninduziert, d. h. der Faktorverbrauch hängt vom Prozessoutput ab. Daneben zeigt die Prozessanalyse noch den leistungsmengenunabhängigen Teilprozess Abteilung leiten. *In den Prozessen 1 bis 4 fallen folgende Kosten an:*

Personal 60000 €/J , Abschreibung DV-Hard- und Software 20000 €/J, Raumkosten 5000 €/J, Betriebsstoffe 3000 €/J

Die anteiligen Leitungskosten betragen 10000 €/J.

Als Kostentreiber werden die erstellten Fertigungsaufträge identifiziert, im Beispiel 400 /Jahr (Annahme: homogene Struktur der Fertigungsaufträge).

Als leistungsmengenindizierter Prozesskostensatz ergibt sich nun

PKS lmi = (60000+20000+5000+3000) / 400 = 220 €/Auftrag

Der leistungsmengenunabhängige Satz beträgt:

PKS lmu = 10000/400 = 25 €/Auftrag

Der gesamte Prozesskostensatz beträgt:

PKS = 245 €/Auftrag

4.1.3   Maschinenstundensatzrechnung

**Kalkulations-
verzerrungen**

Die Maschinenstundensatzrechnung (MSR) verdankt ihre Entstehung und Verbreitung der Problematik, dass bei zunehmender Anlagenintensität eine Kopplung der Fertigungsgemeinkosten an den Lohn zu nicht mehr hinnehmbaren Kalkulationsverzerrungen führt (vgl. Coenenberg, 1992, 100 und Wildemann, 1987, 214).

Die MSR orientiert sich in der Kostenplanung an der flexiblen Plankostenrechnung mit der Bezugsgröße *Maschinenstunden*. Dazu sind entsprechende Planungsregeln definiert, dargestellt z. B. in VDMA (1993). Wie die flexible Plankostenrechnung beruht auch die Maschinenstundensatzrechnung auf einer analytischen Verbrauchs- und Kostenplanung.

**Analytische
Planung**

Der Einsatz der MSR erfolgt als System zur Ermittlung von Voll - und Teilkostensätzen für Fertigungssysteme. Wegen der fast ausschliesslichen Verwendung zur Kalkulation wird sie in der Literatur auch als Maschinenstundensatzkalkulation bezeichnet, obwohl sie ihrem Wesen nach eine Kostenstellenrechnung ist (vgl. Coenenberg, 1992, 100). Die MSR eignet sich für komplexe Fertigungssysteme. So werden laut VDI (1990, 92) auf FFS hergestellte Produkte überwiegend auf Basis der MSR kalkuliert. Auch in der Investitionsplanung von FFS finden sich Anwendungsfälle (Viehweger, 1985, 147ff).

Im Gegensatz zur Zuschlagskalulation mit Lohngemeinkosten werden in der MSR die Maschinenkosten nicht in einen Zuschlagssatz eingebunden, sondern als Produkt aus Kostensatz der Maschine und Belegungszeit/Stück direkt dem Produkt verrechnet.

**Kalkulations-
struktur**

Die Fertigungsgemeinkosten können bei Anwendung der MSR auf geringe Werte – die sogenannten Restgemeinkosten – zurückgeführt bzw. – sofern man diese Restgemeinkosten in den Maschinenstundensatz integriert – auf 0 reduziert werden. Die Lohnkosten werden üblicherweise in den Maschinenstundensatz integriert (Personal als integraler Teil der Maschine). Veränderungen in den Lohnkosten werden dann 1:1 an die Herstellkosten weitergegeben, der bekannte Hebeleffekt unterbleibt (Abbildung 107).

Die MSR hat einen in Bezug auf den Fertigungsprozess hohen Formalisierungsgrad und erfüllt damit eine wichtige Anforderung an integrierte Controllingsysteme (vgl. Niedermayr, 1996, 163f).

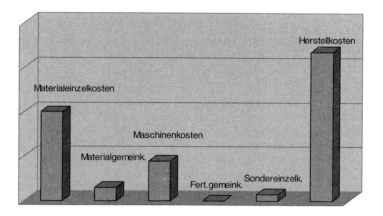

Abbildung 107: Struktur Maschinenstundensatzkalkulation

Zu fragen ist, inwieweit die MSR die geforderte Ausrichtung am Fertigungsprozess erfüllt. Hahn/Kaufmann (1996, 230) weisen in diesem Zusammenhang auf den gemeinsamen gedanklichen und methodischen Kern von Prozesskosten- und Maschinenstundensatzrechnung hin. Witt (1997, 251) sieht folgerichtig die MSR methodisch als Vorläufer der Prozesskostenrechnung.

Ähnlichkeiten zur Prozesskostenrechnung

Beide Kostenrechnungsverfahren haben ihre Entwicklungsmotivation in der Ablösung von Wertschlüsseln durch Mengenschlüssel gefunden. Beide verwenden Leistungsarten der Prozesse als Bezugsgrößen (Hahn/Kaufmann, 1996, 231). Die MSR konzentriert sich dabei auf das Ausbringungskriterium *Maschinenstunde*, die PRKR auf zeit- oder mengenorientierte Kostentreiber. Beide Kostenrechnungssysteme streben eine direkte Verrechnung der Kosten an eigenständige Kalkulationspositionen an.

Horvath (1996, 532) beschreibt konstituierende Faktoren der Prozesskostenrechnung. Deren Vergleich mit der MSR zeigt Ähnlichkeiten (Abbildung 108).

Weitgehende Standardisierung

Die MSR erfüllt auf der Planungsseite wesentliche Forderungen eines prozessorientierten Controllings – die analytische, prozessnahe Kostenplanung, die Verwendung einfacher Methoden, die weitgehende Standardisierung von Kostenarten, Bezugsgrößen und Rechenregeln und die aufgrund der anschaulichen Orientierung am Zielobjekt Maschine unproblematische Vermittlung von Kosteninformationen im Rahmen dezentraler Controlling-Kompetenzen der Prozessmitarbeiter (vgl. Fischer, 1996, 224).

Konstituierende Faktoren der Prozesskostenrechnung (Horvath)	Strukturmerkmale der Maschinenstundensatzrechnung
Prozess als Kette von Aktivitäten (Haupt- und Teilprozesse)	Fertigungsprozess (Arbeitsgänge) mit Haupt- und Nebenzeiten
Cost Driver als Kosteneinflussfaktor, ermittelt durch Prozessanalyse	Maschinenstunden als Kosteneinflussgröße, errechnet aus Summe der Belegungszeiten tb
Prozesskosten als dem Prozess zurechenbare Kosten	Maschinenkosten als zurechenbare Kosten

Abbildung 108: Vergleich MSR-Prozesskostenrechnung

Problematisch ist die Planung derjenigen Fertigungskosten, deren Kostentreiber nicht die Maschinenstunden, sondern aus den vorgelagerten Planungsprozessen abgeleitete Bezugsgrößen sind, so z. B. die verwalteten, geplanten Fertigungsaufträge, die geplanten Materialaufträge, die erstellten CNC-Programme usw. (vgl. Vikas, 1996, 103). Hier ist eine ergänzende Prozesskostenrechnung angezeigt. Vikas(1996, 106) konstatiert ein ähnlich gelagertes Problem bei der Verwendung der flexiblen Plankostenrechnung und schlägt dann einen Paralleleinsatz von flexibler Plankostenrechnung und Prozesskostenrechnung vor. Einen ähnlichen Ansatz wählt Männel (1996, 114) mit dem Vorschlag, komplexe Logistikleistungen als kostenstellenübergreifende Hauptprozesse zu kalkulieren.

Akzeptanz in Fertigung

Durch Beschränkung und Standardisierung der Kostenarten führt die MSR zu einer einfachen und für Nicht-Controlling-Fachkräfte transparenten Kostenplanung. Als prozessnahe Kostenrechnung wird sie vorwiegend von den fertigungsnahen Bereichen (Arbeitsvorbereitung, Produktionsplanung) angewandt und gepflegt.

Verursachungsgerechtigkeit und Wirtschaftlichkeit der Kostenzurechnung sind konkurrierende Zielgrößen (Coenenberg, 1992, 81). Die MSR stellt einen gangbaren Kompromiss zwischen Verursachungsgerechtigkeit und Planungsaufwand bei der Erarbeitung von Kalkulationsgrundlagen im Rahmen der Kostenstellenrechnung dar.

Keine Kontrollrechnung

Allerdings fehlen der MSR wichtige Elemente einer Controlling-Kostenrechnung: Der Funktionsumfang der MSR endet üblicherweise mit der Ermittlung der Kostensätze entsprechend der Zielrichtung der MSR als Kalkulationsverfahren. Eine explizite Jahres- oder Monats-Kostenplanung wird nicht durchgeführt, demzufolge ist eine Anwendung der MSR für die Kostenkontrolle üblicherweise nicht vorgesehen. Hier liegt das Hauptargument gegen die MSR als eine auf die Kalkulation zielende Partialkostenrechnung.

Erweiterung notwendig

Eine Erweiterung der MSR zu einer Planungs- und Kontrollrechnung im Sinne einer Maschinenplankostenrechnung ist erforderlich und wird in den folgenden Abschnitten beschrieben. Der Verfasser bezieht sich dabei auf die Maschinenplankostenrechnung, die in Maschinenbauunternehmen im Einsatz ist (Beschreibung in VDMA 1993). Die EXCEL-Tabellen einer solchen Maschinenplankostenrechnung sind im Anhang dargestellt.

Die MSR ist in Teilfunktionen in zahlreichen ERP-Systemen integriert. So enthalten 53 von 106 Systemen die Funktion einer Maschinenstundensatzkalkulation (Marktspiegel-PPS-Systeme 1997, 194f).

4.1.4   Umlagerechnung (Betriebsabrechnungsbogen)

traditionelle Kostenrechnung

Der Betriebsabrechnungsbogen (BAB) ist als traditionelle Kostenstellenrechnung oder Umlagerechnung noch in zahlreichen Unternehmen anzutreffen, wobei die Merkmale dieses Verfahrens weniger in der traditionellen Darstellungsart als *Papierungetüm*, sondern in der Art der Kostenbehandlung – durchaus auch DV-gestützt – liegen. Typisch ist die Trennung von Vorkostenstellen (z. B. Energieversorgung), Hilfskostenstellen (z. B. Instandhaltung) und ausführenden Endkostenstellen (z. B. Fertigung oder Vertrieb). Die Gemeinkosten des Unternehmens werden durch Umlage oder Verteilung im Top-Down-Vorgehen den Endkostenstellen sequentiell (Treppenverfahren) oder simultan (Gleichungsverfahren) zugeordnet. Die so erhaltenen Kostenstellenkosten werden auf die Basiskosten Lohn und Material bezogen und liefern so die Zuschlagssätze für die Produktkalkulation.

Komplizierte Verteilungsregeln

Im BAB spiegelt sich die funktionale Aufbauorganisation (Verrichtungsprinzip). Unter dem Paradigma der Prozessorientierung müssen solche subjektorientierten Kostenrechnungssysteme kritisch beurteilt werden: Die vorgenommene Verteilung von Kosten kann die Mengen- und Werteflüsse kaum verursachungsgerecht abbilden. Kostenumlagen von einer Kostenstelle (z. B. Arbeitsvorbereitung) zu einer anderen (z. B. Zerspanung) divergieren mit den prozessdeterminierten Kostenflüssen. Bei dezentraler Fertigungsorganisation besteht zudem kaum mehr eine Notwendigkeit zur Kostenverteilung über Abteilungsgrenzen.

Im Vordergrund der Kritik am BAB stehen ferner die komplizierten Verteilungsregeln, die Gewinnung der Kosten aus Vergangenheitswerten und das hohe Aggregationsniveau (hohe Granularität) in Form von Bereichskostenstellen. Der BAB ist deshalb als Planungs- und Kontrollsystem für ein prozessnahes Controlling nicht geeignet.

4.1.5   Target Costing

Das Target Costing (TC) berücksichtigt die Wettbewerbskomponente in der Produktkostenrechnung. Anhand von Konkurrenzprodukten werden Zielpreise für vergleichbare eigene Produkte definiert. Durch Subtraktion eines mutmasslichen Zielgewinnes werden allowable costs (Zielkosten, Target Costs) als Vorgabe für die eigene Produktentwicklung definiert. Target Costimg wird von Horvath, (1996, 519) als Managementtechnik, nicht als Kostenrechnungsverfahren bezeichnet. Dies kommt in der Grundidee zum Ausdruck: *Target costs for each components force marketeers, designers, and engineers from all departements and suppliers to struggle and negotiate tradeoffs* (Worthy, 1991, 49).

Kosten kneten   Hauptanliegen der Zielkostenrechnung ist die Ausrichtung der Produktkosten am Wettbewerb (vgl. Horvath, 1996, 519). Übersteigen die eigenen Produktkosten die Zielkosten, werden die Kostenüberschreitungen durch *Kosten kneten* verringert, bis die Zielkosten erreicht werden. Bei zusammengesetzten Produkten (mehrstufigen Produkten) entsteht so ein Dekompositionsproblem (Horvath, 1996, 522): Die Zielkosten müssen auf die Komponenten eines Produktes heruntergebrochen werden (z. B. auf die Einzelteile einer Baugruppe oder auf die Baugruppen eines Endproduktes), sodass Zielvorgaben für die Komponenten entstehen.

Allgemein üblich ist hier die Orientierung an den Produktfunktionen, wie sie in der Wertanalyse verwendet werden. Je grösser der Funktionsbeitrag einer Komponente (Baugruppe, Einzelteil), desto höher sind deren erlaubte Kosten.

Beispiel

Ein Hersteller von PKW-Felgen ermittelt deren Produktkosten komplett mit 60 € /Stück. Die Konkurrenz bietet die Felgen zu einem Verkaufspreis von 58 €/Stück an. Bei einem angenommenen Zielgewinn des Konkurrenten von 10 % ergeben sich Zielkosten von 58/1,1 = 52,73 €/Stück für das eigene Produkt. Die Selbstkosten einer kompletten Felge, bestehend aus Felge einzeln und 4 Befestigungsschrauben, soll also 52,73 € nicht überschreiten.

Der Knetbetrag: 60 – 52.73 = 7,27 €/Felge komplett

Wie hoch sind die Zielkosten für die einzelne Felge und die 4 Schrauben? Dazu wird eine Funktionsanalyse durchgeführt. Die Funktionserfüllung wird als Beitrag der Einzelteile mit Werten zwischen 0 und 1 ausgedrückt (Abbildung 109).

Funktion aus Käufersicht	Felge	Schrauben	Summe
Fahreigenschaften verbessern	0,7	0,3	1
Kräfte aufnehmen	0,5	0,5	1
Montage erleichtern	0,4	0,6	1
Demontage erleichtern	0,4	0,6	1
Lebensdauer gewährleisten	0,7	0,3	1
Umweltbelastung verringern	0,9	0,1	1
Fahrsicherheit gewährleisten	0,9	0,1	1
Wartung vereinfachen	0,5	0,5	1
Aussehen verbessern	0,9	0,1	1
Käuferimage erhöhen	0,9	0,1	1
Summe	**6,8**	**3,2**	**10**

Abbildung 109: Funktionsbeitrag der Einzelteile

*Der Anteil der Felge an der Funktionserfüllung beträgt 6,8/10 * 100 = 68 %, der der 4 Schrauben 32 %. Aus diesem Funktionsbeitrag werden die Zielkosten abgeleitet:*

Der Felge werden Zielkosten von 68% der Baugruppenzielkosten von 52,73 €/Stück , also 35,86 €/Stück zugeordnet.

Die Schrauben erhalten Zielkosten von 32% von 52,73, also 16,87 €/4 Schrauben.

Durch Vergleich mit den Produktkosten der Einzelteile ergibt sich der betreffende Knetbetrag.

Dekompos-ition mit Funktionen

Das Target Costing wird als permanenter Kostenreduzierungs-prozess etabliert und durch mitlaufende Kalkulationen und Soll-Ist-Vergleiche unterstützt (Horvath, 1996, 527). Ein weiteres Her-unterbrechen auf die Fertigungsprozesse ist nach Horvath zur Herstellung des Marktbezugs der Prozesse wünschenswert. Al-lerdings ist hier ein der Funktionsorientierung vergleichbares Dekompositionssystem nicht erkennbar. Die Aufspaltung auf die Kosteneinflussgrößen des Prozesses wie Losgröße, Fertigungs-zeit, Intensität und Kostensatz kann nur empirisch erfolgen . In-soweit zielt das Target Costing im Produktionscontrolling vor al-lem auf das Produktkostencontrolling.

4.2   Maschinenplankostenrechnung

Für den Einsatz als controllinggeeignete Kostenrechnung muss die MSR modifiziert und erweitert werden – von einer für die Kalkulation konzipierten Partialkostenrechnung zu einer Maschi-nenplankostenrechnung (MPKR) mit integrierter Kostenkontrolle. Gestaltungsfelder sind die Gliederung der Planungs- und Kon-trollobjekte in Form der Kostenstellengliederung, die Bezugsgrö-ßenauswahl, die Beschäftigungsplanung, die Verbrauchs- und Kostenplanung und die Kostenkontrolle mit Abweichungsermit-tlung.

4.2.1   Maschinenstundensatzrechnung als Nukleus

Erweiterungen

Die Maschinenstundensatzrechnung hat bereits eine große Verbreitung in der Fertigung. Sie ist an der Maschine als Zielob-jekt orientiert. Aufgrund vorgegebener, fertigungsüblicher Be-zugsgrößen (Belegungszeiten der Arbeitsplanung) und standardi-sierter Kostenarten, der analytischen Kostenplanung, ausgerichtet an der Maschinentechnologie, verbunden mit einfachen Regeln zur Kostenplanung hat sie ihre Akzeptanz in der Fertigung auch bei vorwiegend technisch-orientiertem Personal erwiesen. Die Integration in ERP-Systeme ist durchweg gewährleistet. Von allen Kostenrechnungsverfahren hat sie den größten technologischen Bezug. Mit ihr kann Kostenbewußtsein in der Fertigung leichter induziert werden als bei zentralisierter Kostenplanung in vorge-lagerten Stabstellen.

Der MSR fehlen jedoch mit der einseitigen Festlegung auf die verfügbare Kapazität, der groben Einteilung in entweder fixe oder variable Kosten und des ausschliesslich auf die Ermittlung der Kalkulationsgrundlagen (Kostensätze) ausgerichteten Einsatzes wichtige Strukturmerkmale einer Controlling-Rechnung. Es sind demzufolge Modifikationen und Erweiterungen notwendig (Abbildung 110).

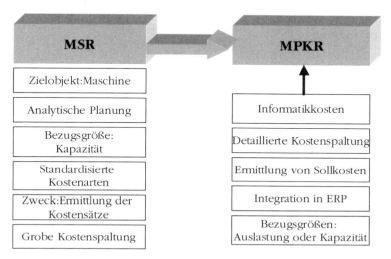

Abbildung 110: Von der Maschinenstundensatz- zur Maschinenplankostenrechnung

Die Maschinenplankostenrechnung muß über Schnittstellen zum ERP-Systeme verfügen, beispielsweise durch Verwendung von EXCEL-Sheets.

4.3   Objektorientierte Kostenrechnung

Fertigungs-segmente objektorien-tiert

Objektorientierung ist ein erprobtes Prinzip zur wirtschaftlichen Gestaltung von Softwaresystemen. Es ist naheliegend, dieses Prinzip auf die Kostenrechnung im Produktionscontrolling anzuwenden. Dieser Ansatz hat sich in der Fertigung beim Übergang von der Verrichtungs- zur Objektorientierung vollzogen: Auch Fertigungssegmente sind Ergebnis objektorientierter (hier: vorwiegend produktorientierter) Planung. Hauptvorteil dieser Sichtweise ist u. a. die Reduzierung der Transport- und Informationswege (Wildemann, 1996, 23).

Vorteile

Bei der Objektorientierung der Kostenrechnung geht es um

- die Reduzierung der Komplexität

- die Standardisierung der Kostenplanung und -kontrolle

- die verbesserte Wiederverwendbarkeit der Planungsergebnisse.

Gestaltungsprinzipien sind die

Gestaltungsprinzipien

- *Abstraktion*: Die Gegenstände der Kostenplanung werden in Klassen zusammengefasst, wobei wesentliche Details von unwesentlichen getrennt und letztere ignoriert werden. Klassen werden durch Gemeinsamkeiten der Objekte gebildet. So können maschinelle Arbeitsplätze, aber auch gering automatisierte Arbeitsplätze zur Klasse *Maschinen* subsummiert werden (Abbildung 112).

- *Hierarchisierung*: Die Objekte der Klasse werden in Hierarchien eingeordnet, so z. B. die übergeordnete Klasse *Maschinengruppe* (z. B. FFS, Fertigungssegment) und die untergeordnete Klasse *Maschinenvarianten* (Vorrichtungen, Baugruppen oder alternativ konfigurierte Arbeitsplätze).

- *Modularisierung:* Dieses Prinzip ermöglicht die Gliederung in beliebig kombinierbare Einheiten. So lassen sich Maschinen zu Cost-Centern, Profit-Centern, Abrechnungsbereichen usw. zusammenfassen.

- *Kapselung:* Daten und Methoden sind in Objekten zu kapseln und nach aussen nicht erkennbar. Attribute sind technische Daten der Maschine. Methoden sind z. B. *Plankosten ermitteln, Kostensatz errechnen , Auslastung planen, Soll-Ist-Abweichung ermitteln.*

Planungs-, Abrechnungs- und Kontrollobjekt der MPKR ist die Maschine bzw. der Arbeitsplatz oder die Verfahrensalternative. Die MPKR geht von einzelnen Kostenplätzen aus, ist also eine Kostenplatzrechnung (vgl Coenenberg, 1992, 100). Sie erfüllt somit eine z. B. von Wildemann (1994, 334) bei Fertigungssegmentierung erhobene Forderung, objektorientierte Kostenstellen zu bilden.

Maschine als Kostencontainer

Eine am Objekt *Maschine* ausgerichtete Kostenrechnung vereinfacht das Controlling: Die Kosten der Maschinen werden zu Attributen. Sie können als solche in Datenbeständen des ERP-Systems, d. h. im Arbeitsplatzstamm, redundanzfrei verwaltet werden (*Maschine als Kostencontainer*). Diesem Aspekt kommt eine besondere Bedeutung bei der Verwendung von Data Warehouses und Data Marts im Controlling zu. Die Speicherung von

Benchmarking

Kostendaten im Arbeitsplatzstamm vereinfacht die Datenextraktion und –konsolidierung wie auch den Zugriff auf Objektdaten.

Der Einsatz des Benchmarkings wird erleichtert. Die Zusammen-fassung der Objekte zur Klasse Maschinen sichert ferner die Wiederverwendung der Kostenprozeduren in beliebigen Ferti-gungsbereichen und Prozessen. Die Objekte können ohne Schnittstellenprobleme in der Prozesskostenrechnung verwendet werden. Die Schnittstellen zur Unternehmensorganisation sind auf wenige Werkstattdaten (z. B. Strompreis) begrenzt (Abbildung 111).

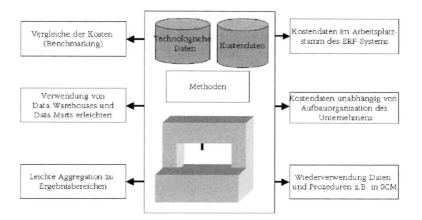

Abbildung 111: Vorteile einer objektorientierten Kostenrechnung

Eine objektorientierten Kostenrechnung ist für unterschiedliche Zielobjekte im Produktionscontrolling einsetzbar (Abbildung 112).

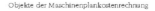
Objekte der Maschinenplankostenrechnung

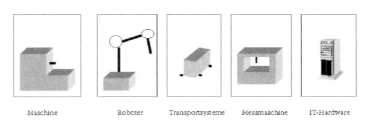

Abbildung 112 Zielobjekte einer objektorientierten Maschinen-plankostenrechnung

Im Supply Chain Management erfolgt eine Extrapolation der vor-her nur innerbetrieblich auftretenden Entscheidungsprobleme zur

Verfahrensoptimierung, Programmgestaltung und Losgrößenoptimierung. Grundlage dieser Entscheidungen sind die Kosten der beteiligten Objekte (Maschinen, Verfahren, Produkte). Eine objektorientierte Kostenrechnung trägt zum lieferkettenweiten Austausch solcher Informationen bei.

4.4   Kostenstellenorganisation

Granularität   Die Organisation der Kostenstellen wird durch Erfahrungen bei manueller Kostenrechnung bestimmt. Hohe Granularität (geringer Detaillierungsgrad) verringert hier den Erfassungs- und Planungsaufwand (vgl. Daube, 1993, 148). Dies hat zur Folge, dass Abweichungen nur für die Maschinengruppen ermittelt und damit vom Prozess (Verursacher) bzw. dem Verfahren wegverlagert werden.

Der Praktiker kennt die daraus entstehenden Konsequenzen:

- Kostensenkungspotentiale werden nicht erkannt .

- Produkte, die teure Maschinen bzw. Teilsysteme belegen, werden mit zu geringen Kosten belastet (vgl.VDI, 1990, 92).

- Produkte mit Fertigung auf kostengünstigen Maschinen werden dagegen zu teuer kalkuliert, ihr Anteil am Produktionsprogramm verringert sich durch die dann ausgelösten Marktreaktionen. Im Wettbewerb drohen Auftragsverluste.

Verfahrensalternativen werden mit falschen Kosten belastet. Die Investitionsplanung erhält gleichfalls falsche Daten.

Auswirkungen auf Wettbewerb   Kilger (1993, 305) wendet sich gegen die Zusammenfassung von Maschinen und Arbeitsplätzen zu einer Kostenstelle, wenn deren Kostenverursachung wesentliche Unterschiede aufweist. Diese Bedingung ist bei der heterogenen Struktur moderner Produktionssysteme, vor allem aber bei flexiblen Fertigungssystemen gegeben, wie Hoffmann/Scharbert (1990) am Beispiel eines FFS zeigen. Von der Kostenrechnung ist deshalb ein hoher Detaillierungsgrad einzufordern, ohne dass die Wirtschaftlichkeit der Kostenrechnung selbst beeinträchtigt wird (vgl. Grob, 1996, 153f).

Horvath (1996, 463) stellt die *Forderung nach Strukturgleichheit:* Die Kosten- und Leistungsrechnung hat mit dem die Leistungserstellung betreffenden Teil des operativen PK-Systems strukturgleich zu sein. Die Zurechenbarkeit von Fertigungskosten zum jeweiligen Kostentreiber des Arbeitsganges ist Voraussetzung für eine prozessorientierte Kalkulation.

Das häufig angeführte Argument, Istkosten seien auf der Ebene der Maschinen nicht eindeutig zurechenbar, trifft nur für Leitungskosten und für einige Logistikkosten zu. Vor allem die Kapitalkosten als wichtigste Kostenartengruppe sind der einzelnen Maschine, ja sogar der Verfahrensalternative eindeutig zurechenbar (vgl. auch Wildemann, 1987, 216f).

Kostenplatz-rechnung

Kilger (1993, 306) weist zudem auf den Zusammenhang zwischen Kostenplatzgliederung und Bezugsgrößenwahl hin: Eine genaue Kostenstellengliederung erlaubt eher die Beschränkung auf eine Bezugsgröße, vereinfacht damit auch den Prozess der Bezugsgrößenwahl. Haberstock spricht hier von einem Substitutionsverhältnis zwischen der Größe der Kostenstelle und der Anzahl der Bezugsgrößen (Haberstock, 1986, 87).

Speziell bei FFS empfiehlt Wildemann (1987, 217) eine an Subsystemen orientierte Kostenplatzgliederung: Jeder einzelne Platz des Fertigungssystems wird dabei als kostenrechnerisches Objekt behandelt. Dem wird hier gefolgt.

4.5 Beschäftigungsplanung (Leistungsartenplanung)

Zu planen sind:

- die verfügbare Kapazität (Betriebsbereitschaft der Maschine)

- die Planauslastung (Abbildung 113).

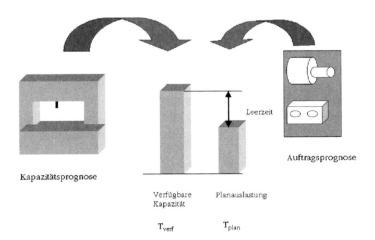

Abbildung 113: Beschäftigungsplanung

Die Ermittlung der verfügbaren Kapazität ist eine Top-down-Rechnung. Von der theoretischen Betriebsbereitschaft werden Ausfallzeiten abgezogen. In Anhang 2 ist das entsprechende Rechenschema als EXCEL-Tabelle dargestellt.

Planaus-lastung

Dagegen ergibt sich die Planauslastung als Projektion der Programmplanung, bewertet mit den Vorgabezeiten der Arbeitsplanung. Die Planauslastung der Maschine ist somit Ergebnis einer Auftragsprognose.

Eine verursachungsgerechte Kostenplanung orientiert sich an der Planauslastung Tplan. Sie errechnet sich bei Losfertigung mit

$$Tplan = \Sigma \, tb \quad mit \; tb = m * te + tr \quad (Std/J)$$

mit m = Losgröße, tr=Rüstzeit, te=Fertigungszeit/Stück

Verfügbare Kapazität

Rüstzeiten und Fertigungszeiten werden gleich behandelt. Der Produktionsvollzug, Produkteigenschaften, Verfahrensalternativen und Losgrößenvariationen werden durch alternative Arbeitspläne abgebildet und resultieren in unterschiedlichen Fertigungszeiten und Prozessfolgen. In Bezug auf diese Fertigungszeiten liegt folglich verfahrens- und produktbedingte Homogenität vor, eine Begrenzung auf die Hauptbezugsgröße *Belegungszeit* (Fertigungszeit) ist somit ohne Verletzung des Verursachungsprinzips gerechtfertigt (vgl VIKAS, 1993, 317 sowie Haberstock, 1986, 59). Dies erhöht die Wirtschaftlichkeit der Kostenplanung und Kostenkontrolle.

4.6   Verbrauchs- und Kostenplanung

Ablauf Kostenplanung

Die Kostenplanung erfolgt analytisch aufgrund der Maschinen- und Werkstattdaten. Basis der Kostenplanung ist dementsprechend der bei Planbeschäftigung entstehende Ressourcenverbrauch, bewertet zu Planpreisen. Die Regeln zur Kostenplanung der einzelnen Kostenarten sind in der Literatur mehrfach dargestellt (z. B. VDMA, 1993 oder Bauer, 1980).

Die Verbrauchs- und Kostenplanung geschieht in einem mehrstufigen Prozess:

*   Zuerst werden die Verbrauchs- und Kostenfaktoren der gesamten Fertigungsgruppe geplant. Eingabedaten und Ergebnisse sind im EXCEL-Blatt *Betriebsdaten* Anhang 1 dargestellt.

- In der 2.Phase erfolgt die Vorplanung pro Maschine im EX-CEL-*Planungsblatt* im Anhang 2.

EXCEL-Planungsblatt

- In der 3. Phase werden die Vorplanungsdaten aus Phase 2 übernommen (referenziert) und die fehlenden technischen Daten der Maschine im EXCEL-*Kostensatzblatt* Anhang 3 ergänzt. Ferner werden die Kostensätze der Maschine errechnet.

- In der 4. Phase werden aus den Kostensätzen die Plankosten ermittelt (Abbildung 114 und Anhang 4).

Kosten/Leerstunde		80,97			
Kalk.satz kap.orientiert		120,58	VSSkap		
Kalk.satz auslast.orient.		126,38	VSSausl		
Grenzkostensatz		39,62	MSSvar		
Kalk.satz marktorientiert		125	VSSmarkt		
Plankosten	voll		var	fix	
Abschreibung	175722		24847	150875	€/Jahr
Zinsen	62132		5837	56295	€/Jahr
Instandhaltung	6109		5459	650	€/Jahr
Raumkosten	1116		105	1011	€/Jahr
Werkzeugkosten	5263		4703	560	€/Jahr
Stromkosten	1057		823	234	€/Jahr
Fertigungslohn	26790		23940	2850	€/Jahr
Lohnnebenkosten	21432		19152	2280	€/Jahr
Anteiliges Gehalt	4144		784	3360	€/Jahr
Gehaltsabhängige Kosten	2072		392	1680	€/Jahr
Hilfslohn	10754		9044	1710	€/Jahr
Betriebsstoffe	2670		2527	143	€/Jahr
Wartung/Reinigung	5640		5040	600	€/Jahr
CNC-Programmierung	4410		1260	3150	€/Jahr
Gesamtkosten	**353854**		**110924**	**242930**	€/Jahr
Leerkostensatz		80,97	€/Leerstd.	DB/Std	85,38
Leerkosten		16226	€/Jahr	BEP Std/J	2845
Plan-Cash Flow		171868	€/Jahr	Wertschöpfung	350000
Planenergieverbrauch		10416	kwh/Jahr	€/Jahr	

Abbildung 114: Kostensätze und Plankosten Maschine (EXCEL)

Variatoren

Ein genaueres Abbild des Kostenverhaltens erfordert den Einsatz von Variatoren: Hier wird der Kostensatz einer Kostenart in fix und variabel aufgeteilt (vgl. Coenenberg, 1992, 347ff sowie Bauer, 1980). Der Variator ergibt sich dabei als Maß für die Abhängigkeit der Kosten (100% = voll variabel, 0% = fix). Beispiele für Variatorenwerte sind Anhang 3 zu entnehmen.

Die zerspanungsparallelen Subsysteme des FFS (Montageplatz, Messplatz usw.) werden in gleicher Weise geplant.

Kostensätze

Die Maschinenplankostenrechnung unterscheidet folgende Kostensätze (Abbildung 114, oben):

- VSSkap als Kalkulationssatz (Verrechnungssatz), bei dem die Fixkosten auf die verfügbare Kapazität (theoretische Vollauslastung) bezogen werden.

$$\text{VSSkap} = \text{MSSfix} + \text{MSSvar} \quad \text{€/Std}$$

- VSSausl als Verrechnungssatz bei Planauslastung. Hier werden die Fixkosten auf die Planauslastung verteilt. Wenn Unterbeschäftigung herrscht, ist er höher als VSSkap.

$$\text{VSSausl} = \text{MSSfix} * \text{Tverf} / \text{Tplan} + \text{MSSvar} \quad \text{€/Std}$$

- MSSvar: Der Stundensatz variabel zeigt den Anstieg der Kosten bei einer Beschäftigungszunahme um eine Maschinenstunde. Er ist der Wertansatz für Teilkostenkalkulationen.

- VSSmarkt ist der am Absatzmarkt durchsetzbare Kostensatz. (*Sind wir mit diesem Satz wettbewerbsfähig?*). Bei Fertigung nicht verkaufsfähiger Produkte muss er empirisch ermittelt werden. Ggfs. kann der im Target Costing ermittelte durchschnittliche Knet-Prozentsatz auf die Komponenten *Belegungszeit* und *Kostensatz* aufgeteilt und der VSSkap oder VSSausl entsprechend reduziert werden (vgl. 4.1.5).

Fixkosten-problem

VSSkap bleibt auch bei Beschäftigungsschwankungen konstant. Er vermeidet die Belastung der internen und externen Kunden, aber auch der potentiellen Neukunden und deren Aufträge mit Beschäftigungsabweichungen. Sich ergebende Unter- oder Überdeckungen der verrechneten Fixkosten werden pauschal in das Betriebsergebnis übernommen und bleiben damit ohne Auswirkungen auf den Verrechnungssatz. Ungedeckte Fixkosten werden erst im Betriebsergebnis evident, Gegenmaßnahmen sind dann u. U. nicht mehr möglich (vgl. Krauth, 1996, 266).

Die Sätze im Kostendiagramm der Maschine (Abbildung 115):

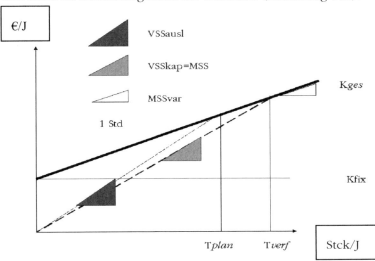

Abbildung 115: Kostendiagramm Maschine

Bei definitionsgemäß fixen Plankosten führt die Verwendung von VSSausl für Kalkulationen bei Unterbeschäftigung zu hyperbolisch wachsenden Kalkulationssätzen (Fixkostenprogression) und verringerter Wettbewerbsfähigkeit. Andererseits ist VSSausl ein Indikator für die Investnutzung. Er signalisiert dem Controlling die Folgen einer verfehlten Investnutzung und Investitionspolitik (Horvath/Mayer, 1988, 49 und Krauth, 1996, 263).

Fixkosten in-Kalkulation

Die Kalkulation mit VSSausl beeinträchtigt bei Unterbeschäftigung die Kundenperspektive (vgl. 1.2.8): Hier werden Kunden mit Fixkosten belastet, die sie nicht verursacht haben.

In der flexiblen Grenzplankostenrechnung werden zuerst die Periodenkosten (z. B. Jahreskosten) und dann die Kostensätze ermittelt. In der Maschinenplankostenrechnung wird in umgekehrter Reihenfolge vorgegangen.

Plankosten

Hier werden zuerst die Kostensätze, dann die Plankosten wie folgt entwickelt:

$$\textbf{Kvar} \; = \; \textbf{MSSfix} \; + \; \textbf{MSSvar} \; * \; \textbf{Tplan} \qquad \text{€/J}$$

$$\textbf{Kfix} \; = \; \textbf{MSSfix} \; * \; \textbf{Tverf} \qquad\qquad \text{€/J}$$

$$\textbf{Kges} = \textbf{Tverf} \; * \; \textbf{MSSfix} + \textbf{Tplan} \; * \; \textbf{MSSvar} \quad \text{€/J}$$

4.7 Leerkosten eines Produktionssystems

Anlagen-nutzung

Ein Hauptanliegen des Produktionscontrollings kapitalintensiver Anlagen ist deren bestimmungsgemässe Nutzung. (vgl. Weber, 1991, 214). Der Beitrag der MPKR besteht dabei in der Bereitstellung der Leerkostensätze pro Stunde, auf deren Basis dann die Periodenleerkosten als Signalwert berechnet werden können (Abbildung 114). Diese ermitteln sich als Jahresplanwert mit

$$\textbf{Kleer} = \textbf{MSSfix} \; * \; \textbf{Tleer} = \textbf{MSSfix} \; * \; (\textbf{Tverf} - \textbf{Tplan}) \quad \text{€/J}$$

Methoden

Zur Behandlung der Leerkosten, insbesondere deren Umlage auf die Kalkulationssätze, sind unterschiedliche Lösungsmöglichkeiten gegeben:

- Methode 1: Sie werden gesammelt und auf alle Planstunden des FFS verteilt (Abbildung 116).

- Methode 2: Sie können auf die Planstunden jedes Subsystems umgelegt werden, d. h. Kalkulation mit VSSausl.

- Methode 3: Sie werden geschlossen in das Betriebsergebnis eingestellt, also ohne Berücksichtigung im Verrechnungssatz. Kalkuliert wird dann mit VSSkap (vgl. Bauer, 1980).

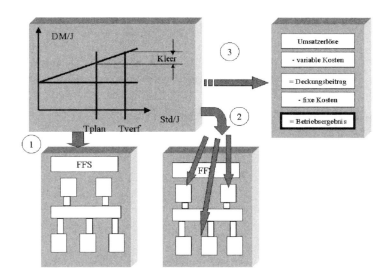

Abbildung 116: Leerkostenbehandlung im FFS

4.8   Wertschöpfung und Deckungsbeitrag

Der BSC-Ansatz fordert die Ausrichtung der internen Prozesse an der Finanz- und Kundenperspektive (Kaplan/Norton, 1996, 9).

Cost-Center Vom Produktionscontrolling wird folglich eine verstärkte strategische und marktorientierte Ausrichtung des internen Kostenmanagements gefordert (Horvath, 1996, 483 und Weber, 1991, 212ff). Letzterer möchte der Leistungsrechnung eine stärkere Bedeutung auch in den Bereichen zukommen lassen, die mangels Erlöszurechnung nur als Cost-Center betrieben werden. Er verweist auf die fehlende Motivation der Cost-Center-Verantwortlichen, die nur *als Kostenverursacher* behandelt werden. Eine stärkere Leistungsorientierung kann diese Motivationslücke schliessen.

Schwachstelle einer Ergebnisorientierung der Fertigungssysteme ist die Bewertung der Absatzleistung bei Sekundärprodukten ohne Erlöszurechnung. Für die Prozessbeteiligten sind deshalb Massgrößen für die Absatzleistung zu formulieren, wobei der Controller mit dem bereits erwähnten Dekompositionsproblem konfrontiert wird.

Fertigung verkauft Leistungsarten Der Versuch, einem Fertigungssystem mit Marktpreisen bewertete Absatzleistungen zuzuordnen, hat nur bei Primärbedarf und bei der Lieferung von Maschinenstunden zu definierten Stundensätzen Erfolg. Bei der Fertigung von Sekundärbedarf (Einzelteile, Baugruppen ohne Marktpreis) muss die Leistung durch Ersatzgrößen auf der Basis von Verrechnungspreisen bewertet werden (vgl. Wildemann, 1994, 77). Hierfür steht die Ersatzhypothese: *das Fertigungssystem verkauft Leistungsarten* (Bauer, 2002, 32).

**Planwert-
schöpfung**

Grundlage bilden zunächst die von der MPKR gelieferten Verrechnungssätze (Abbildung 117). Wird Target Costing praktiziert, kann versucht werden, erlaubte Kostensätze abzuleiten. Ergebnisse von Vergleichswerten aus Benchmark-Projekten können gleichfalls als Anhaltspunkte für marktkonforme Verrechnungssätze dienen. Die so bewerteten Planstunden ergeben die Wertschöpfung einer Maschine:

$$WS = VSSmarkt * Tplan \quad €/J$$

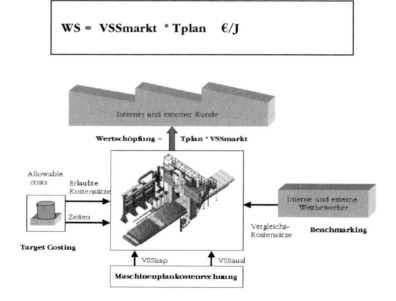

Abbildung 117: Bewertung der Absatzleistung

Da Tplan aus den Belegungszeiten des Teileprogramms summiert wird (z. B. im Modul SOP des Systems R/3), kann die Wertschöpfung auch produktbezogen aus dem Wertzuwachs der Teile errechnet werden (vgl. Weber, 1998, 100), sofern das Produktionsprogramm geplant ist. Die Wertschöpfung ist eine wesentliche Bestimmungsgröße der wirtschaftlichen Investnutzung in der

Finanzperspektive. Gegenüber einer Kenngröße *Kapazitätsnutzung* besteht ein stärkerer Erfolgsbezug.

Beeinflussung   Das Prozessteam kann die Wertschöpfung vor allem durch Verringerung der Ausfallzeiten beeinflussen. Allerdings sind hier auch kontraproduktive Entscheidungen denkbar: Werden z. B. vorrangig teure Maschinen mit hohem Stundensatz belegt, wird eine hohe Wertschöpfung vorgetäuscht. Die Wertschöpfung ist also nur unter der Prämisse einer optimalen Verfahrensplanung aussagefähig und kann nicht für Verfahrensentscheidungen herangezogen werden.

Verschiedentlich wird dem Fertigungssystem ein Deckungsbeitrag zugeordnet, so z. B. von Hoffmann und Scharbert (1990, 88) für die Anwendung bei FFS. Der Deckungsbeitrag pro abgesetzter Maschinenstunde wird bei marktkonformem Verrechnungssatz wie folgt definiert:

$$db = VSSmarkt - MSSvar \qquad €/Std$$

Deckungs-
beitrag   Als Ersatzgröße kann der volle Stundensatz MSS verwendet werden, sofern dieser am Markt durchsetzbar ist. Der Jahresdeckunsbeitrag des Fertigungssystems (Abbildung 118) ergibt sich dann zu:

$$DB = db * Tplan \qquad €/J$$

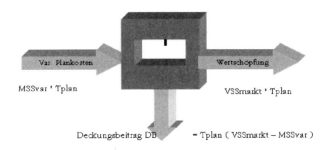

Abbildung 118: Wertschöpfung und Deckungsbeitrag am Fertigungssystem

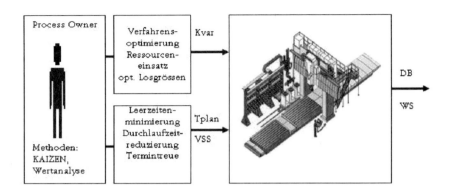

Abbildung 119: Steigerung der Wertschöpfung

Erhöhung Deckungsbeitrag

Es stellt sich die Frage nach Beeinflussbarkeit des Deckungsbeitrages: Die Beschäftigung ist durch Qualitätssteigerung, Termineinhaltung, Durchlaufzeitreduzierung, Hereinnahme von Lohnaufträgen, aber auch durch interne Maßnahmen (z. B. durch Vermeiden von Störungszeiten) beeinflussbar. Die variablen Plankosten können durch wirtschaftliche Ressourcen- und Verfahrensplanung beeinflusst werden (Abbildung 119).

.

4.9   Systemergebnis

Das Betriebsergebnis des Unternehmens im Rahmen der Kostenträgerzeitrechnung wird nach dem Gesamtkostenverfahren oder – wegen seiner Absatzorientierung bevorzugt – nach dem Umsatzkostenverfahren ermittelt. Bei letzterem werden die Verkaufserlöse ermittelt, davon die variablen Selbstkosten des Verkaufsprogrammes subtrahiert und dann der Deckungsbeitrag errechnet. Nach Abzug der Fixkosten erhält man das Betriebsergebnis als Spiegelbild des operativen Geschehens im Unternehmen.

Systemergebnis

Mit der im vorigen Abschnitt definierten Wertschöpfung und dem daraus abgeleiteten Deckungsbeitrag der Planungsperiode lässt sich analog zum Umsatzkostenverfahren des Unternehmens das Betriebsergebnis des Fertigungssystems ermitteln. Tplan ist dabei durch die Istauslastung zu ersetzen (Abbildung 120).

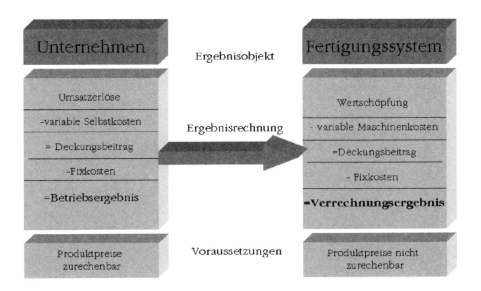

Abbildung 120 Systemergebnis

Es ist sinnvoll, dem Prozessteam das Systemergebnis z. B. jährlich oder auch in mitlaufender Form zu präsentieren.

4.10   Break Even-Analyse

Ist der Deckungsbeitrag eines Maschinensystems bekannt, kann eine mitlaufende Break Even-Betrachtung erfolgen, wie sie von Horvath und Mayer (1988, 49) bei flexibler Fertigung gefordert wird. Der Break-Even-Punkt (BEP) stellt sich bei einer Grenzauslastung Tgrenz von

$$\text{Tgrenz} = \text{MSSfix} * \text{Tverf} / \text{db} \qquad \text{h/J}$$

Break Even Point

ein. Die Grenzauslastung gibt an, wann die Fixkosten des Fertigungssystems durch den verrechneten Deckungsbeitrag gedeckt sind (siehe Beispiel im EXCEL-Blatt in Abbildung 114, hier als geplanter Break Even).

Komplexe Fertigungssysteme lassen sich einer begleitenden (mitlaufenden) Break Even-Analyse unterziehen. Dabei wird durch

Fortschreiben der Auftragsstunden geprüft, wann der BEP erreicht wird.

Beispiel

Die Fixkosten der Maschine in Abbildung 114 betragen 242930 €/J. Bei einem marktorientierten Verrechnungssatz von 125 €/h beträgt der Deckungsbeitrag pro Sunde 85,38. Der Break Even-Punkt wird dann bei 2845 Stunden erreicht (Abbildung 114 unten rechts)

5   Kostencontrolling

Hauptbestandteile des ertragsorientierten Produktionscontrollings sind das

- Kostenstellencontrolling,

- Produktkostencontrolling und

- Verfahrenscontrolling.

Die strategische Ausrichtung des Kostencontrollings zielt unmittelbar auf die Förderung der Finanzperspektive.

5.1   Kostenstellencontrolling

Das Kostenstellencontrolling stellt die Maschinen, Maschinengruppen und Anlagen, die als Kostenstellen definiert werden, in den Mittelpunkt der Kostenplanung und Kostenüberwachung. Das Kostenstellencontrolling kann dabei ohne den Datenbestand des Produktionsvollzugs installiert werden. Allerdings können keine produktrelevanten Informationen gewonnen werden. Dies ist Aufgabe des Produktkostencontrollings.

5.1.1   Aufgaben

**Analyse des
Kosten-
verhaltens**

Das Kostenstellencontrolling umfasst die Kostenplanung, die Abweichungsermittlung und die Analyse des Kostenverhaltens der Kostenstellen. Kostenabweichungen sind über eine Kontrollperiode von üblicherweise 1 Monat bis maximal 1 Jahr zu ermitteln, wobei die Periodenlänge u. a. am Produktportfolio auszurichten ist. Ergänzt werden diese periodischen Analysen durch ad-hoc-Analysen im Rahmen von Investitionsmaßnahmen. Mengenbasis des Kostenstellencontrollings sind die in der Kostenstellenplanung eingegebenen Bezugsgrößen (Leistungsarten).

Methodisch orientiert sich das Kostenstellencontrollings an der in Kapitel 4 dargestellten Beschäftigungs- und Kostenplanung. Sie erfolgt mit der Maschinenplankostenrechnung. Die Plankosten der EXCEL-Tabelle werden dazu in das System R/3, Modul CO, übernommen.

Nach Abschluss der Periode wird die Istauslastung aufgrund der BDE-Rückmeldungen (vgl. Kapitel 3) ermittelt und anschliessend die Plankosten auf Sollkosten hochgerechnet (Abbildung 121).

Die Eingabe der Istkosten erfolgt in der Buchhaltung im R/3-Modul FI, kontiert auf die betreffende Kostenstelle (Maschine).

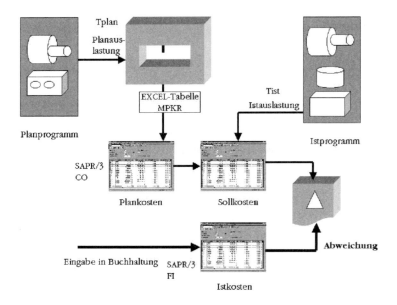

Abbildung 121 Struktur der Kostenkontrolle der Maschinen

Soll-Ist-Vergleich

Der Vergleich von Ist- und Sollkosten führt zur Abweichungsanalyse und erlaubt die Beurteilung der Wirtschaftlichkeit des Objektes (Maschine, Maschinengruppe). Dieser monatliche bzw. jährliche Soll-Ist-Vergleich der Kosten mit anschließender Abweichungsanalyse dient der Prozesswirtschaftlichkeit in der betreffenden Stelle (Maschine, Maschinengruppe).

Das Kostenstellencontrolling wird kontrovers diskutiert: Siegwart (1989, 11) ist der Auffassung, dass die klassische Abweichungsanalyse bei neuen Fertigungstechnologien an Bedeutung verliert, da der zuständige Kostenstellenleiter immer weniger für Kostenabweichungen verantwortlich gemacht werden kann. Zu ähnlichen Aussagen kommt Daube (1993, 67) in Bezug auf die Kostenkontrolle in CIM-Strukturen, wenn er Kostenstellenleitern die Kompetenz zur Veränderung der Potentialfaktoren abspricht und hier sogar die Möglichkeit erörtert, z. B. flexible Fertigungssysteme als black boxes zu behandeln, deren inerte Details nicht mehr interessieren, wobei die Wirtschaftlichkeit des Systems über Leistungsinformationen beurteilt werden soll (Daube, 1993, 145). Allerdings betont der Autor: *Gerade im Rahmen von CIM-Konzepten ist der Trend zu beobachten, daß immer mehr Anforderungen an die Aktualität und Detaillierung der Kalkulation erhoben werden* (Daube, 1993,146).

Wirtschafts-lichkeits-überlegungen

Sicherung der Prozesswirtschaftlichkeit ist mit Wirtschaftlichkeitsüberlegungen verknüpft, etwa in der Fragestellung: *lohnt sich die Anschaffung eines weiteren Rüstplatzes zur Verringerung von Stillstandszeiten der CNC-Maschinen?* Diesbezügliche Entscheidungen können jedoch ohne entscheidungsrelevante Kosteninformationen nicht optimal getroffen werden.

Die Annahme, Kostenstellenleiter seien kaum für Kostenabweichungen verantwortlich, ist von einem zentralistischen Organisationsleitbild geprägt und widerspricht den bereits erwähnten Denkansätzen moderner Führungsmodelle.

Kosten-verantwortung

Der Investitionsprozess bei komplexen Einrichtungen läuft nicht unipersonal und unifunktional ab, sondern ist durch weitgehende Integration der Funktionen (Abteilungen) und Personen mit teamorientierter Vorgehensweise gekennzeichnet und stark verhaltensgeprägt. Das Kostenrechnungssystem hat hier vorrangig die Aufgabe, das Mitarbeiterverhalten im Sinne unternehmerischen Denkens zu beeinflussen (vgl. Daube, 1993, 129f). Aus der Betriebspraxis ist hinlänglich bekannt, dass der Investitionsprozess sowohl absolut (soll investiert werden?) wie auch relativ (welche Maschine, welcher Hersteller?) vielen, auch subjektiven Einwirkungen von Seiten der operativen Instanzen unterliegt. Investitionsentscheidungen sind oft nur schwierig an den beteiligten Meistern und Vorarbeitern vorbei zu realisieren: Nach Weber (1991,102) werden demzufolge *...Kostenstellenleiter verstärkt in die Potentialgestaltung einbezogen. Damit besteht eine Mitverantwortung für die Fixkosten.* Die Konzentration auf Leistungsgrößen führt zu einer Verengung des Blickfeldes auf die Verbesserung bestehender Prozesse und Produkte (Kaplan/Norton, 1996, 122f). Erforderlich ist jedoch eine Prozesssicht, die sich auch auf neue Produkte und Prozesse konzentriert. In dieser integrierten Sicht sind Kostendaten zur Beurteilung der Zielerreichung unverzichtbar (vgl. Kaplan/Norton, 1996, 123). Man denke nur an die Anwendung des Target Costings bei einer solchen Black-Box-Kostenrechnung.

Kritisch ist auch das von Siegwart (1988, 11) herangezogene Argument einer Entkopplung von Mensch und Maschine zu bewerten mit der Folge, *..dass im Produktionsprozess nicht mehr der Mensch die Wirtschaftlichkeit bestimmt, sondern das Fertigungs-*

system, die Bearbeitungs- und Durchlaufzeiten, die Auslastung, die Kapitalkosten und ihre Relation zum Ausstoß. Dem widerspricht die erhöhte Eigenverantwortlichkeit der Prozessbeteiligten. Erfahrungen z. B. bei der Fertigungssegmentierung zeigen, daß die Dezentralisierung der indirekten Funktionen einen höheren Grad an Kostenverantwortung impliziert (vgl Wildemann, 1994, 20f). Bezeichnenderweise enttäuschten Erfahrungen bei der Einführung der NC-Technik die damit verknüpfte Hoffnung, nun auf Facharbeiter verzichten zu können. Prozessautomatisierung hat vielmehr den Qualifikationsbedarf erhöht.

Kostencontrolling Basis des Produktionscontrollings

Das Kostenstellencontrolling bleibt deshalb auch bei Automatisierung ein fundamentaler Bestandteil des Produktionscontrollings.

Im folgenden werden alle Fertigungskosten (fixe und variable) in die Abweichungsanalyse einbezogen, es findet somit ein geschlossener Soll-Ist-Vergleich statt. Dieser *gibt den Kostenstellen stets einen Überblick über die gesamten Kosten ihrer Kostenstellen* (Vikas, 1996, 591).

Maschinenplankostenrechnung

Die in Kapitel 4 dargestellte Maschinenplankostenrechnung bildet die methodische Basis eines maschinenbezogenen Planungs- und Kontrollsystems in R/3.

Die Übergabe der Kostendaten aus der MPKR (Tabelle in Abbildung 111) kann manuell durch Eingabe in die Plankostenmaske in SAP R/3 im Modul CO oder maschinell mit Hilfe einer zu generierenden ABAP/4 – Schnittstelle mit Einlesen des EXCEL-Arbeitsblattes geschehen. Letztere Möglichkeit wird unterstützt durch die in R/3 standardmässig vorhandene Desktop-Integration und OLE (Objekt Linking and Embedding) (vgl. Mende, 1998, 311ff).

5.1.2   Customizing des Systems R/3 für die MPKR

Bei der Realisierung des Produktionscontrollings muss das ERP-System angepasst werden (Customizing).

Erforderlich sind hier vor allem:

- Die Auswahl des Kontenrahmens für den vorliegenden Mandanten und Kostenrechnungskreis.

- Die Eingabe der speziellen Kostenarten der MPKR, soweit sie im bestehenden Kontenrahmen nicht enthalten sind.

- Die Verrechnung der MPKR-Kostenarten in eine entsprechende Kalkulationsposition *Fertigung* der Kostenträgerrechnung.

- Die Anpassung des Kalkulationsschemas an die MPKR: Eine Kalkulationsposition Fertigungsgemeinkosten kann entfallen bzw. auf eine Restgröße reduziert werden. Der Satz für diese Fertigungsgemeinkosten wird im Customizing entsprechend eingestellt.

- Die Anwendungen des Produktionscontrollings werden hier aus Gründen der Platzbeschränkung ohne Verknüpfung mit dem Personalwesen und der Anlagenbuchhaltung gefahren. Auf diesbezügliche Schnittstellenerfordernisse wird nicht eingegangen.

5.1.3 Kostenstellenverwaltung

In der Kostenstellenrechnung können Maschinen nicht als direkt beplanbare und bebuchbare Objekte fungieren. Diese Rolle kommt den Kostenstellen zu. Im Modell der Maschinenplankosten bedarf es deshalb eines Hilfskonstruktes in Form einer 1:1-Beziehung der Kostenstellen zu den Maschinenobjekten. Die Gliederungsform der Kostenstellen ist somit objektorientiert. Kostenstellen übernehmen neben der Abrechnungsfunktion die Funktion der Weiterverrechnung der Kosten an die Kostenträger, d. h. die zu fertigenden Produkte. Diese Verrechnung erfolgt über die vom Fertigungsauftrag beanspruchten Maschinenstunden, definiert im Arbeitsplan. Die Kostenstellengliederung orientiert sich deshalb zwingend an den im Arbeitsplan vorgegebenen Arbeitsplatzreferenzen, andererseits an den Überlegungen zur verursachungsgerechten Abbildung der Kosten.

Die bereits erwähnte Heterogenität moderner Produktionssysteme erfordert hier detaillierte Kostenstellen. Für komplexe Fertigungssysteme in Form von FFS oder Fertigungssegmenten sind die Teilsysteme mit eigenen Kostenstellen zu koppeln. Für das beschriebene FFS bedeutet dies die in Abbildung 122 gezeigte Kostenstellengliederung mit 5 Kostenstellen:

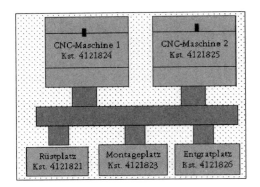

Abbildung 122: Kostenstellengliederung im FFS

Die Anlage der Kostenstelle erfolgt im System R/3 im Modul CO (Abbildung 123).

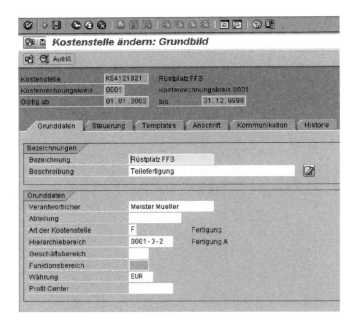

Abbildung 123: Anlegen Kostenstelle *Rüstplatz*

5.1.4 Beschäftigungsplanung

Im System der Maschinenplankostenrechnung wird eine einheitliche Bezugsgröße (Leistungsart) für die Fertigungsstunden (Maschinenstunden) verwendet. Sie ist zuvor im Leistungsartenstamm im Modul CO anzulegen (Abbildung 124). Gewählt wird hier die Kurzbezeichnung *Leistungsart 10* .

Die geplanten Maschinenstunden werden später mit den errechneten Maschinenstundensätzen bewertet und auf die Produkte verrechnet (Verrechnungskostenart 640100).

Abbildung 124: Anlegen Bezugsgröße (Leistungsart)

Plan-auslastung

Die Planauslastung (Tplan) und die verfügbare Kapazität (=Tverf) werden aus der EXCEL-Tabelle zur MPKR entnommen und für jedes Teilsystem eingegeben (Abbildung 125). Die Verteilung der Maschinenstunden kann dabei pro Monat differenziert werden (VS = 1) oder gleichverteilt pro Monat (VS=2). Im Regelfall reicht die Gleichverteilung aus.

Die Planleistung kann ggfs. aus R/3-Vorsystemen übernommen werden (vgl. Teufel, 2000, 261).

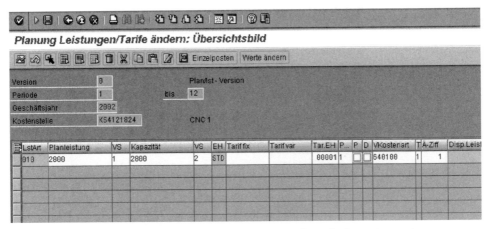

Abbildung 125: Planauslastung und verfügbare Kapazität

5.1.5   Kostenplanung

Die Kostenarten der MPKR müssen teilweise angelegt werden (Abbildung 126), teilweise sind sie im Standardverzeichnis der Kostenarten vorhanden.

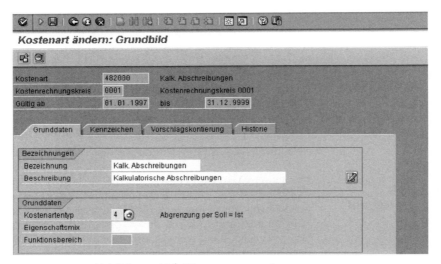

Abbildung 126: Kostenarten anlegen

Die in der MPKR ermittelten Plankosten (Abbildung 114) werden in die Kostenplanung in R/3-Modul CO eingegeben. Die Kosten werden als leistungsabhängig zu planende Primärkosten behandelt. Für jede Kostenart wird der fixe und variable Betrag entsprechend den Ergebnissen des MPKR-Planungsblattes (Abbildung 114) eingegeben. Abbildung 127 zeigt einen Kostenplan für die CNC-Maschine des FFS mit variablen und fixen Jahreskosten.

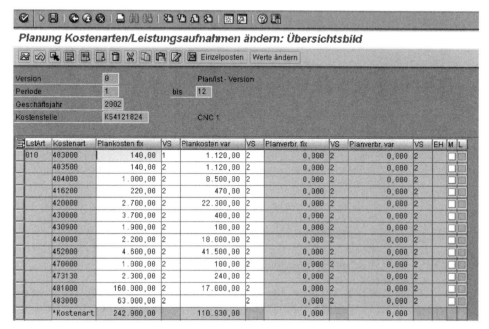

Abbildung 127: Kostenplan CNC-Maschine (Auszug)

5.1.6 Tarifermittlung

Kostensätze generieren

Im Anschluss generiert R/3 die Kostensätze (Tarife). Basis ist wahlweise die Planauslastung Tplan oder die verfügbare Kapazität Tverf des betreffenden Teilsystems, einstellbar vor der Tarifermittlung (Abbildung 128).

Die Einstellung von VS=2 generiert den auslastungsbezogenen Verrechnungssatz VSSausl. VS=1 erzeugt den kapazitätsbezogenen Kostensatz VSSkap.

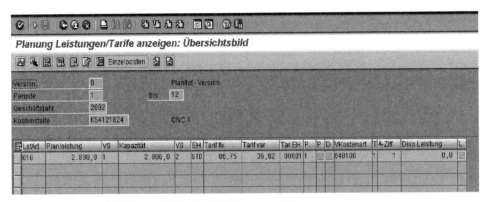

Abbildung 128: Tarife Kostenstelle

Mit den Tarifen erfolgt die direkte Weiterverrechnung der Leistungen der Kostenstelle an die Produktkalkulation im System R/3 (direkte Leistungsverrechnung) über die Verrechnungskostenart (hier 640100) in Abbildung 128.

Neben den errechneten Tarifen können in R/3 noch sogenannte *politische Tarife* eingegeben werden. Sie erlauben die Verwendung marktorientierter Verrechnungssätze VSSmarkt.

5.1.7   Abweichungsermittlung

Am Beginn der Abweichungsermittlung steht die Eingabe der Istbeschäftigung der Kostenstelle (Maschine) (Abbildung 129). Die Istauslastung Tist des Teilssystems addiert sich dann über die rückgemeldeten Belegungszeiten. Die Eingabe in R/3 erfolgt durch Rückmeldung der Istzeiten der erledigten Arbeitsgänge im Modul PP (vgl. 3.11), die anschliessend pro Maschine kumuliert werden (Abbildung 127).

Sollkosten-ermittlung

Sollkosten sind die an die Istauslastung angepassten Plankosten (*Plankosten der Istauslastung*). Sie haben Vorgabecharakter für die Prozessverantwortlichen (vgl. Weber, 1998, 145).

Mit Hilfe der Istauslastung errechnet das System R/3 diese Sollkosten z. B. pro Jahr oder pro Monat. Dazu werden die Fixkosten aus dem Kostenplan übernommen, während die variablen Kosten aus dem Kostenplan im Verhältnis der Ist- zur Planauslastung anteilig verändert werden.

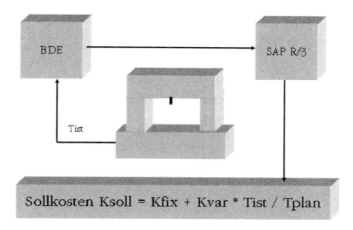

Abbildung 129: Ermittlung der Sollkosten

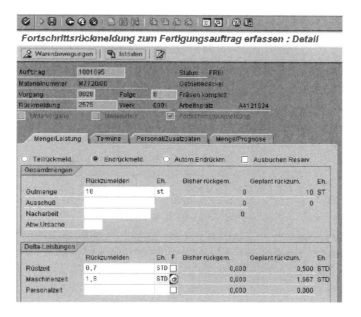

Abbildung 130: Rückmeldung Vorgang mit Istzeiten (Modul PP)

Die Istkosten für jedes Teilsystem (Maschine, Bypass-Arbeitsplatz) werden im Buchhaltungssystem im Modul FI direkt erfasst. Die angefallenen Kosten werden mit Betrag auf die Kostenstelle kontiert. Diese Erfassung im Modul FI setzt Primärkosten voraus, da nur diese mit einem bebuchbaren Sachkonto gekoppelt sind (Abbildung 131).

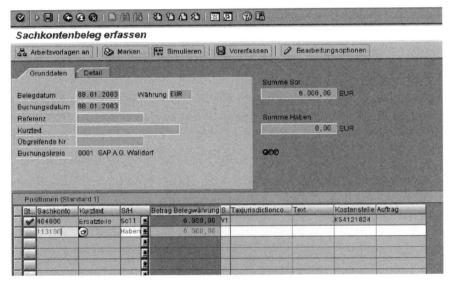

Abbildung 131 Eingabe Istkosten (Modul FI)

Im Bild werden 6000 € an Istkosten für die Kostenart 404000 (Ersatzteile) gebucht. Die Erfassung der Istkosten kann mitlaufend oder erst zum Ende der Periode erfolgen. Liegt zum Zeitpunkt der Erfassung die verursachende Kostenstelle nicht fest oder ist mit der Erfassung ein zu hoher Aufwand verbunden, ist die indirekte Erfassung auf einer Sammelkostenstelle mit Umbuchung der Istkosten am Ende der Periode machbar. Die Ist-Abschreibungskosten sind ggfs. aus Vorsystemen (Anlagenbuchhaltung) zu übernehmen.

Gesamt-abweichung

Die Differenz zwischen erfassten Istkosten und Sollkosten bildet die Gesamtabweichung der Stelle (Maschine).

Nach Eingabe der Istdaten erfolgt die Abweichungsermittlung. Sie kann periodisch (monatlich, jährlich) oder ad-hoc bei begründeten Abweichungen (z. B. klassifiziert nach ABC-Kriterien) durchgeführt werden. Sie gliedert sich in die Teilabweichungen entsprechend Abbildung 132.

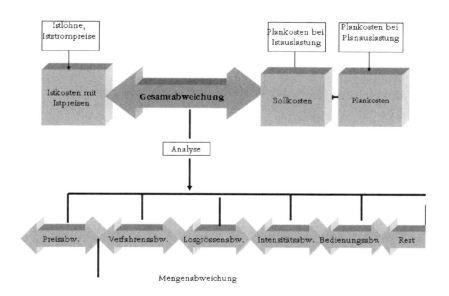

Abbildung 132: Abweichungen am Fertigungssystem

**Preis-
abweichung**

Die Preisabweichung beinhaltet Kostenüberschreitungen aufgrund zwischenzeitlich erhöhter Preise (Beispiel: Erhöhung Tariflöhne, höhere Strompreise, höhere Kostensätze für externe Instandhaltung). Preisabweichungen lassen sich lokalisieren, indem die verbrauchten Produktionsfaktoren (z. B. Energie, Ersatzteile) zu den Plansätzen bewertet werden, die Grundlage der Kostenplanung zum Beginn der Periode waren (vgl. Horvath&Partner, 1995, 73).

Beispiel

Stromverbrauch Ist = 2500 KWh, Planpreis 0,10 €/KWh, Strompreis Ist = 0,12 €/kwh

Die erfassten Istkosten betragen 300 €. Die Preisabweichung beträgt   2500 * 0,12 – 2500 * 0,1 = 50 €

Preisabweichungen stehen am Beginn der Aufspaltung der Abweichungen (Abbildung 132).

**Verfahrens-
abweichungen**

Verfahrensabweichungen sind z. B. die Folge der Belegung anderer als im Arbeitsplan vorgesehener Maschinen.

Geplante Maschine M4712, Belegungszeit 10 Std/Los, MSSvar = 70 €/Std.

179

Tatsächlich belegt: Maschine 4713, Belegungszeit 12 Std/Los, mit MSSvar=80 €/Std

Verfahrensabweichung damit 12 * 80 – 10 * 70 = 260 €

Werden die geplanten Losgrößen verändert, so entstehen Losgrößenabweichungen, die sich in der Höhe der Rüstkosten bemerkbar machen.

Intensitäts-abweichungen

Intensitätsabweichungen sind Ausdruck einer verringerten oder erhöhten Leistung der Werker. Beispielsweise wird auf der Basis eines durchschnittlichen Zeitgrades von 120 % geplant, der tatsächliche liegt z. B. bei 115%. Denkbar ist hier auch ein veränderter Nutzungsgrad der Maschinen aufgrund erhöhter oder verringerter Ausfallraten.

Bedienungs-abweichungen

Bedienungsabweichungen entstehen, wenn z. B. eine vorgesehene 2-Maschinenbedienung aus ablauforganisatorischen Gründen nicht möglich ist.

Mengen-abweichung

Die Mengenabweichung ergibt sich aus einem erhöhten oder verringertem Verbrauch zwischen Soll und Ist, bewertet zu Planpreisen. Im Falle des hier praktizierten Soll-Ist-Kostenvergleiches ist die Mengenabweichung mit der Verbrauchsabweichung identisch (vgl Horvath&Partner, 1995, 73).

Belegungszeit Soll 20 Std, Belegungszeit Ist 22 Std,

Tarif Soll 100 €/Std , Tarif Ist 110 €/Std.

Die Mengenabweichung beträgt 22 * 100 – 20 * 100 = 200 €

Restabwei-chungen

Restabweichungen umfassen alle oben noch nicht genannten Abweichungsursachen, so z. B. Ausbeuteabweichungen (z. B. aufgrund eines geringeren Heizwertes bei gasbeheizter Warmbehandlung). Zu den Restabweichungen gehören auch die Abweichungen 2. und höherer Ordnung (vgl. Coenenberg, 1992, 355ff).

Strukturab-weichung

Im System R/3 wird noch eine Strukturabweichung definiert. Diese entsteht durch Verwendung unterschiedlicher Produktionsfaktoren, z. B. Materialien, Maschinen oder Kostenarten im Ist und Plan, aber u. a. auch dann, wenn für eine Kostenart zwar Planwerte existieren, aber (noch) keine Istkosten erfasst wurden.

Einsatz-abweichungen

All diese Abweichungen sind der Einsatzseite (Verbrauchsseite) zuzuordnen. Die Summe wird deshalb als Einsatzabweichung definiert. Werden die Einzelabweichungen nicht ausgewiesen, ist sie mit der Gesamtabweichung identisch.

Davon unterschieden werden in R/3 die Abweichungen der Verrechnungsseite. Hier geht es um Abweichungen zwischen Kostenplanung und Kostenverrechnung im Rahmen der Kalkulation, beispielsweise in Form der Beschäftigungsabweichungen. Diese ist identisch mit den zu viel oder zu wenig verrechneten Fixkosten.

Abbildung 133 zeigt die Abweichungsermittlung am Beispiel der CNC-Maschine. Im Kontrollmonat sind entsprechend der Rückmeldung in Abbildung 130 2,5 Iststunden angefallen. Bezogen auf die Planbeschäftigung von 2800 Stunden/Jahr und somit 233,333 Stunden/Monat ist der Beschäftigungsgrad damit 1,07 %.

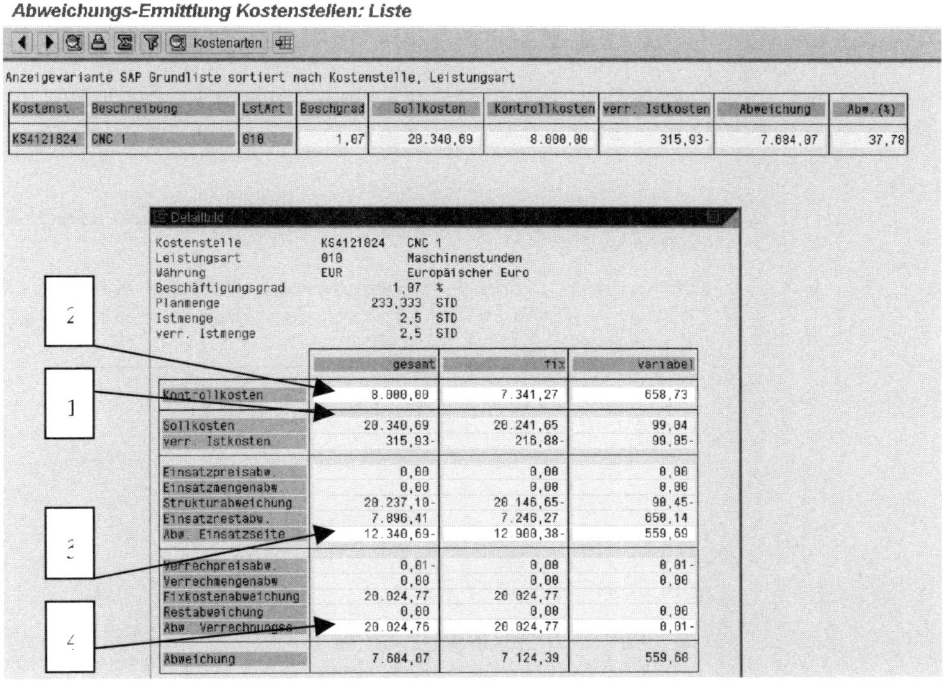

Kostenst.	Beschreibung	LstArt	Beschgrad	Sollkosten	Kontrollkosten	verr. Istkosten	Abweichung	Abw.(%)
KS4121824	CNC 1	010	1,07	20.340,69	8.000,00	315,93-	7.684,07	37,78

	gesamt	fix	variabel
Kontrollkosten	8.000,00	7.341,27	658,73
Sollkosten	20.340,69	20.241,65	99,04
verr. Istkosten	315,93-	216,88-	99,05-
Einsatzpreisabw.	0,00	0,00	0,00
Einsatzmengenabw.	0,00	0,00	0,00
Strukturabweichung	20.237,10-	20.146,65-	90,45-
Einsatzrestabw.	7.896,41	7.246,27	650,14
Abw. Einsatzseite	12.340,69-	12.900,38-	559,69
Verrechpreisabw.	0,01-	0,00	0,01-
Verrechmengenabw.	0,00	0,00	0,00
Fixkostenabweichung	20.024,77	20.024,77	
Restabweichung	0,00	0,00	0,00
Abw. Verrechnungss.	20.024,76	20.024,77	0,01-
Abweichung	7.684,07	7.124,39	559,68

Abbildung 133: Soll-Ist-Vergleich Kostenstelle (1= Sollkosten, 2 = Istkosten, 3 = Gesamtabweichung, 4 = noch fehlende Absatzleistung)

Beispiel

*Die geplanten Jahresfixkosten betragen MSSfix * Tverf = 2800 Std * 86,75 €/Std= 242 900 € (MSSfix ist der Tarif aus Abbildung 128). Die geplanten Jahresfixkosten sind auch ablesbar in Abbildung 127. Die Fixkosten des Kontrollmonats ergeben sich mit einem Zwölftel des Jahreswertes, also 20241 € (Gleichverteilung der Jahresstunden auf die Monate vorausgesetzt).*

*Die variablen Kosten für die bist jetzt angefallenen 2,5 Iststunden betragen MSSvar * Tist = 39,62 * 2,5 = 99 €.*

Damit ergibt sich für die Sollkosten Ksoll.

$$\text{Ksoll} = 20241 + 99 = 20340 \; €$$

Die angefallenen Istkosten, hier als Kontrollkosten bezeichnet, gebucht in R/3 FI, betragen insgesamt 8000 € (Abbildung 133). Darunter befinden sich auch die in Abbildung 131 gebuchten Ersatzteilkosten. Istpreise wurden nicht verändert. Somit ergibt sich die Gesamtabweichung ABWges (Abweichung Einsatzseite) mit

$$\text{ABWges} = \text{Kist} - \text{Ksoll} = 8000 - 20340 = -12340 \; €$$

Diese Abweichung ist negativ, die Stelle hat bis dato wirtschaftlich gearbeitet.

*Die an die Produkte **verrechneten Kosten** betragen Tist * (MSSvar + MSSfix) = Tist * VSS mit den Sätzen aus Abbildung 128*

$$\text{Kverr} = 2,5 * 126,37 = 315 \; €$$

Unter der Prämisse, dass die Produkte zum Satz von 126,37 € an interne oder externe Kunden verkauft werden, hat die CNC-Maschine somit 315 € erlöst.

*Die hohe **Strukturabweichung** erklärt sich damit, dass für die meisten Kostenarten noch keine Istkosten gebucht sind.*

Da bis jetzt 315 € an die Produkte verrechnet wurden, die Sollkosten jedoch 20340 betragen, ergibt sich eine gerundete Verrechnungsabweichung von 20025 €, also eine noch zu erbringende Absatzleistung, bei der dann der Break Even-Punkt erreicht ist. Es wurde zu wenig verrechnet.

$$\text{ABWverr} = \text{Ksoll} - \text{Kverr} = 20340 - 315 = 20025 \; €$$

Wertschöpfung der Stelle

Sofern der ermittelte Tarif der Kostenstelle am Markt durchsetzbar ist (VSS = VSSmarkt) sind die verrechneten Istkosten mit der im Zeitraum erreichten Wertschöpfung identisch (vgl. 4.8). Die Verrechnungsabweichung stellt dann die fehlende Wertschöpfung dar.

Umfangreiche Visualisierungsmöglichkeiten im System R/3 erhöhen die Akzeptanz der Prozessverantwortlichen (vgl. Vikas, 1996, 896).

Bei mehreren Leistungsarten in einer Stelle sind die Istkosten anhand von Splittungsregeln aufzuspalten. Die Splittung erfolgt im System R/3 anhand der Sollkosten. Sind beispielsweise an einer Maschine 2 Leistungsarten (z. B. Rüststunden und Fertigungsstunden) geplant, so werden die gebuchten Istkosten (z. B. Reparaturkosten) im Verhältnis der Sollkosten in jeder Leistungsart auf Rüsten und Fertigen verteilt. Es entsteht ein mehr oder willkürliches Konstrukt, das die Kostenzurechnung verfälscht (vgl. Klenger/Falk-Kalms, 1998, 287). Die in der Maschinenplankostenrechnung postulierte Verwendung einer einzigen Bezugsgröße (Leistungsart) bewirkt demzufolge auch eine Vereinfachung in der Istkostenzurechnung und ist deshalb bei Werkstattfertigung vorzuziehen.

Kosten-durchsprache mit Prozessteam

Die Interpretation der Abweichungen ist Anlass für eine Kostendurchsprache mit dem Prozessteam. Hier stellen sich 2 Fragen:

- Ist der Ausweis einzelner Abweichungen und deren Ermittlung für das Prozessteam genügend transparent?

- Inwieweit können die Abweichungen vom Prozessteam beeinflusst werden?

Angesichts der komplizierten Abweichungsermittlung empfiehlt es sich, vorrangig die Gesamtabweichung (Einsatzabweichung) auszuweisen. Die Einzelabweichungen sollten dann fallweise Gegenstand der Kostendurchsprache sein, müssen jedoch vom Bereichscontroller interpretiert und dann nach Ursachen aufgegliedert werden.

Dabei kann eine kostenartenbezogene Abweichungsanalyse hilfreich sein (Abbildung 134).

Kostenart	Bezeichnung	LstArt	Partnerobjekt	Sollkosten	Kontrollkosten	Abweichung	Abw. (%)
Einsatzseite							
403000	Verbr. Hilfsstoffe			0,00	0,00	0,00	0,00
403000	Verbr. Hilfsstoffe	010		12,67	2.000,00	1.987,33	15.685,32
403500	Verbr. Betriebsst.	010		12,67	0,00	12,67-	100,00
404000	Ersatzteile			0,00	0,00	0,00	0,00
404000	Ersatzteile	010		90,92	6.000,00	5.909,08	6.499,21
416200	Stromkosten (var)	010		18,75	0,00	18,75-	100,00
420000	Fertigungs-Loehne	010		244,91	0,00	244,91-	100,00
430000	Gehaelter	010		308,69	0,00	308,69-	100,00
430900	Sonst.Aufw.u.Geh.cha	010		158,49	0,00	158,49-	100,00
440000	Gesetzl.soz.Aufwand	010		199,40	0,00	199,40-	100,00
452000	Instandh.Masch+Geraet	010		420,38	0,00	420,38-	100,00
470000	Raumkosten	010		83,42	0,00	83,42-	100,00
473130	Sonst. Kommunikat	010		191,88	0,00	191,88-	100,00
481000	Kalkul.Abschreibung	010		13.348,51	0,00	13.348,51-	100,00
483000	Kalkul. Zinsen	010		5.250,00	0,00	5.250,00-	100,00
*				20.340,69	8.000,00	12.340,69-	60,67

Abbildung 134: Abweichungsanalyse Kostenarten

Verrechnungsabweichungen sind vorrangig in Bezug auf die bisher erreichte Wertschöpfung sinnvoll. Sie sollten mit dem Prozessteam nicht näher diskutiert werden. Lediglich die erreichte Wertschöpfung ist in geeigneter Form vom Bereichscontroller zu interpretieren.

Im Rahmen der Kostendurchsprache stellt sich die Frage der Beeinflussbarkeit der Kosten: Bei dezentraler Fertigungsorganisation ist ein Umdenken hinsichtlich der Beeinflussbarkeit der Abweichungen angebracht:

Die vorherrschende Ansicht, der Stellenverantwortliche sei für Preisabweichungen nicht verantwortlich (vgl. Coenenberg, 1992, 353 und Weber, 1998, 145) ist im Profit- oder Cost-Center bedingt zutreffend. Beispielsweise kann durch Einsatz energiesparender Dispositionsmaßnahmen (Vermeiden von Leistungsspitzen beim Stromverbrauch durch geeignete Arbeitsorganisation) oder durch make-or-buy-Entscheidungen bei Instandhaltungsleistungen, aber auch durch dispositive Maßnahmen zur Vermeidung teurer Überstundenzuschläge auf die Preise kurzfristig Einfluss genommen werden. Allerdings haben einige Preisbestimmungsfaktoren durchaus exogenen Charakter (z. B. Lohnfaktoren, Akkordrichtsätze).

Intensitätsabweichungen zeigen nicht selten Motivationslücken bei den Mitarbeitern. Hier sind vor allem Maßnahmen der Arbeitsstrukturierung angezeigt: Job enrichment mit der inhärenten Selbstverantwortung des Werkers und job enlargement mit entsprechend großen Arbeitsinhalten sind Strukturmerkmale in dezentral organisierten, eigenverantwortlich betriebenen Fertigungssystemen, die erfahrungsgemäss die Leistung und damit den Zeitgrad erhöhen. Eine Verringerung von Intensitätsabweichungen durch Leistungsentlohnung ist üblicherweise aufgrund des notwendigen Regelwerkes (Betriebsvereinbarungen, Vereinbarungen der Tarifpartner) nicht ohne äussere Mithilfe realisierbar, liegt jedoch teilweise auch im Einflussbereich des Processowners (Gruppensprecher). Dabei sind dem hohen Automatisierungsgrad angemessene Leistungslohnsysteme zu etablieren.

Abbildung 135 zeigt mögliche Maßnahmen und den Grad der Beeinflussbarkeit durch das Prozessteam.

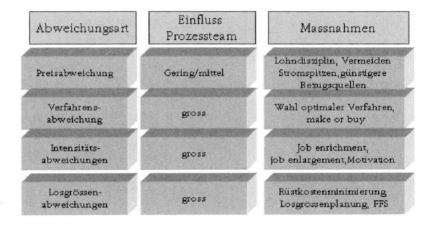

Abbildung 135: Beeinflussung der Abweichungen

5.2   Produktkostencontrolling

Prozessparameter

Im Gegensatz zum Kostenstellencontrolling bezieht das Produktkostencontrolling die Prozessparameter Stückliste, Arbeitsplan, Betriebsmittel, Losgröße in die Bewertung ein. Dazu bedarf es des kompletten Mengengerüsts der Auftragsabwicklung. Der Aufwand zur Installation des Produktcontrollings ist deshalb beträchtlich. Im R/3-System sind hierzu die Module PP , MM und CO erforderlich.

Durch diese Mengenbasis wird das Produktkostencontrolling zum wichtigen Informationslieferanten für zahlreiche Funktionen und Entscheidungen im Unternehmen (Abbildung 136).

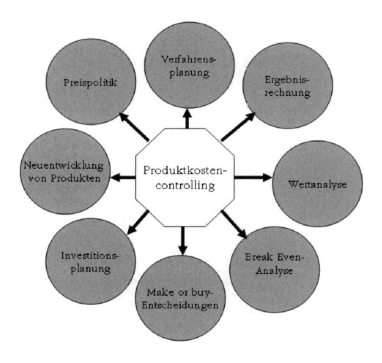

Abbildung 136: Produktkostencontrolling als Entscheidungsgrundlage

Durch das Mengengerüst als Basis des Produktkostencontrollings
wird die Gefahr einseitiger Orientierung auf Kostengrößen (Wildemann, 1994, 324) vermieden. Produktkosten haben deshalb
ein breiteres Einsatzfeld als Kostenstellenkosten.

**Plan-
kalkulation**

Der Kostenplanung der Stelle im Kostenstellencontrolling ent-
spricht die Plankalkulation im Produktkostencontrolling. In Unternehmen mit komplexen Produkten (Anlagen, Werkzeugmaschinen) wird dazu bevorzugt eine Parallelkalkulation zu Voll-
und Teilkosten angewandt (vgl. Vikas, 1996, 679). Die Art der
Kalkulation ist zweckabhängig: Kurzfristige Entscheidungen be-
dürfen einer Teilkostenkalkulation, die auf der Basis des Verursachungsprinzips wichtige Daten für die Programmplanung, Verfahrensentscheidungen, Preisuntergrenzenbestimmung liefert.
Die parallel durchzuführende Vollkostenkalkulation geht dagegen vom Tragfähigkeitsprinzip aus und gibt Hinweise zur langfristigen Fixkostendeckung, zur langfristigen Programmplanung,

zur Investitionsplanung und für langfristige make-or-buy-Entscheidungen. Hier sind allerdings Entscheidungen auf der Grundlage dynamischer Investitionsrechnungen vorzuziehen.

Teilkosten für kurzfristige Entscheidungen

Die verursachungsgerechte Plankalkulation verwendet Maschinenkosten statt Lohngemeinkosten und ist eine Platzkostenkalkulation (vgl. Abschnitt 4). Abbildung 137 zeigt den Aufbau der Plankalkulation nach diesem Prinzip.

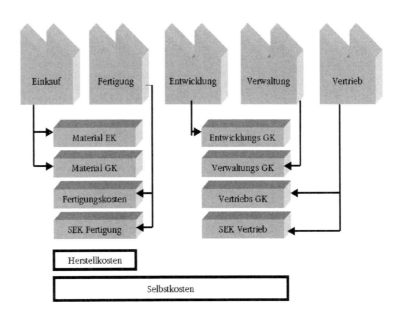

Abbildung 137: Kalkulationsschema bei Maschinenplankosten-rechnung

Kalkulations-schema

Die Anpassung des Kalkulationsschemas erfolgt im Customizing des Systems R/3. Hierfür stehen umfangreiche Anpassungsmöglichkeiten zur Verfügung (Abbildung 138). So kann neben dem Kalkulationsschema selbst auch die Höhe der Gemeinkostenzuschläge eingestellt werden.

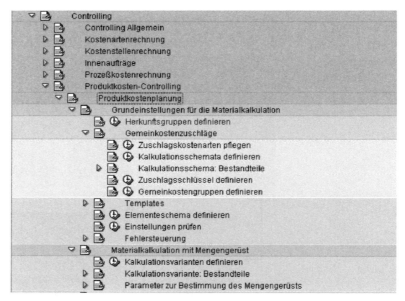

Abbildung 138: Customizing Kalkulation

Das Kalkulationsschema gliedert sich in Basis-, Zuschlags- und Summenpositionen (Abbildung 139).

Customizing Kalkulation

Die Basisposition *Material* (Zeile 10) sammelt die Materialeinzelkosten des Werkstückes. Die Basisposition *Fertigung* (Zeile 40) enthält die Maschinenkosten aus Belegung * Tarif.

Der Materialgemeinkostensatz (Zeile 20) wird als Prozentsatz auf Zeile 10 bezogen. Der Fertigungsgemeinkostensatz(Zeile 50) erhält bei Maschinenkalkulation den Wert 0 oder einen geringen Restwert.

Zeilen 30 und 60 sind Summenpositionen.

Eine Position für Sondereinzelkosten der Fertigung ist hier nicht vorgesehen, da im Beispiel des FFS keine Spezialwerkzeuge und Vorrichtungen verwendet werden.

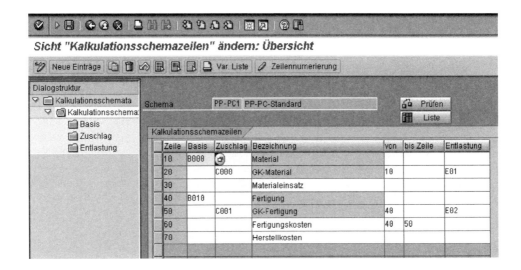

Abbildung 139: Customizing Kalkulationsschema

Die anfallenden Produktkosten werden über die in Abbildung 125 gezeigte Verrechnungskostenart (z.B. 640100) an die jeweilige Position des Kalkulationsschemas (z. B. Zeile 40 in Abbildung 136) übertragen. Die Verknüpfung erfolgt im Customizing (Abbildung 140)

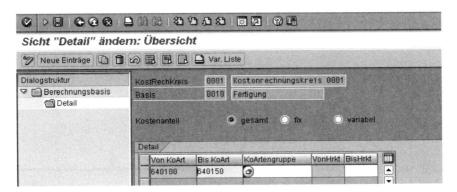

Abbildung 140: Direkte Leistungsverrechnung der Fertigungskosten

Gemein-kostensätze

Anschliessend werden die Gemeinkostensätze eingestellt. Im Beispiel ist ein Restfertigungsgemeinkostensatz von 15 % als Planzuschlag eingestellt (Abbildung 141).

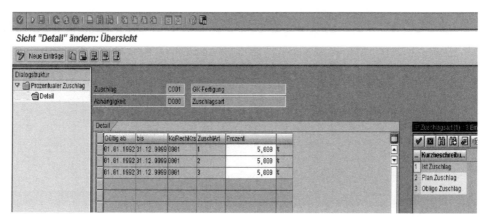

Abbildung 141: Beipiel Einstellung Gemeinkostensätze

Die Plankalkulation (Produktkalkulation) verwendet das Mengengerüst im System R/3 in Form von Arbeitsplänen, Kostenstellen mit Tarifen, Stücklisten und Artikeldaten (Materialstämme) (Abbildung 142).

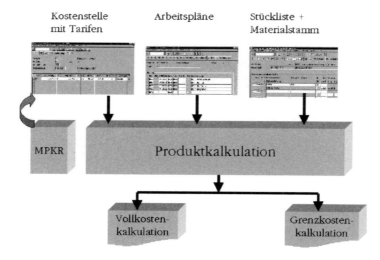

Abbildung 142: Struktur der Produktkalkulation

**Mengengerüst
Plan-
kalkulation**

Die für die Kalkulation verwendeten Kostensätze (Tarife) sind Ergebnis des Kostenstellencontrollings. Der Bewertungsansatz für die Werkstoffe erfolgt mit dem Standardpreis aus dem dem Materialstamm (Buchhaltungssicht).

Hindernis auf dem Weg zu verursachungsgerechten Kalkulationen sind auf Fertigungsgruppen bzw. Großkostenstellen gerichtete Arbeitsgangdefinitionen (z. B. Fertigen auf FFS, Vordrehen in Dreherei). Verfahrensplanung, Produktgestaltung, Wertanalyse, Produktkostencontrolling erhalten dann unscharfe Kosteninformationen, die als Entscheidungsgrundlage nicht geeignet sind.

Arbeitsplan

Auf die Klärung der Beziehungen zwischen Arbeitsplan, Arbeitsplätzen, Kostenstellen, Produkten ist deshalb besonderer Wert zu legen. Dies betrifft insbesondere die Arbeitsplanung.

5.2.1   Controllinggerechte Arbeitsplanung

Der Arbeitsplan mit den Arbeitsgängen ist das Abbild des Fertigungsprozesses. In einem prozessnahen Produktkostencontrolling erhält er eine herausragende Bedeutung. Die im Arbeitsplan dokumentierte Planung des Arbeitsablaufes umfasst Mengendaten und Wertdaten. Im ERM[30]-Diagramm nach Chen zeigt sich folgende Beziehungsstruktur, wobei auf Kardinalitäten verzichtet wird (Abbildung 143):

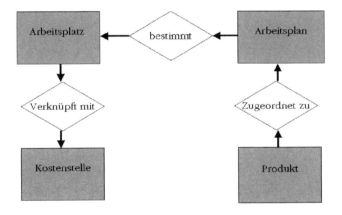

Abbildung 143: Objektbeziehungen in der Produktkalkulation

**Objekt-
beziehungen**

Das zu fertigende Produkt ist unter der Prämisse gegebener geometrisch/technologischer Bedingungen und der Losgröße genau

---

30 ERM - Entity Relationship Model.

einem Arbeitsplan zugeordnet. Der Arbeitsplan belegt wiederum genau einen Arbeitsplatz. Der Arbeitsplatz wird über die Verknüpfung mit der Leistungsart (vgl. Abbildung 55) genau einer Kostenstelle zugeordnet.

Die Kostenstelle liefert die Kostensätze (Tarife) an den mit der Verknüpfung zugeordneten Arbeitsplatz. Der Arbeitsplatz bewertet die im Arbeitsplan definierten Belegungszeiten des Arbeitsganges mit diesen Tarifen. Diese Arbeitsgangkosten gehen in die Produktkosten (Fertigungskosten) ein.

Anforderungen

Der Arbeitsplan ist das Datenobjekt, das ein genaues Abbild des Fertigungsprozesses vermittelt. Aufgrund seiner zentralen Funktion in der Produktkostenrechnung sind deshalb aus der Sicht des Produktionscontrollings Anforderungen an die Plausibilität zu stellen:

- Der Arbeitsplan sollte als Prozessabbild den Fertigungsprozess hinreichend genau beschreiben (Reihenfolge, Vollzähligkeit der Arbeitsgänge, Zuordnung der Maschinen, Vorrichtungen,Werkzeuge).

- Durch die Forderung nach Berücksichtigung produktspezifischer Parameter (Produktabbild) geht der Arbeitsplan auf geometrisch-technologische Parameter des zu fertigenden Produktes ein. Qualitätsanspruch und Geometrie bestimmen die Parameter des CNC-Programmes und sind unmittelbar kostenrelevant. Im Rahmen von CAP (Computer Aided Planning) werden diese Beziehungen in der rechnergestützten Arbeitsplanung umgesetzt (vgl. Haasis, 1993, 96ff).

- auftragsspezifische Parameter sind zu berücksichtigen (Losgrößenbereiche, kundenspezifische Anforderungen).

- Zeitplausibilität fordert vom Arbeitsplan die genaue Angabe der Zeit pro Einheit und der Rüstzeit unter Berücksichtigung der Regeln zur Vorgabezeitbestimmung z. B. nach REFA.

- Kostenplausibilität erfordert, dass Maschinen exakt spezifiziert und nicht mit Durchschnittskostensätzen bewertet werden.

- Verfahrensentscheidungen (z. B. fertigen mit oder ohne Vorrichtung) sollten durch unterschiedliche Arbeitsgangbezeichnungen bzw. durch Variantenarbeitspläne dokumentiert werden (Verfahrensplausibilität). Nur so lassen sich Verfahrensentscheidungen kontrollieren und Kostengrößen für spätere Optimierungsmaßnahmen (Triggerfunktion der Kosten) nutzen.

5.2.2   Produktkalkulation

Kalkulations-formen

Die Produktkostenkalkulation kann in zahlreichen Ausprägungen erstellt werden (vgl. Friedl/Hilz/Pedell, 2002, 83ff). Nach dem Umfang der Kalkulation ist zu unterscheiden zwischen

*   Herstellkostenkalkulation oder

*   Selbstkostenkalkulation.

Nach dem Objekt der Kalkulation:

*   Erzeugniskalkulation mit Mengengerüst

*   Bauteilekalkulation ohne Mengengerüst.

Nach der Verwendung der Kalkulation:

*   Mitlaufende Kalkulation

*   Plankalkulation

*   Istkalkulation.

Die Herstellkostenkalkulation umfasst Material- und Fertigungskosten für die gewählte Losgrösse, Stücklisten und Arbeitspläne. Sie kann durch Aufreissen der Position bis zum Arbeitsgang detailliert werden. Die Herstellkostenkalkulation ist die Basiskalkulation für die Prozessebene. Sie zeigt zunächst den Summenwert mit Voll- und Teilkosten (Abbildung 144 oben).

Die Selbstkosten werden dem Prozessteam nicht offengelegt, deshalb mit dem Herstellkostenwert ausgegeben.

Im Aufriss der Herstellkostenkalkulation wird jeder Arbeitsgang mit je einer Kostenzeile für Rüsten und Fertigen aufgeführt (Abbildung 144 unten). Das Rohmaterial wird in Position 3, die Materialgemeinkosten in Position 10 ausgewiesen. Die Fertigung wird in gesamte und fixe Kosten entsprechend den Tarifen der Kostenstelle aufgesplittet. Bei der Maschinenplankostenkalkulation können die Fertigungsgemeinkosten auf einen Restsatz (hier noch 5 % der Fertigungskosten) reduziert werden (Position 11) oder ganz entfallen.

Das Ergebnis der Plankalkulation kann einmal pro Periode als Kalkulationssatz in den Materialstamm des Produktes übernommen werden Das Vorgehen ist in Friedl/Hilz/Pedell (2002, 133ff.) ausführlich dargestellt.

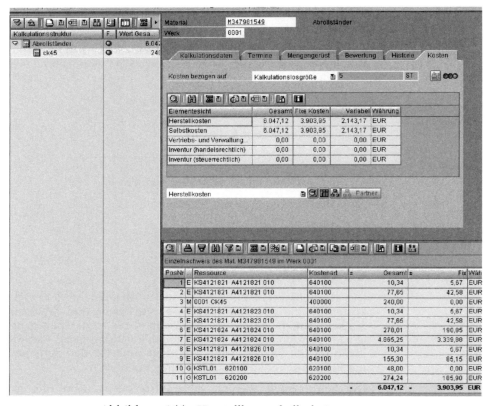

Abbildung 144: Herstellkostenkalkulation

Grafische Darstellungen dienen u.a. zur Verdeutlichung der Kostenstruktur (Abbildung 145), hier mit hohem Fixkostenanteil.

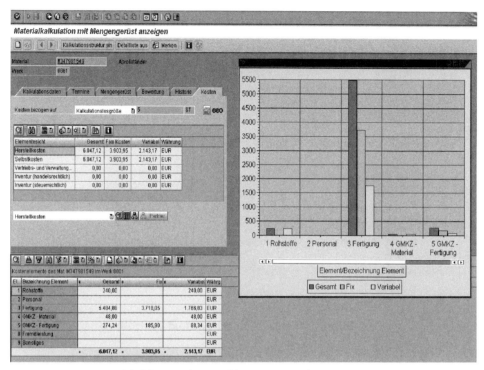

Abbildung 145: Grafik Kostenstruktur

5.2.3 Auftragsbezogenes Produktkostencontrolling

Aufwand senken

Steht bei der Großserienfertigung mit seiner homogenen Auftragsstruktur die periodische Kontrolle der Produktkosten im Vordergrund, so interessiert bei flexibler Fertigung vor allem das einzelne Auftragsergebnis. In der gegebenen Losfertigung heterogener Produkte sind Produktkosten *und* Auftragskosten zu analysieren. Beide werden im auftragsbezogenen Produktkostencontrolling zusammengefasst. Hierbei bildet die Plankalkulation die Kostenvorgabe pro Auftrag-/Produktkombination. Die Kosten sind wahlweise periodisch pro Produkt (über alle gefertigten Aufträge) oder einzeln pro Auftrag zu analysieren. Die Produktkostenkontrolle verlangt eine exakte Erfassung der Verbrauchs- und Prozessdaten und ist demzufolge aufwendiger als das Kostenstellencontrolling. Deshalb ist eine fallweise einer durchgängigen Produktkostenkontrolle vorzuziehen. Wiederum am Produktportfolio orientiert werden so vor allem Poor Dog-, Question Mark- und teilweise Cash Cow-Produkte nur stichprobenartig überwacht. Anlass zur Auftragskontrolle können vor allem in der

Vergangenheit vorgenommene Verfahrensumstellungen oder auch Hinweise auf Unwirtschaftlichkeiten sein.

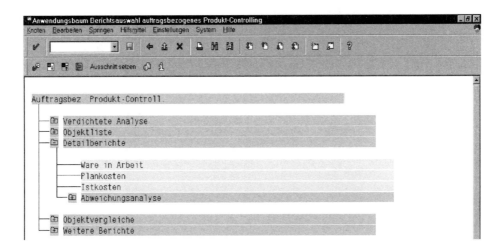

Abbildung 146: Analysen im Produkt-Controlling

Neben der analog zur Kostenstellenrechnung praktizierten Abweichungsanalyse stellt R/3 eine Reihe von Einzelanalysen zur Verfügung (Abbildung 146).

Im System R/3 erfolgt diese fallweise (auftragsbezogene) Abweichungsanalyse der Produktkosten in Form der Einzelbearbeitung, die periodische Kontrolle dagegen als Summenverarbeitung.

Ablauf   Der Ablauf: Im Rahmen des produktbezogenen Auftragscontrollings erfolgt nach Abschluss des Auftrages eine vorgangsbezogene Rückmeldung der für die Leistungsart gebrauchten Istzeiten. In der R/3-Rückmeldemaske werden die gebrauchten Zeiten eingegeben (vgl. Abbildung 130). In Sonderfällen kann auch eine Auftragsbebuchung im Modul CO erfolgen. Die ermittelten Istzeiten werden mit dem Plantarif der Kostenstelle bewertet, um die ausgefassten Materialien ergänzt (bewertet mit dem Standardpreis in der Buchhaltungssicht des Materialstammes), letztere noch mit dem eingestellten Gemeinkostensatz für das Material beaufschlagt. Die so ermittelten Istkosten sind die Basis der produkt- und auftragsbezogenen Kostenabweichung (Abbildung 147).

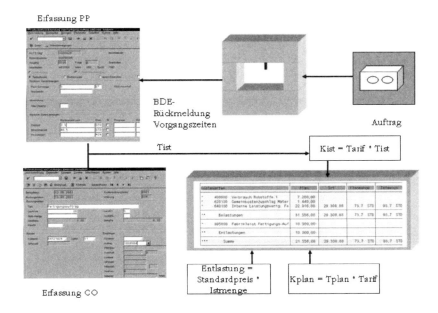

Abbildung 147: Ablauf der Produkt- und Auftragskostenkontrolle

Die Erfassung der Istzeiten erfolgt über die BDE-Maske (Abbildung 130). Aus Istzeit und Tarif werden dann die Istkosten errechnet und die Abweichungen ermittelt.

**Istkosten-
ermittlung**

Nach erfolgter Rückmeldung und Ermitteln der Ware in Arbeit erfolgt die Abweichungsermittlung. Dabei sind 2 Formen des Kostenvergleiches zu unterscheiden:

**produktions-
bedingte
Abweichung**

- Die Plankosten der tatsächlich gefertigten Stückzahl (Losgröße) werden mit den Istkosten verglichen. Diese Abweichung wird in R/3 als *produktionsbedingte Abweichung* definiert. Die an das Ausgangslager gelieferte Menge wird mit dem im Materialstamm hinterlegten Standardpreis bewertet, der Auftrag damit buchmässig entlastet und der Lagerbestand wertmässig um diesen Betrag erhöht.

**dispositions-
bedingte
Abweichung**

- Die Plankosten der vor Fertigungsbeginn geplanten Losgröße werden mit den Istkosten verglichen. Durch Verändern der geplanten Auftragsparameter (z. B. Losgröße) ergibt sich eine *Dispositionsabweichung*. Der Kostenvergleich addiert Produktions- und Dispositionsabweichungen zur *Gesamtabweichung*. Diese Form der Abweichungsermittlung ist

197

dann zweckmässig, wenn das Prozessteam Dispositions-
kompetenz (z. B. Losgrößen) besitzt.

Neben der genannten Vorgehensweise sind weitere Abwei-
chungsvarianten möglich (siehe Teufel/Röhricht/Willems,
2000, 376). Abbildung 148 zeigt beispielhaft eine Abweichungsermittlung für einen Fertigungsauftrag als produktionsbedingte
Abweichung.

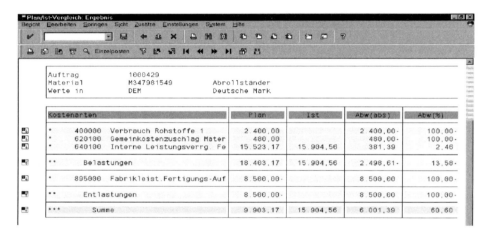

Abbildung 148 Abweichung Produktkosten/Auftragskosten

Die an das Auslieferungslager gelieferte Menge wird mit den im
Materialstamm hinterlegten Standardpreisen bewertet und dem
Fertigungssystem als Fabrikleistung gutgeschrieben (Abbildung
148).

Im Beispiel zeigt die interne Leistungsverrechnung die Plankosten aus Belegungszeit im Arbeitsplan multipliziert mit der Planmenge und dem Plantarif aus der Kostenplanung. Im Ist werden
die rückgemeldeten Iststunden mit dem Tarif bewertet. Material
ist im Beispiel noch nicht ausgefasst.

Wie im Kostenstellencontrolling können auch im Produktkostencontrolling verschiedene Abweichungskategorien (Einsatzabweichung, Verrechnungsabweichung) und deren Komponenten
(Preisabweichung, Losgrößenabweichungen usw.) unterschieden
werden. Dies ist im Regelfall vorwiegend bei Großserienfertigung
sinnvoll.

Weitergehende Auftragsanalysen ermöglicht das im nächsten Kapitel dargestellte Logistik-Informations-System.

5.3   Operatives Verfahrenscontrolling

Maßnahmen

Hauptaufgabe des operativen Verfahrenscontrollings ist die optimale Planung und Kontrolle der getroffenen Verfahrensentscheidungen: Das Prozessteam disponiert das erforderliche Material nach Art, Menge und Zeitpunkt. Es koordiniert den Werkzeugeinsatz, z. B. durch Beschaffung der Werkzeuge in der zentralen Werkzeugverwaltung und bestückt die Werkzeugspeicher der Maschinen. Durch autonome Personaldisposition wird u. a. das Bedienungsverhältnis festgelegt. Durch Abarbeiten der Warteschlange vor dem Fertigungssystem bestimmt das Team die Auftragsreihenfolge mit Hilfe von Prioritätsregeln. Sofern kurzfristige Verfahrensalternativen bestehen, legt das Team die zu belegende Maschine und auch die Losgrößen fest. Teilweise sind auch Technologieparameter wie z. B. die Schnitt- und Vorschubgeschwindigkeiten zu optimieren, beispielsweise im Zusammenhang mit der werkstattorientierten Programmierung (WOP). Für die genannten Maßnahmen muss zumindest der Teamsprecher über entsprechende Zugriffsrechte auf das ERP-System und über die betreffenden Kosteninformationen verfügen. Entscheidungskriterium sind die variablen Fertigungskosten/Los (bei vorhandenen Maschinen), entnommen aus der Arbeitsgangkalkulation Die folgende Abbildung zeigt das Entscheidungsproblem der Verfahrenswahl bei vorhandenen Maschinen.

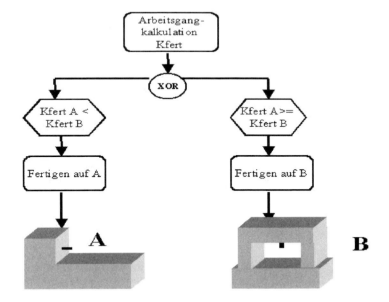

Abbildung 149: Verfahrenswahl bei vorhandenen Maschinen

Kurzfristige Verfahrenswahl mit variablen Arbeitsgangkosten

Die Verfahrensplanung bedient sich der Arbeitsgangkalkulation. Die Fertigungskosten beinhalten hier nur variable Kosten und ggfs. abbaubare Fixkosten. Die Kalkulation liefert Informationen für den Optimierungsprozess in der Fertigung, aber auch für Entscheidungen im Produktdesign (CAD) und in der wertanalytischen Optimierung. Solche Kalkulationen lassen sich ausserhalb der Regelkalkulationen durchführen. Sie ermöglichen dem Prozess-Team die unkomplizierte Bewertung der dezentral getroffenen Entscheidungen am Fertigungssystem (Abbildung 150).

Online-Bewertung notwendig

Diese Bewertung muss online erfolgen. Zur Sicherung der Kostenführerschaft im Fertigungssystem ist insbesondere die schnelle kalkulatorische Simulation von Konstruktions- und Fertigungsalternativen gefragt.

Ferner hängt die Argumentation des Produktionscontrollings gegenüber der Kostenstelle von der Fähigkeit ab, im Dialog alternative Verfahren zu kalkulieren, um z. B. Unwirtschaftlichkeiten aufzudecken. Auch hierzu ist die Arbeitsgangkalkulation gedacht.

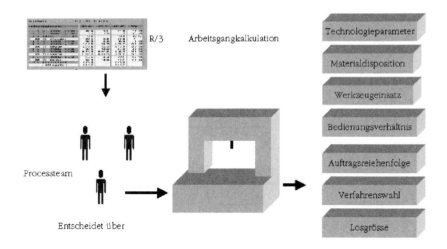

Abbildung 150: Selbstoptimierung unterstützt durch Arbeitsgangkalkulationen

Maßnahmen zur Rüstkostenminimierung gehören heute zum Repertoire des Produktionsunternehmens mit komplexer Fertigung. Zur Bewertung dieser Maßnahmen sind detaillierte Arbeitsgangkalkulationen mit gesondertem Rüstkostenanteil und schneller

Simulation der Losgrößen in Form von Alternativkalkulationen erforderlich.

Die Überprüfung der Verfahrensentscheidungen erfolgt wiederum über eine arbeitsgangbezogene Abweichungsanalyse nach Auftragsabschluss (Abbildung 151).

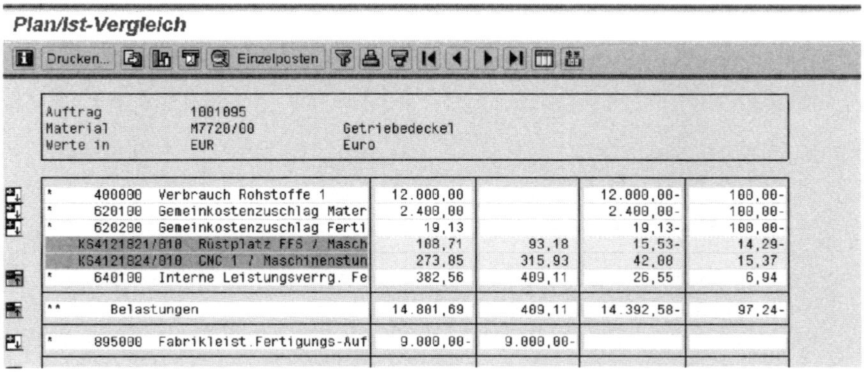

Auftrag	1001095	
Material	M7720/00	Getriebedeckel
Werte in	EUR	Euro

* 400000 Verbrauch Rohstoffe 1	12.000,00		12.000,00-	100,00-
* 620100 Gemeinkostenzuschlag Mater	2.400,00		2.400,00-	100,00-
* 620200 Gemeinkostenzuschlag Ferti	19,13		19,13-	100,00-
KS4121821/010 Rüstplatz FFS / Masch	108,71	93,18	15,53-	14,29-
KS4121824/010 CNC 1 / Maschinenstun	273,85	315,93	42,08	15,37
* 640100 Interne Leistungsverrg. Fe	382,56	409,11	26,55	6,94
** Belastungen	14.801,69	409,11	14.392,58-	97,24-
* 895000 Fabrikleist.Fertigungs-Auf	9.000,00-	9.000,00-		

Abbildung 151: Arbeitsgangbezogene Abweichungsanalyse

Seltener sind vom Prozessteam make-or-buy-Entscheidungen zu treffen. Kurzfristig können sie zu variablen Fertigungskosten bewertet werden (vgl. Hummel/Männel, 1993, 117). Dazu sind die variablen Fertigungs- bzw. Herstellkosten bei Eigenfertigung in einer Arbeitsgangkalkulation im System R/3 zu ermitteln. Ggfs. werden noch abbaubare Fixkosten hinzuaddiert. Durch Vergleich mit dem Preis bei Fremdbezug lässt sich dann die optimale Bezugsart feststellen.

Bei langfristigen Outsourcing-Entscheidungen kann mit Hilfe der Vollkosten bei Eigenfertigung eine Vorentscheidung über die Bezugsart getroffen werden. Eine fundierte Entscheidung ist hier erst nach Durchführung einer dynamischen Investitionsrechnung sowie zusätzlicher nicht quantifizierbarer Überlegungen durchführbar (vgl. Kapitel 7).

6 Leistungscontrolling

Das Leistungscontrolling dient der Planung und Überwachung der Zeit-, Termin-, Kapazitäts- und Bestandsgrößen. Kernaufgaben sind die Überwachung der Durchlaufzeiten der Fertigungsaufträge, der Abweichungen zwischen Soll- und Ist-Terminen, die Kontrolle der Nutzung der Maschinen und Arbeitsplätze sowie der mit der Fertigung verbundenen Lagerbestände. Zielrichtung des Leistungscontrollings ist die Verbesserung der Kunden- und Finanzperspektive des Unternehmens. Das Leistungscontrolling entfaltet somit operative und strategische Wirkungen.

6.1 Termin- und Durchlaufzeitcontrolling

Bei der Gestaltung moderner Fertigungsstrukturen wird die einseitige Fixierung auf die Produktivität zugunsten einer Prozessoptimierung der Wertschöpfungskette aufgegeben. Das Leistungscontrolling ist strategisch vor allem an der Kundenperspektive auszurichten. Dies geschieht durch Einbeziehung des Faktors *Zeit* in das Controlling (Wildemann, 1994, 326f). Neben der Belegungszeit rückt hier die Durchlaufzeit als Zielgröße in das Blickfeld des Controllers: Durchlaufzeitreduzierung ist *das* zentrale Ziel des Hauptprozesses *Fertigen*. Nicht umsonst setzen ca. 25% von 70 befragten mittelständischen Firmen dieses Ziel an die erste Stelle des fertigungswirtschaftlichen Zielbündels (Glaser/Geiger/Rohde, 1991, 305).

Durchlaufzeit-reduzierung

Die Konzentration auf die fertigungsbedingte Auftragsdurchlaufzeit ist hierbei zu eng gefasst: Die Informationsdurchlaufzeit, die Wiederbeschaffungszeit und die Lieferzeit sind gleichfalls in die Zeitminimierung einzubeziehen (Wildemann, 1994, 333).

GANTT-Plan

Am Beginn einer Strategie zur Durchlaufzeitreduzierung steht die Analyse der Istdurchlaufzeiten. Mit dem in Abschnitt 3.7 gezeigten Gantt-Plan und dem Elektronischen Leitstand (vgl. 3.8) verfügt der Controller über ein wirksames Mittel zur Visualisierung von Plan-Durchlaufzeiten und deren Komponenten und deren Vergleich mit den Ist-Durchlaufzeiten. Durch die einfache Art der Darstellung kann auch den Prozess-Agenten die Problematik der Durchlaufzeit vermittelt werden.

Netzplan   Für die Darstellung mehrstufiger, komplexer Auftragsstrukturen (z. B. Montageaufträge für Werkzeugmaschinen) und ihrer Terminsituation eignet sich die Netzplandarstellung. Arbeitsgänge werden als Knoten dargestellt, deren Reihenfolge geht aus den Kanten (Verknüpfungen) hervor. Die folgende Abbildung 152 zeigt das einstufige Produkt *Abrollständer* mit den Arbeitsgängen.

Abbildung 152: Auftragsnetzplan (Auszug)

Die Vorgangsknoten beinhalten die frühesten und spätesten Starttermine, die Arbeitsgangnummer und den Auftragsstatus. Der Hauptvorteil des Netzplanes besteht in der Darstellung der Auftragsstruktur, die ggfs. Paralellverarbeitungen und Überlappungen aufzeigt.

Maßnahmen   Maßnahmen zur Durchlaufzeitreduzierung und Termineinhaltung lassen sich am Produkt, am Prozess, an der Organisation und an der Informationstechnik festmachen (Abbildung 153). Sie werden in der Literatur umfassend behandelt (vgl. Wildemann, 1994, 327ff und Gollwitzer/Karl, 1998, 138ff).

Wesentlichen Einfluss auf die Durchlaufzeit hat die Produktgestaltung: Verringerung der Teilevarianz, der Teileanzahl, Produktmodularisierung, Verlegen des Variantenbestimmungspunktes zum Kunden hin (Postponing-Strategie) sind wesentliche Einflussfaktoren (vgl. Wildemann, 294, 290ff). Durch reduzierte Durchlaufzeiten kann ferner der sogenannte cash-to-cash cycle (Zeit vom Zeitpunkt der Materialzahlung bis zum Eingang der Kundenzahlung) reduziert werden, ein Beispiel für die Wirkung der Durchlaufzeit auf die Finanzperspektive (vgl. Kaplan/Norton, 1996, 58ff).

Durch frühzeitige Programmdispositionen in SCM können durchlaufzeitintensive Prozesse vorbereitet werden, so z. B. durch rechtzeitige Materialbeschaffung bei erhöhter Kundennachfrage. Insourcing oder Outsourcing unter Beachtung der Durchlaufzeiten, kleinere Losgrößen, Lossplitting, überlappende Fertigung sind weitere Maßnahmen, die allerdings immer im Zusammenhang mit Zielkonflikten zu beurteilen sind (z. B. kleine Losgröße – hohe Rüstkosten).

Prozessnahe Reaktionen auf Störgrößen, kürzere Durchlaufzeiten und verbesserte Termineinhaltung kennzeichnen die dezentrale Fertigungsorganisation. Arbeitsstrukturen mit erhöhter Mitarbeitermotivation zeigen signifikante Wirkungen.

In der Informationstechnik ist der Einsatz von EDIFACT und BtoB-KANBAN mit ihrer Wirkung auf die Beschaffungszeiten zu erwägen.

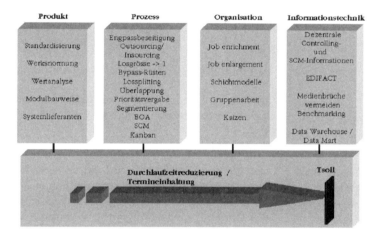

Abbildung 153: Maßnahmen zur Durchlaufzeitreduzierung und Termineinhaltung

OTD

In enger Beziehung zur Durchlaufzeit steht die Termineinhaltung (On-Time-Delivery). OTD ist direkt auf die Kundenperspektive gerichtet. Allerdings hängt die Bedeutung dieses Erfolgsfaktors von der Wettbewerbsstrategie ab.

Überwachung der Durchlaufzeit

Zur Überwachung der Durchlaufzeit verfügt das System R/3 in der Funktion *Auftragscontrolling* über eine Reihe von Standardabfragen. Beispielsweise können alle Aufträge für ein bestimmtes Material einem Soll-Ist-Vergleich unterzogen werden (Abbildung 154).

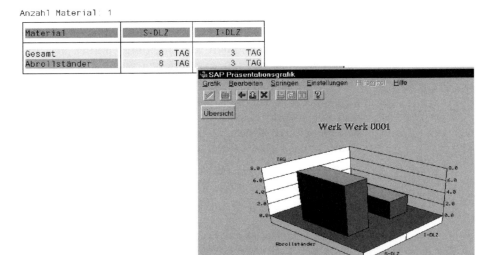

Abbildung 154: Soll-Ist-Vergleich Durchlaufzeit

Weitergehende   Auswertungen   sind   im   Logistik-
Informationssystem verfügbar (vgl. 6.4).

6.2   Kapazitätscontrolling

Externe und interne Wettbewerbs-fähigkeit

Die Finanzperspektive wird durch eine hohe Investnutzung im Produktionsvollzug wirksam unterstützt. Ferner verbessert eine optimale Kapazitätsnutzung auf Dauer die Kundenperspektive des Unternehmens. Demzufolge stellt die wirtschaftliche Nutzung der Anlagen eine Hauptaufgabe des Produktionscontrollings dar (vgl. Weber, 1991, 214). Sie bestimmt die externe und interne Wettbewerbsfähigkeit. Dies gilt vor allem für flexible Fertigungssysteme mit ihrer hohen Kapitalintensität, die eine kostenminimale Auslastung möglichst im 3-Schicht-Betrieb, ggfs. auch in werkerloser Fertigung, erfordert (vgl. Eichenmüller, 1987, 243). Nutzungserhöhungen zeigen bei diesen Fertigungssystemen signifikante Kostendegressionen. Die regelmässige Analyse der Auslastung kann somit als eine Hauptforderung an das Kapazitätscontrolling angesehen werden.

Kennzahlen

Wegen des Primats der Finanzperspektive sind monetäre Zielgrößen zur Investnutzung in Form des erwirtschafteten Deckungsbeitrages eines Fertigungssystems (vgl. 4.8) oder des Sytemergebnisses zielführender als reine Auslastungskennzahlen.

Dennoch besteht bei laufender Fertigung ein Informationsbedarf an nichtmonetären Kennzahlen zur Auslastung der Maschinen. Bei Serienfertigung von Teilen mit geringer Varianz stehen üblicherweise geeignete, auf der Ausbringungsmenge beruhende Kennzahlen zur Verfügung, wie z. B. die Stückzahl pro Maschinenstunde bzw. Werkerstunde. Die bei Werkstattfertigung mit flexiblen Fertigungssystemen vorherrschende große Teilevarianz erfordert allerdings andere Produktivitätskriterien. Hier sind vor allem Nutzungsgrade, Leerkosten/Periode, Umsatz/Mitarbeiter zu nennen. Da reine Zeitgrößen keine geeigneten Entscheidungsparameter sind, empfiehlt sich die Bewertung der Auslastung z. B. in Form von Leerkosten.

Leerkosten   Die Leerkosten ermitteln sich aus den fixen Tarifen der maschinenbezogenen Kostenstelle und den Leerstunden einer Periode aus der Auslastungsgrafik der Maschine (Abbildung 155).

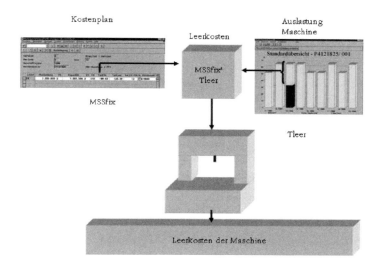

Abbildung 155: Leerkosten der Maschine

Optimized Productuion Technology (OPT)   Leerkostenüberlegungen können für die Engpassbeseitigung eingesetzt werden. Durch ein gezieltes Constraint Management, wie es bei der Methode der Optimized Production Technology (OPT) zur Anwendung kommt, lassen sich Degressionseffekte von Fixkosten mit gleichzeitiger Verbesserung des Fertigungsflusses erreichen. Dabei wird besonderes Augenmerk auf die Kapazitätserhöhung in Engpässen mit den daraus resultierenden Hebeleffekten gelegt (vgl. Wiendahl, 1987, 332ff). Wünschenswert ist auch hier eine pagatorische Bewertung der ungenutzten Kapazität, um resultierende kostenmässigen Konsequenzen zu erkennen (Abbildung 156) (vgl. Specht, 1996, 245).

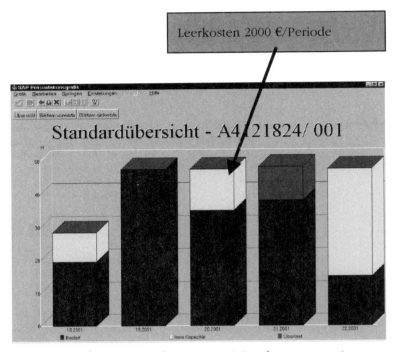

Abbildung 156: Kapazitätsdiagramm mit Leerkostenausweis

Geglättetes Kapazitäts-profil

Das effiziente Kapazitätscontrolling wird durch die in Abbildung 157 erwähnten Maßnahmen, Methoden und Instrumente erreicht. Angestrebt wird ein geglättetes Kapazitätsprofil.

Die Kapazitätsnutzung erhält über die Erfolgsfaktoren *Umsatz/Jahr*, *Deckungsbeitrag/Jahr oder Cash Flow/Jahr* eine ungleich größere strategische Bedeutung als über die klassischen Nutzungskennzahlen. Zur Durchsetzung der Unternehmenssstrategie ist deshalb vorrangig auf diese höherwertigen Kennzahlen abzuheben (vgl. Kapitel 7).

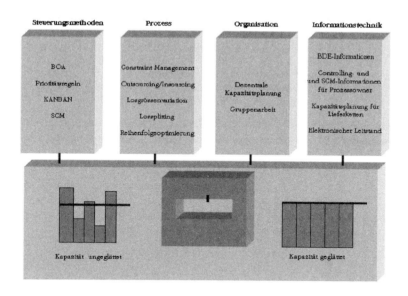

Abbildung 157: Maßnahmen im Kapazitätscontrolling

Ungenutzte Kapazitäten weisen auf Probleme in der Auftragssteuerung hin. Hier bieten sich Pull-Prinzipien zur Materialversorgung (KANBAN, JIT), alternative Freigabekonzepte (BOA) und die Verwendung von Prioritätsregeln an.

KANBAN-Steuerung
In der KANBAN-Steuerung sind Vorratsbildung der Bestände und Vorratsfertigung systemfremde Faktoren. Leerstehende Kapazitäten werden in Kauf genommen und dienen als Indikator für fehlende Kapazitätsabstimmung, sollen also kapazitive Abstimmmaßnahmen induzieren. Der Gefahr, Verbesserungen der Auslastung und der Durchlaufzeit durch Vorratsfertigung und dem damit verbundenen Aufbau von Beständen zu erkaufen (vgl. VDMA, 1993), kann durch Anwendung der belastungsorientierten Auftragsfreigabe (BOA) begegnet werden. Durch eine Belastungsgrenze und der kontrollierten Freigabe neuer Aufträge lässt sich ein Bestandsaufbau vor der Maschine vermeiden (vgl Wiendahl, 1987, 148ff).

Prioritäts-regeln
Die Anwendung von Prioritätsregeln bei der Einlastung der Aufträge in Maschinen zielt primär auf Termineinhaltung, kann aber durchaus auch kapazitive Wirkungen zeigen. So erwähnt Nebl (1996, 352) die Verbesserung der maximalen Kapazitätsauslas-

tung durch Verwendung der kürzesten Operationszeitregel (KOZ-Regel) bei der Prioritätenbildung von Fertigungsaufträgen.

Gruppenarbeit   Gruppenarbeit und Einbezug der Prozessbeteiligten in die dezentrale Kapazitätsplanung verbessern die Kapazitätsabstimmung.

Durch frühzeitige Informationen aus der Lieferkettenplanung (Programmplanung) in SCM lassen sich interne Kapazitätsdispositionen rechtzeitig treffen.

Elektronischer Leitstand (ELS)   Die kurzfristige Abstimmung von Kapazitätsbedarf und Kapazitätsangebot stellt aufgrund der Komplexität hohe Anforderungen an Mitarbeiter und Planungsinstrumente. Hier erweist sich wiederum der in Abbildung 84 dargestellte Elektronische Leitstand (ELS) im System R/3 als geeignetes Controlling-Mittel, um

- die Kapazitätssituation zu erkennen,

- Auftragsreihenfolgen zu simulieren,

- alternative Einlastungen zu erproben,

- auf Störungen des Kapazitätsangebotes zu reagieren.

Im letzten Punkt hat der Kapazitätsplaner im Prozessteam die Wahl zwischen einer Vorwärts- und Rückwärtseinplanung der Aufträge. So kann u. a. zum spätesten (vorzugsweise bei terminkritischen Produkten, wie Anlagenbau, Sondermaschinenbau) oder frühesten Termin (Produkte mit grösserer Termintoleranz wie z.B. Haushaltsgeräte, Serienmaschinen) eingeplant werden. Ferner kann über die Sicherheitzeit oder die im Arbeitsplan vereinbarte Wartezeit verfügt werden.

Rüstzeit-Interdependenzen zwischen den Aufträgen können bei der Einplanung ebenso berücksichtigt werden wie die Beplanung von Nichtarbeitszeiten (flexible Schichtmodelle).

Abbildung 158 zeigt den Aufruf alternativer Strategien im ELS.

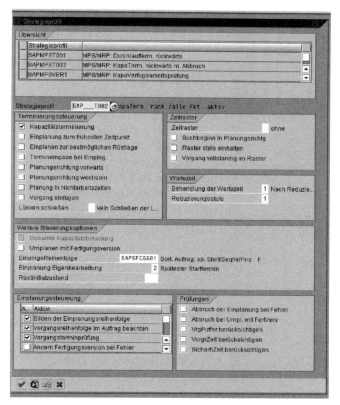

Abbildung 158: Einstellung der Strategien im ELS

Die Kapazitätssituation kann prioritätsbezogene Instandhaltungs-
arbeiten anstossen: Vorrang haben dann Arbeitsplätze mit hohen
Leerkosten. Wildemann (1987, 215) sieht hier angesichts eines
Anteils der Instandhaltungskosten von nahezu 10% ein wesentli-
ches Rationalisierungspotential.

**Economies
of Scale**

Die Kapazitätssituation korreliert mit Skalierungseffekten: Coenenberg (1992, 198) definiert ein Erfolgsparadigma in der Wettbewerbsstrategie der Kostenführerschaft derart, dass der Kosten-
führer solange erfolgreich ist, wie seine Einsparungen aus volu-
menabhängigen Kostendegressionen (*Economies of Scale*) größer
sind als die durch eine Differenzierung zusätzlich entstehenden
Kosten (*Economies of Scope*).

Ein Grundproblem besteht in der Quantifizierung dieser Skalie-
rungseffekte. In operativer Sicht kann das Kapazitätscontrolling
mit der Bewertung von Auslastungsänderungen zur Lösung diese

Problems beitragen: Bei steigender Auslastung kann der zum wesentlichen Teil auf Fixkostendegression beruhende Effekt in der R/3-Kostenstellenplanung mit Hilfe der Veränderung der Leerkosten quantifiziert werden. Demgegenüber können Scope-Effekte mit der Prozesskostenrechnung bewertet werden.

6.3   Bestandscontrolling

Ziele des Bestands-controllings

Das Konzept der schlanken Fertigung beruht auf einem fertigungsnahen Bestandscontrolling. Dies gilt insbesondere bei Großserienfertigern mit der Strategie der Kostenführerschaft. Bei Losfertigern auf flexiblen Produktionssystemen kann sich dagegen das Bestandscontrolling auf lagerkostenintensive Aufträge, also A-Teile nach dem Kriterium Kapitalbindung, beschränken.

Objekte des Bestandscontrollings sind vor allem die Zwischenläger, deren wesentliche Aufgabe die Pufferung zwischen den einzelnen Fertigungsstufen (z. B. zwischen Teilefertigung und Baugruppenmontage) sind. Das Controlling erfolgt vorrangig mit den Kennzahlen

- Umschlagshäufigkeit

- Servicegrad

- Anteil Lagerkosten zu Herstellkosten

- Anzahl Lagerbewegungen.

Wichtigste Kennzahl ist die Umschlagshäufigkeit

$$U = V_{tag} * N_{tage} / B_{mittel}$$

V_{tag} ist dabei der Tagesverbrauch, N_{tage} die Anzahl der Verbrauchstage pro Jahr und B_{mittel} der mittlere (durchschnittliche) Bestand eines Artikels. Dieser errechnet sich im Sägezahnmodell (Bestandsdiagramm) mit

$$B_{mittel} = B_{min} + B_{bestell}/2$$

B_{min} ist der im Durchschnitt vorhandene Mindestbestand, $B_{bestell}$ die Bestell- bzw. Anlieferungsmenge in das Lager.

Vorratsbildung führt zu unerwünschten, geringen Werten von U. Extremwerte ergeben sich beispielsweise bei *Lagerhütern* (U →0) und bei *Just-In-Time* und *KANBAN* (hohes U). Der Modul MM des Systems R/3 ermöglicht die Abfrage dieser Kennzahlen (Abbildung 159).

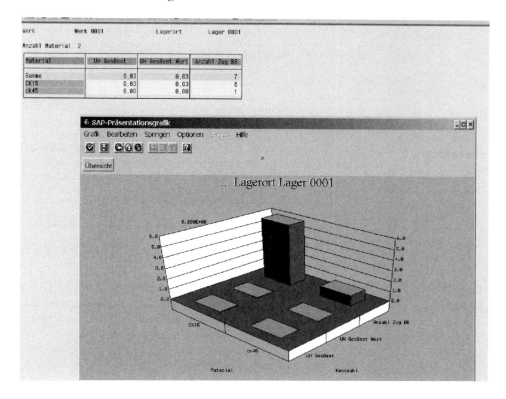

Abbildung 159: Umschlagshäufigkeit

Die Umschlagshäufigkeit zielt auf Verringerung des Umlaufvermögens in der Kapitalbindung im Unternehmen. Sie ist deshalb eine wichtige Einflussgröße der Finanzperspektive.

Die Planung des Lagerstandortes, die Positionierung in Zonen aber auch die Effizienz des Ressourceneinsatzes (Fördermittel, Personal, Informationstechnik) verlangt Informationen über die Materialflüsse in Form von numerischen und grafischen Bewegungsanalysen (Abbildung 160).

Weitergehende Auswertungen liefert das Logistik-Informations-System (LIS) in 6.4.

213

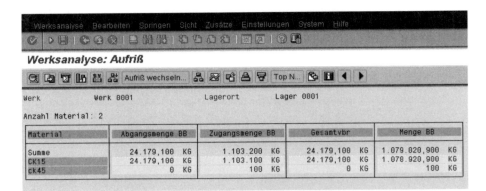

Abbildung 160: Lagerbewegungen tabellarisch

Servicegrad

Der Servicegrad zeigt die Verfügbarkeit der Lagerpositionen, gebildet aus der Zahl erfolgreicher Anforderungen Nerfolgreich:

$$SG = Nerfolgreich/Ngesamt * 100 \quad \%$$

Extremwerte sind 100% (Lager immer lieferfähig) bzw. 0% (Lager nicht lieferfähig).

Logistik-kosten

Setzen die Materialkennzahlen am gebundenen Kapital an, so versucht man mit Logistikkosten den Fertigungsprozess selbst zu bewerten. Die Fertigungskosten umfassen dabei nur einen Teil der mit dem Produktionsprozess verbundenen Kosten. Verstärkt wird deshalb eine angemessene Berücksichtigung der mit der Logistik verbundenen Kosten gefordert (Wildemann, 1994, 334).

Logistikkosten können dabei als *Kosten der Raumüberbrückung und Zeitüberwindung* definiert werden (Gollwitzer/Karl, 1998, 87). Wildemann gliedert die Logistikkosten in die mit der Lagerhaltung verbundenen Kostengruppen

- Personalkosten

- Betriebsmittelkosten

- Raumkosten

- Kapitalbindungskosten.

Die Problematik der Ermittlung der Logistikkosten wird vielfach diskutiert. Deren Einbau in das betriebliche Kostenrechnungssystem ist in der Praxis mit vielen Schwierigkeiten verbunden.

Ermittlung der Logistikkosten

In dezentral organisierten Fertigungssystemen mit weitgehender Materialverantwortung verlagern sich die Kosten der fertigungsnahen Bestände zunehmend in das Fertigungssystem. Es gibt zahlreiche Beispiele für die technische Einbeziehung der Lagereinrichtungen in das Fertigungssystem (Werkzeugmagazine, Rohmateriallager im Sägezentrum, Pufferlager im Fliesssystem). Diesbezügliche Kosten können dann mit der Maschinenplankostenrechnung geplant und überwacht werden.

Kapitalbindung der Lose

Das Logistikkostencontrolling konzentriert sich dann auf die durch die Durchlaufzeit bestimmte Kapitalbindung der Lose. Diese bestehen insbesondere aus den Kosten des Umlaufvermögens in der Produktion (work in process). Problematisch ist die Ermittlung von Kenngrößen, die zur Beeinflussung und Überwachung der mit der Auftragsdurchführung und deren Parametern gekoppelten Lager- und Distributionskosten dienen.

Durchlaufkoeffizient

Wildemann (1994, 339) schlägt deshalb zur Beeinflussung der Logistikkosten den Quotient aus Wertschöpfungszeit (Belegungszeit) und Durchlaufzeit als Kennzahl vor. Dies zielt direkt auf die Verringerung von Vor-, Nachliege- und Transportzeiten. Dadurch wird der Koeffizient verbessert, Kapitalbindung und Lagerkosten verringert. Dieser *Durchlaufkoeffizient* kann in R/3 im ELS (auftragsweise) oder im Logistik-Informationssystem (LIS) in Form einer flexiblen Analyse generiert werden (Abbildung161).

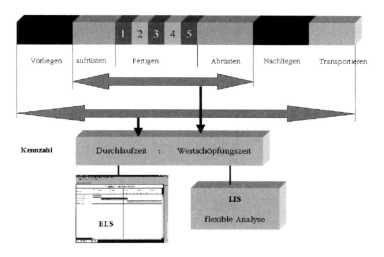

Abbildung 161: Durchlaufzeitquotient nach Wildemann

215

Allerdings ist zu beachten, dass eine Verlängerung der Bearbeitungs- und Rüstzeit zu einer scheinbaren Verbesserung des Quotienten führt.

MCE

Kaplan/Norton definieren mit der Manufacturing Cycle Effectiveness (MCE) den Kehrwert des o.g. Durchlaufzeitquotienten:

> **MCE = Processing time / Throughput time**

Er geht idealerweise gegen 1, der Prozess enthält dann nur noch wertschöpfende Anteile (Kaplan/Norton, 1996, 117ff).

Wertzuwachs-kurve

Einflussgrößen der Bestandskosten sind insbesondere die Durchlaufzeit der Produkte sowie die während dieser Durchlaufzeit gebundenen Werte, repräsentiert durch den Kostenzuwachs während des Produktionsprozesses (vgl. Wildemann, 1994, 336). Zwischen beiden Größen besteht ein Zusammenhang in Form der *Wertzuwachskurve*. Sie kumuliert die Herstellkosten entlang der Wertschöpfungskette, kann also mit Hilfe der Arbeitsgangkalkulation generiert werden (vgl. auch Gollwitzer/Karl, 1998, 166ff). Im folgenden wird davon ausgegangen, dass die Durchlaufzeit kurzfristig wirkt. Der Wertzuwachs geht deshalb von variablen Kosten laut Arbeitsgangkalkulation aus (Abbildung 162).

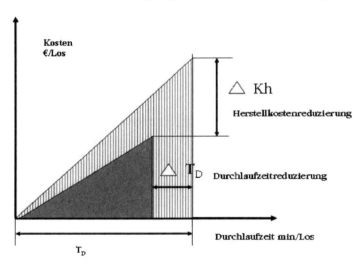

Abbildung 162: Wertzuwachskurve

Der Wert des Auftrages nimmt dann jeweils um die variablen Fertigungskosten des Arbeitsganges zu, um dann kumuliert die gesamten Herstellkosten aus der Kalkulation zu erreichen.

Kapital-Bindungs-koeffizient (KK)

Im Durchschnitt über die Durchlaufzeit des Auftrages sind ungefähr die halben Fertigungskosten zuzüglich des Eingangsmaterials des Loses gebunden (vgl. Gollwitzer/Karl, 1998, 118f).

Bezeichnet man diese Kapitalbindung während der Durchlaufzeit als *Kapitalbindungskoeffizient* (KK), so ergibt sich dessen Wert zu

$$KK = (Kmat + Kfert / 2) * Td$$

mit Kmat = variable Materialkosten/Los, Kfert = variable Fertigungskosten/Los, Td = Auftragsdurchlaufzeit.

Durchlaufzeitreduzierung und Verringerung der Herstellkosten sind Angriffsgrößen zur Verringerung der Kosten des im Prozess gebundenen Umlaufvermögens. Die Verringerung der Durchlaufzeit führt zum gleichen Effekt wie die Reduzierung der Herstellkosten. Diese Kennzahl zeigt einen mit Hilfe eines ERP-Systems gangbaren Weg auf der Grundlage des von Wildemann aufgezeigten Lösungsansatzes der Wertzuwachskurve.

Kapital-Bindungs-portfolio

Im Kapitalbindungsportfolio (Abbildung 163) sind bezüglich der Kostenbindung über die Durchlaufzeit prinzipiell folgende Auftragstypen zu unterscheiden:

- Kostenintensive Langläufer

- Kostenextensive Langläufer

- Kostenintensive Kurzläufer

- Kostenextensive Kurzläufer

Maßnahmen zur Logistikkostenreduzierung sollten sich vorrangig auf den Typ 1 (kostenintensive Langläufer) konzentrieren.

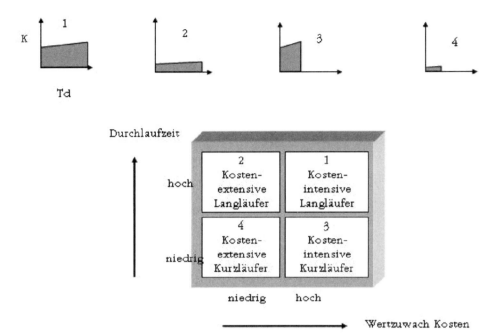

Abbildung 163: Kapitalbindungs-Portfolio

6.4   Logistik-Informationssystem

Aufbau

Die in den vorhergehenden Abschnitten beschriebenen Controllingobjekte (Maschinen, Aufträge, Produkte) sind Teil eines umfassenden Logistik-Informationssystem (LIS) in SAP-R/3. Damit können Informationen zu den genannten Objekten zielgenau abgefragt werden. Dieses Logistikinformationssystem ist funktional gegliedert (Abb 164).

PPIS

Der Informationsbedarf des Produktionscontrollings wird mit dem Fertigungsinformationssystem (PPIS) gedeckt. Das System erlaubt 2 Zugriffsformen:

- Standardanalysen

- Flexible Analysen.

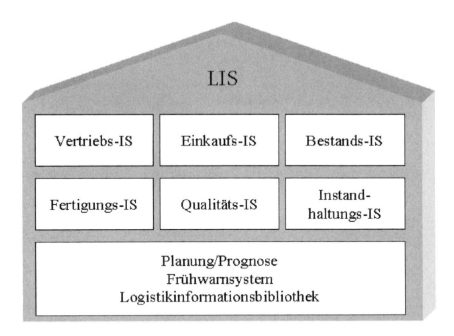

Abbildung 164: Logistik-Informationssystem in R/3

**Standard-
analyse**

Mit Hilfe von Standardanalysen greifen Controller und Prozessagenten auf vorgegebene Informationstrukturen zu. Grundlage
ist der in Abbildung 25 dargestellte Infocube. Das LIS stellt für
vorgegebene Merkmale (Informationsobjekte) eine Auswahl
sinnvoller Kennzahlen in sogenannten *Informationsstrukturen*

zusammen (Abbildung 165). So umfasst die Informationsstruktur
S024 Kennzahlen zum Arbeitsplatz, die dann auf unterschiedliche Zeitfenster bezogen werden.

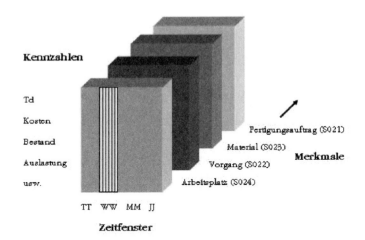

Kennzahlen

Td

Kosten

Bestand   Fertigungsauftrag (S021)

Auslastung   Material (S023)
                                                              Merkmale
usw.   Vorgang (S022)

                                        Arbeitsplatz (S024)

TT   WW   MM   JJ

Zeitfenster

Abbildung 165: Beispiele für Informationsstrukturen im LIS

Individuelle Zusammen-stellung der Kennzahlen

Die Informationsstrukturen bilden nach Auswertungskriterien strukturierte und in Tabellen gespeicherte Statistikdaten, gewonnen aus den operativen Daten des Systems R/3. Der Prozessagent und der Controller erzeugen eine Untermenge aus den verfügbaren Kennzahlen einer Informationsstruktur.

Eine so generierte Standardanalyse in Form eines Durchlaufzeit-Vergleiches zeigt Abbildung 166:

Nach Menueaufruf erfolgt die Selektion des Arbeitsplatzbereiches und des Zeitraumes. Nach Auswahl der Merkmale in Form des Arbeitsplatzes erfolgt die Auswahl der Kennzahlen. Nach einer Aufbereitung des Berichtes (Spaltenbreite, grafische Gestaltung) erfolgt das Abspeichern und das Ausführen der Analyse (Abbildung 167).

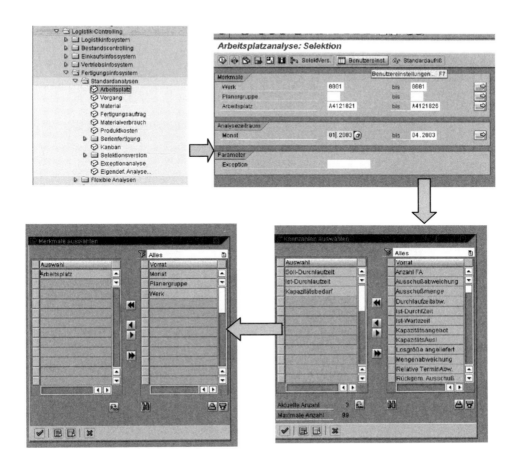

Abbildung 166:   Standardanalyse: Aufruf Arbeitsplatzanalyse (o-
ben links), Selektion Suchbereich (oben rechts), Auswahl Merkmale (unten links) und Auswahl Kennzahlen (unten rechts)

**Flexible
Analysen**

Neben standardisierten Abfragen besteht im Controlling ein Bedarf an frei konfigurierbaren Kennzahlenkombinationen.

Mit Hilfe des Fertigungsinformationssystems können hierfür indi-
viduelle, flexible Analysen erstellt und unter einem spezifischen
Berichtsnamen abgespeichert werden. Dies ist dem erfahrenen
Controller vorbehalten.

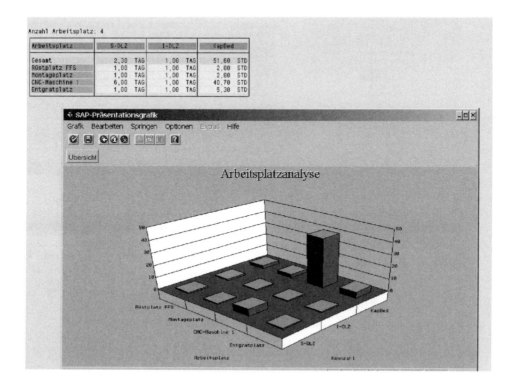

Abbildung 167: Standardanalyse: Durchlaufzeitvergleich

Das Potential solcher flexiblen Kennzahlenanalysen im Controlling ist beträchtlich. So lassen sich Hypothesen verifizieren wie beispielsweise: *"Die Kapazitätssituation beeinflusst die Durchlaufzeit"*.

Die mit einer Auswertung gewonnenen Daten lassen sich auf vielfältige Weise präsentieren, so beispielsweise als ABC-Sortierung, Plan-/Istvergleich oder als Summendarstellung. Zur Verringerung der Informationsflut sind Berichte mit Schwellenwerten im Sinne des Management by Exception angezeigt. Ferner wird die Datenübertragung durch geeignete Schnittstellen (EXCEL, NOTES) zu Bürokommunikationsprogrammen sowie durch Übertragung im Intra- und Internet unterstützt. Dies ermöglicht ein Telecontrolling von Prozessen mit besonderer Ausrichtung auf SCM-Kopplungen. Das LIS ist deshalb ein wichtiger

Beitrag für eine effiziente Lieferkettensteuerung im SCM. Umfangreiche Grafik-Auswertungen unterstützen das dezentrale Controlling.

Soll beispielsweise die oben genannte Hypothese durch Daten verifiziert werden, wird eine Auftragsstatistik, Kurzbezeichnung *PC01 (Produktionscontrolling1)*, über die Istdurchlaufzeit und die Kapazitätssituation erstellt (Abbildung 168).

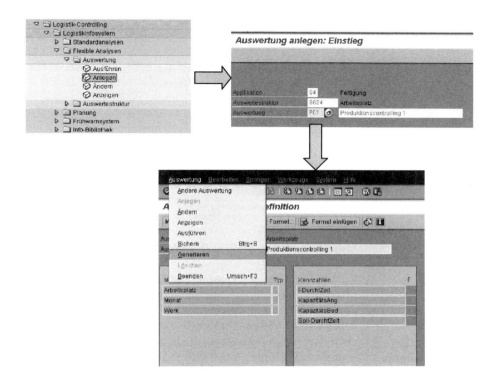

Abbildung 168: Flexible Analyse

Nach Menueaufruf der flexiblen Analyse und der Wahl der Infostrukturen – hier S024 – werden wie bei der Standardanalyse Merkmale und Kennzahlen ausgewählt. Der Bericht wird anschliesend unter der Bezeichnung PC01 gesichert und anschliessend generiert. Das beispielhafte Ergebnis wird in Listenform ausgegeben (Abbildung 169, allerdings ohne repräsentative Stichprobenzahl).

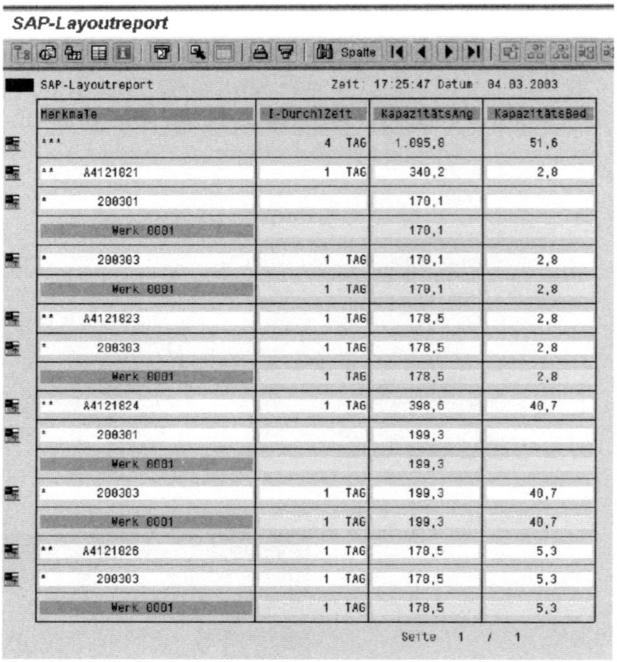

SAP-Layoutreport

SAP-Layoutreport Zeit 17:25:47 Datum 04.03.2003

Merkmale	I-DurchlZeit	KapazitätsAng	KapazitätsBed
***	4 TAG	1.095,8	51,6
** A4121821	1 TAG	340,2	2,8
* 200301		170,1	
Werk 0001		170,1	
* 200303	1 TAG	170,1	2,8
Werk 0001	1 TAG	170,1	2,8
** A4121823	1 TAG	178,5	2,8
* 200303	1 TAG	178,5	2,8
Werk 0001	1 TAG	178,5	2,8
** A4121824	1 TAG	398,6	40,7
* 200301		199,3	
Werk 0001		199,3	
* 200303	1 TAG	199,3	40,7
Werk 0001	1 TAG	199,3	40,7
** A4121826	1 TAG	178,5	5,3
* 200303	1 TAG	178,5	5,3
Werk 0001	1 TAG	178,5	5,3

Seite 1 / 1

Abbildung 169: Ergebnis flexible Analyse

Individuelle Auswertungen

Flexible Analysen können parallel auf mehrere Informationsstrukturen zugreifen. Daneben kann mittels ABAP/4-Programmen direkt auf die R/3-Datentabellen im RDBMS[31] des Datenservers zugegriffen werden. Dadurch sind Auswertungen mit hoher Individualität möglich. Insbesondere kann die mit der Balanced Scorecard angestrebte strategische Ausrichtung des Kennzahlensystems durch flexible Analysen realisiert werden. Die Mächtigkeit des dargestellten Analyseinstruments ist aus der Sicht des Controllings ambivalent: Individuelle Auswertungen treffen den Bedarf der Prozessagenten, stehen allerdings der Forderung nach Standardisierung der Informationssysteme entgegen. So entstehende *Kennzahlenfriedhöfe* sind zu vermeiden.

Die Erstellung flexibler Analysen gehört deshalb in die Hand des erfahrenen Controllers.

[31] RDBMS - Relationales Datenbank Managementsystem

**Logistik-
informations-
bibliothek**

Mit der Logistikinformationsbibliothek (LIB) stellt das System dem Controlling einen Verwendungsnachweis für jede Kennzahl zur Verfügung (z. B. in welchen Informationstrukturen wird die Kennzahl *Durchlaufzeit* verwendet?)

7 Investitionscontrolling

Im Gegensatz zum Kosten- und Leistungscontrolling, das primär operativen Charakter hat, zielt das Investitionscontrolling (strategisches Verfahrenscontrolling) auf die strategische Verfahrensplanung und die dadurch ausgelösten Investitionen.

Strategische Verfahrensplanung

Ein Hauptproblem dieser strategischen Verfahrensplanung besteht in der langfristigen Ausrichtung der Produktion auf die Unternehmensstrategie und die dort getroffenen Programmentscheidungen. Das Problemspektrum ist in der Literatur erschöpfend abgehandelt (z. B. Wildemann, 1987). Hier soll gezeigt werden, wie sich das Produktionscontrolling unter Einsatz von R/3 auf die mit der strategischen Verfahrensplanung gekoppelten wertmässigen Investitionsüberlegungen anwenden lässt. Dies betrifft insbesondere die ex-ante und ex-post durchzuführende Investitionsrechnung unter Einsatz einer Maschinenplankostenrechnung und SAP R/3. Auf das Management von Investitionsprojekten wird hier dagegen nicht eingegangen.

7.1 Aufgaben und Lösungsansätze

Bedeutung des Investitionscontrollings

Mit der Komplexität moderner Fertigungsanlagen und der Zunahme der Kapitalkonzentration gewinnt das Investitionscontrolling an Bedeutung. Dabei stellen sich folgende Hauptaufgaben (vgl. Horvath&Partner, 1998, 112f):

- Beschaffung von Kosten-, Erlös- und Prozessinformationen.

- Auswahl und Anwendung geeigneter Investitionsrechenverfahren.

- Durchführung von Soll-Ist-Vergleichen nach Realisierung der Investition.

- Abstimmung der Investitionsplanung mit der Unternehmensplanung und der Wettbewerbsstrategie.

- Standardisierung der Investitionsrechnung.

- Projektmanagement.

**Verlagerung
der Aufgaben**

In dezentral organisierten Fertigungssystemen verlagert sich ein Teil der Aufgaben vom Produktionscontroller (dotted-line-Controller) zu den Prozessteams. Dies gilt vor allem für die Beschaffung von technologischen und Zeitinformationen. Dem zentralen Controlling verbleibt demnach die Abstimmung mit der Unternehmensplanung und der Unternehmensstrategie, die Berücksichtigung der Investition im Investitionsbudget, die Auswahl und Anwendung geeigneter Methoden zur Investitionsbeurteilung und die Überwachung der Investition nach der Realisierung.

**Unterstützung
durch ERP**

Unterstützt wird das Investitionscontrolling durch das ERP-System, durch Instrumente der Unternehmensplanung (Portfolioanalyse, Balanced Scorecard, Investitionsrechnung) und geeignete Bürokommunikationssoftware (EXCEL) (Abbildung 170). Zu nennen ist hier ferner noch Software zum Projektmanagement (Modul PS in R/3, MS-Project).

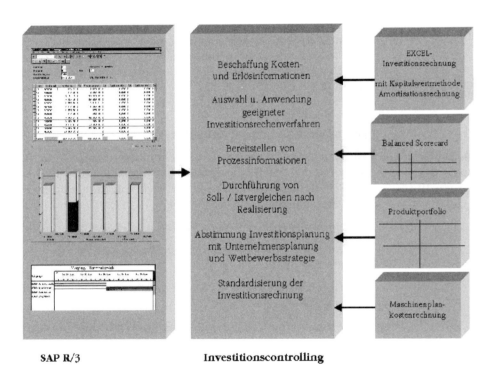

SAP R/3   **Investitionscontrolling**

Abildung 170: Investitionscontrolling

Modul CO

Kosteninformationen sind die Basis einer ertragswirtschaftlichen Bewertung der geplanten Produktionsverfahren und der davon induzierten Investitionen. Die Kostenplanung im Modul CO des Systems R/3 liefert dazu die entsprechenden Plankosten. Die Bewertung der Investobjekte selbst erfolgt mit Investitionsrechenverfahren.

Trade off aus Leistungs- und Kostencontrolling

Die Erstellung einer Balanced Scorecard für das Unternehmen ermöglicht eine an der Prozess-, Kunden-, Finanzperspektive orientierte Investitionspolitik. Die Lernperspektive legt dazu die Basis durch Auswertung von realisierten Investitionen und ständige Rückkopplung der Investitionsplanung mit den Teilplänen der Unternehmensplanung. Der Trade-off aus dem Leistungs- und Kostencontrolling erhält dabei eine besondere Bedeutung. Eine so betriebene Investitionspolitik ist die Basis einer erfolgreichen Ausrichtung der Produktion an der Kunden- und Finanzperspektive. Letztere ist durch konsequente Anwendung der Investitionsrechnung zu unterstützen.

7.2   Investitionsrechnung

Verfahren zur Investitionsrechnung

Eine wesentliche Aufgabe des Investitionscontrollings besteht in der Auswahl und Anwendung des geeigneten Verfahrens zur Investitionsrechnung. Controller und Fachabteilung sehen sich dabei einem Konflikt zwischen Genauigkeit und Komplexität ausgesetzt: Die statischen Verfahren zur Investitionsrechnung sind weniger komplex, vernachlässigen allerdings den Zeitbezug der Zahlungen und führen zu weniger genauen Ergebnissen (Abbildung 171). Sie sind für die Vorabbeurteilung von Investitionen, aber auch für die abschließende Beurteilung kleinerer Projekte geeignet (Horvath, 1996, 504). Wegen der Einfachheit eignen sie sich vorzugsweise für die Einbindung der Prozessbeteiligten in die Investitionsplanung.

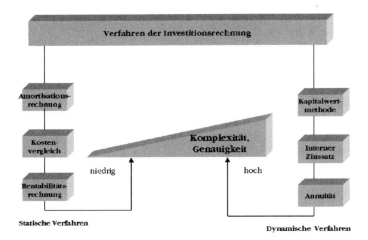

Abbildung 171: Verfahren zur Investitionsrechnung

Die Kapitalwertmethode ist als dynamische (zinssensitive) Methode zur abschliessenden Beurteilung der absoluten Wirtschaftlichkeit (*soll investiert werden?*) geeignet. Sie ist die in der Wirtschaft verbreitete Standardmethode (vgl. Blohm/Lüder, 1995, 92ff). Sie ist ggfs. um die interne Zinssatzmethode zur Beurteilung der relativen Wirtschaftlichkeit (*soll diese oder eine alternative Maschine beschafft werden ?*) zu ergänzen. Demgegenüber findet die Annuitätsrechnung vorzugsweise in der Beurteilung des optimalen Ersatzzeitpunktes gleichartiger Investitionen ohne nachhaltige Leistungssteigerung ihre Anwendung.

Standard-ablauf für Investitions-vorhaben

Neben der Standardisierung der Rechenverfahren ist ein vorgegebener Ablauf bei Investitionsvorhaben anzustreben. Dies ist insbesondere im Hinblick auf den Einsatz von Workflow-Management-Systemen sinnvoll.

Dem Prozess der Investitionsplanung geht die abgeschlossene Fertigungsplanung voraus (vgl. Müller-Hedrich, 1983, 53). Mit Beginn der technischen Planung werden im System R/3 (Modul PP) für jede zu beschaffende Maschine bzw. Einrichtung ein Arbeitsplatzstamm angelegt, anschliessend die zugehörige Kostenstelle im Modul CO. Es folgt die Prognose der Planauslastung der zu beschaffenden neuen Maschine. Die Planstunden werden dann im Modul CO bei der Leistungsartenplanung eingegeben. Für die zu vergleichende bisher benützte Maschine werden die Plankosten aus dem bestehenden Leistungsartenplan abgelesen.

Zahlungs-
ströme

Es folgt die Ermittlung der Plankosten jeder Kostenart für die zu beschaffende Maschine mit Hilfe der Maschinenplankostenrechnung. Durch Herausrechnen der Abschreibung erhält man in ausreichender Näherung die zahlungswirksamen Kosten der Alternative. Da von einer Finanzierung der neuen Maschine mit Fremdkapital ausgegangen wird, sind die Zinskosten für die neue Maschine zahlungswirksam, werden also nicht herausgerechnet. In gleicher Weise werden die zahlungswirksamen Kosten für die bisherige Fertigung ermittelt.

Aus der Differenz der zahlungswirksamen Kosten der alten und neuen Maschine errechnet sich der Rückfluss der Investitionsmaßnahme. Vereinfacht wird hier von gleichen Rückflüssen pro Jahr ausgegangen.

Amortisations-
rechnung

Die Amortisationsrechnung ermittelt die Amortisationsdauer nach der Beziehung:

$$TA = I_0 / R \qquad \textbf{Jahre}$$

mit R = Rückfluss/Jahr I_0 =Invest TA= Amortisationsdauer

In Unternehmen, die die Kapitalwertmethode einsetzen, wird die geforderte Mindestverzinsung für Investitionskapital ik vorgegeben (z. B. ik = 20 % pro Jahr). Einflussgrößen (Risiko, Ertragserwartungen) auf die Höhe dieses Kalkulationszinssatzes sollen hier nicht diskutiert werden (vgl. Eschenbach, 1996, 340ff). Der Verfasser verwendet hier einen Wert von 20%, der in einer Reihe von Großunternehmen größenmässig angewandt wird.

Setzt man diese Mindestverzinsung als Kalkulationszinssatz ein, so errechnet sich der Barwert BW der Rückflüsse durch Abzinsen mit

$$BW = R_1 /(1+ik/100) + R_2 /(1+ik/100)^2 + ...$$
$$...+R_n /(1+ik/100)^n \quad €$$

Die Rückflüsse R_1, R_2, R_n in den einzelnen Jahren der voraussichtlichen Lebensdauer sind hier als konstant angenommen. Mit dem Barwert der Rückflüsse sollte das Invest I_0 (im wesentlichen Kaufpreis + Aufstellungskosten) beglichen werden. Der dann noch verbleibende Überschuss ist der Kapitalwert C:

$$C = BW - I_0 \qquad \text{€}$$

Bei positivem Kapitalwert ist die Investition absolut gesehen wirtschaftlich.

Beispiel   *Am beschriebenen flexiblen Fertigungssystem (CNC-Maschine) wird des Einbau einer leistungsfähigeren Steuerung zum Preis von 48000 € (Invest) erwogen (Rationalisierungsinvestition mit unveränderten Umsatzerlösen). Zunächst wird eine Kostenplanung für die verbesserte Maschine vorgenommen (Abbildung 172, rechts). Die dort errechneten Plankosten/Jahr werden durch die Abschreibungskosten verringert und ergeben so zahlungswirksame Kosten (Auszahlungen).*

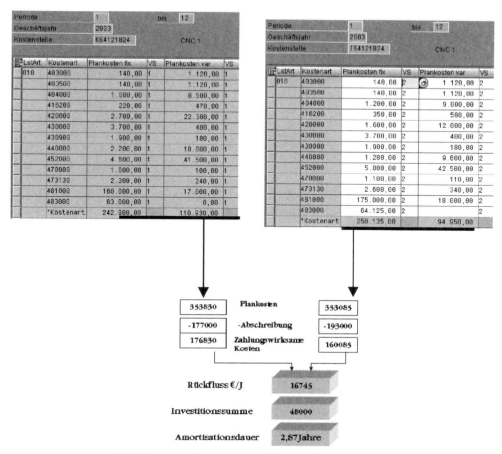

Abbildung 172: Investitionsbeispiel: Amortisationsrechnung

Die Plankosten der bisher benützten Maschine werden gleichfalls um die kalkulatorische Abschreibung reduziert (Abbildung 172, links) Die Gegenüberstellung der zahlungswirksamen Kosten ergibt den Rückfluss (Cash Flow) der Investition.

Die Investitionssumme amortisiert sich nach ca. 2,87 Jahren (Beurteilung: wirtschaftliche Investition). Das Rechenschema ist im EXCEL-Blatt Abbildung 173 dargestellt.

Prof. J.Bauer Investitionscontrolling		Amortisation	
Invstitionsobjekt:	Steuerung FFS		
Planauslastung		h/Jahr	
Kaufpreis brutto (Invest)	48000 €		
Hersteller: FANUC	Nutzdauer Jahre		5
Vergleich der zahlungswirksamen Kosten und Erlöse			
		Maschine bisher	Maschine neu
Plankosten aus MPKR (Modul CO)		353830	353085 €/Jahr
- Abschreibung aus MPKR		177000	193000 €/Jahr
= zahlungswirksame Kosten		176830	160085 €/Jahr
+ Erlöse aus Investition		0	0 €/Jahr
Summe		176830	160085 €/Jahr
Rückfluss (cash flow)			16745 €/Jahr
Amortisationsdauer			2.87 Jahre

Abbildung 173: EXCEL-Blatt Amortisationsrechnung

Abbildung 174 zeigt das Investitionsproblem, berechnet mit der Kapitalwertmethode.

Kapitalwertberechnung				®	Prof. J.Bauer
Invest-Objekt:	**Steuerung FFS**				
Kaufpreis brutto €	48000				
Nutzdauer Jahre:	5		ik %:	20	
	Jahr 1	Jahr 2	Jahr 3	Jahr 4	Jahr 5
Steigerung Umsatz €/Jahr	0	0	0	0	0
Veränderung zahlungsw.Kosten	-16745	-16745	-16745	-16745	-16745
(- =Rückgang Kosten)					
Zeitwert Rückfluss €	16745	16745	16745	16745	16745
Barwert Rückflüsse €	13954	11628	9690	8075	6729
Summe Barwert Rückflüsse €	50078				
Kapitalwert €	**2078** wirtschaftlich				

Abbildung 174: EXCEL-Blatt Kapitalwertrechnung

Bei einem Kalkulationszinssatz von 20% und einer angenomme-nen Lebensdauer der Steuerung von 5 Jahren (Prämisse: mindes-

tens auch Restlebensdauer der Wirtmaschine) ermittelt sich der Barwert der Rückflüsse :

- ***BW =50078 €/J***

Der Kapitalwert errechnet sich dann mit

- ***C =2078 €***

Bei dem errechneten Kapitalwert (über Null) ist die Investition wirtschaftlich.

Nutzen-bewertung

Die ertragsorientierte Bewertung von Investitionen ist ein Eckpfeiler der Investitionsbewertung, vernachlässigt aber nichtökonomische, strategische Nutzenaspekte. Verschiedentlich wird vorgeschlagen, nichtökonomische Kriterien mit Hilfe einer Nutzwertanalyse zu berücksichtigen (vgl. Zügner, 1996, 339). Eine Bewertung strategischer Kriterien muss sich an der Wettbewerbsstrategie des Unternehmens orientieren. Hier bietet sich u.a. eine Bewertung anhand der in 2.3.2 definierten Wertschöpfungsgeneratoren an (Abbildung 175).

FFS neue Steuerung	**alt**	**neu**	
Investnutzung ‚cash flow	3	4	1=schlecht
Bestandssenkung	2	2	2=ausreichend
Deckungsbeitrag	3	3	3=gut
Produktkosten	3	4	4=sehr gut
Nicht wertsch. Tätigkeiten	2	3	
Time to market,neue Produkte	3	3	
Durchlaufzeit Td	2	3	
Qualität	1	1	
Termineinhaltung OTD	4	4	
Teileflexibilität, neue Verfahren	2	2	
Kommunikation	2	3	
Mitarbeiterqualifikation	3	3	
Summe	30	34	
Wertschöpfungsfaktor	**2,5**	**2,9**	

Abbildung 175: Nutzwertanalyse Investition

**BSC-Ansatz
Investitions-
bewertung**

Kaplan/Norton (1996, 238f) schlagen eine an der BSC orientierte Nutzenbewertung vor: *obviously, organizations should also link their investment decisions to their strategic plans.*

Dazu wird die Investition nach den 4 Perspektiven bewertet. Die Perspektiven werden unterschiedlich gewichtet. In Anlehnung an Kaplan/Norton (1996, 239) ergibt sich dann folgende beispielhafte Bewertung für die oben genannte Investition (Abbildung 176):

Perspektive	Gewicht	Alt PZ	Alt PZg	neu PZ	neu PZg
Finanzperspektive	0,4	3	**1,2**	4	**1,6**
Kundenperspektive	0,2	2	**0,4**	3	**0,6**
Prozessperspektive	0,2	3	**0,6**	4	**0,8**
Lern- /Wachstumsperspekt.	0,2	2	**0,4**	3	**0,6**
Bewertung			**2,6**		**3,6**

Abbildung 176 Bewertung von Investitionen (nach Kaplan/ Norton).

Die Punktzahl wird mit dem Gewichtungsfaktor multipliziert, die Summe der dann berechneten gewichteten Punktzahlen PZg ist Ausdruck der Vorteilhaftigkeit der Investition. Gegebenenfalls kann die jeweilige Perspektive auch durch die kritischen Erfolgsfaktoren im BSC-Ansatz detailliert werden.

8 Value Production

Die Produktion ist der grösste Kapitalnachfrager im Unternehmen. Dieser Tatbestand trifft auf einen besonders für KMU zunehmend schwieriger werdenden Zugang zum Kapitalmarkt. Das Unternehmensrating erhält dabei die Schlüsselfunktion in der Finanzierung. Die Fähigkeit des Unternehmens, Kapital für sein operatives Geschäft zu beschaffen, hängt entscheidend von der Eigenkapital- und Fremdkapitalgebern gebotenen Wertsteigerung und Kapitalrendite ab.

Finanzielle Absicherung durch Value Production

Die Produktion kann sich- wie andere Unternehmensteile - dieser Problematik nicht entziehen. Eine effiziente Prozessorganisation bietet, wie bereits in Zusammenhang mit dem BSC-Ansatz ausgeführt (1.2.8), keine Gewähr für eine zukunftssichere Finanzperspektive. Die einseitige Ausrichtung der Produktion auf operative Effzienz führt nicht automatisch zur geforderten Wertsteigerung (Rappaport, 1999, 88). Zahlreich sind die Unternehmensschliessungen und -verlagerungen, die trotz hoher operativer Effizienz der Produktion erfolgt sind.

Die Ausrichtung der internen Prozesse am finanziellen Erfolg des Unternehmens konfrontiert die Produktion mit der Frage, was sie zum Unternehmenswert beizutragen vermag, bzw. ihre Fähigkeit: ....*to deliver the value propositions and shareholder expectations of excellent financial returns* (Kaplan/Norton 1999, 26).

Die langfristige Steigerung des Unternehmenswertes, manifestiert in der Erhöhung des Eigenkapitals, ist wesentliche Zielsetzung der von Rappaport und anderen vertretenen Wertsteigerungsstrategie. Diese Strategie ist durch falsche Interpretation und Kurzfristaktionismus einer nicht nachhaltig ausgerichteten Unternehmensführung teilweise diskreditiert (vgl Weber, 2000, 337). Unbestritten bleibt, dass die Forderung nach finanzieller Wertsteigerung für das Unternehmen heute wichtiger ist denn je. Das Value-Konzept wird, wie Weber (2000, 337) sagt,zum *Geländer im Nebel unsicherer Zukunft.*

Die Anwendung des Konzeptes auf die Produktion dient der Absicherung des Unternehmens und der Erhaltung der Produktionssubstanz. Im Rahmen einer aktiven Investitionskontrolle werden die im Investitionscontrolling geplanten Massnahmen und Entscheidungen überwacht (vgl. Weber, 2000, 335).

8.1   Cash Flow des Produktionssystems

Wertsteige-rung durch Cash Flow

Rappaport (1999, 8) sieht den Cash Flow als zentrale Grösse des langfristigen Wertmanagements. Nicht ohne Grund nimmt diese Grösse auch eine wichtige Rolle im Rating-Verfahren für die Kapitalgeber ein (Gänsslen, Meissner, 2002). Seine Bedeutung für die Produktion betont u. a. Hahn/Lassmann (1999, 16), für das Controlling Witt (2002, 380).

Eine wertorientierte Produktion generiert nachhaltigen Cash Flow, ermittelt aus den einer Produktionsabteilung zurechenbaren Zahlungsströmen (vgl. Rappaport, 1999, 20).

Langfristige Wertsteigerung (long wave of value creation) betrifft die Produktplanung und die Investitionsplanung. Sie wird damit zur Aufgabe des strategischen Produktionscontrollings.

Die **kurzfristige Wertsteigerung** wird mit bestehenden Produkten und Prozessen realisiert (Kaplan/Norton, 1996, 27). Sie steht im Mittelpunkt des operativen Produktionscontrollings und der folgenden Ausführungen.

Für das operative Wertmanagement mit dezentralen Entscheidungen ist der Cash Flow auf das Produktionssystem herunterzubrechen.

In der Anwendung von Wertsteigerungsstrategien werden unterschiedliche Cash Flow-Kennzahlen verwendet. Verbreitet ist die Verwendung des operating Cash Flows nach Ertragssteuern in Form des NOPAT (net operating profit after taxes). Ferner auch der Free Cash Flow, der den Anteilseignern nach Steuern, Zinsen und Investitionen bzw. Desinvestitionen in das Anlage- und Umlaufvermögen verbleibt (Rappaport, 1999, 16).

Beide Definitionen sind auf der operativen Prozessebene nicht anwendbar und überfordern zudem die Leistungsfähigkeit des dort üblichen Berichtssystems: Steuern liegen für gewöhnlich ausserhalb des Entscheidungsbereiches der Produktion (vgl. Tetzner/Barner/Wieth, 1999, 153ff). Neu-Investitionen werden in engem Kontext mit Produktinnovationen bzw. mit Marktaustritten getroffen und sind in der Investitionsrechnung (Kapitel 7) in gesonderten Cash Flow-Rechnungen abzusichern. Dagegen ist es sinnvoll, Erhaltungsinvestitionen (Maschinenüberholung, Aufstockung der Werkzeugausstattung) zu berücksichtigen. Investitionen und Desinvestitionen in das Umlaufvermögen – z.B. durch Einführung von KANBAN – sind häufig produktionsübergreifend konzipiert und deshalb dem Produktionssystem nur bedingt zurechenbar.

Ein operatives Wertmanagement im Produktionssystem hat somit zuallerst die Aufgabe, den Brutto-Cash Flow vor Steuern und Neuinvestitionen dauerhaft, d. h. möglichst über die Nutzungsdauer des Produktionssystems zu verbessern.

Voraussetzungen für operatives Wertmanagement

Das operative Berichtssystem in dezentralen Fertigungsstrukturen basiert auf der Kostenrechnung. Sie muss diese Grössen so weit wie möglich bereitzustellen. Die in Kapitel 4 beschriebenen Gestaltungsgrundsätze, insbesondere die Objektorientierung und das Streben nach geringer Granularität der Kostenstellen, aber auch die Integration von Prozesssteuerung und Controlling im ERP-System, bieten dazu die Voraussetzungen.

Da in der Kostenrechnung Zahlungsströme nicht ausgewiesen werden, empfiehlt sich die indirekte Berechnung des cash Flows anhand der Praktikerformel (J.Weber) :

> **Cash Flow = Plan-Erlös des Produktionssystems – Plankosten + Abschreibungen**

Dieser Brutto-Cash Flow ermittelt sich dann für eine Planungs- und Kontrollperiode (üblicherweise ein Jahr) als Saldo der Zahlungsströme (Value Bilanz) im Produktionssystem (Abbildung 177).

Der Erlös errechnet sich aus den Planstunden, multipliziert mit dem auf dem Markt durchsetzbaren Verrechnungssatz pro Stunde. Liegt dieser nicht vor, kann der Verrechnungssatz (Tarif) aus der Kostenstellenrechnung im Modul CO verwendet werden (vgl. Abbildung 128).

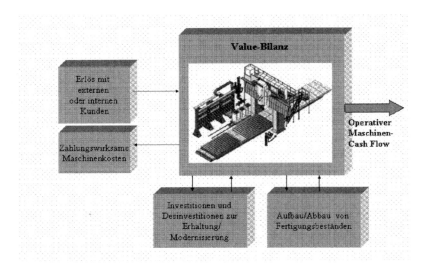

Abbildung 177: Value-Bilanz des Produktionssystems

Die zahlungswirksamen Kosten sind das Ergebnis einer Kostenplanung im Modul CO. Die Abschreibungskosten (Kostenart 481000) sind dabei mit 0 einzugeben, da nicht zahlungswirksam (Abbildung 178). Dazu wird einfach die vorhandene Kostenplanung kopiert. Hierzu wird zweckmässigerweise im Customizing des R/3-Systems eine gesonderte Planversion erstellt, die im Gegensatz zur Version 0 nicht an der direkten Leistungsverrechnung teilnimmt (vgl. Teufel, Röhricht, Willems, 2000, 330f).

Nach Ablauf der Planperiode kann ggfs. der Ist-Cash Flow aus Istauslastung, realisiertem Verrechnungssatz und zahlungswirksamen Istkosten ermittelt werden.

In der Maschinenplankostenrechnung wird der Plan-Cash Flow wie in Anlage 3 ausgewiesen.

		Periode	1	bis	12							
		Geschäftsjahr	2002									
		Kostenstelle	K84121824		CNC 1							

LstArt	Kostenart	Plankosten fix	VS	Plankosten var	VS	Planverbr. fix	VS	Planverbr. var	VS	EH	M	L
010	483000	140,00	1	1.120,00	2	0,000	2	0,000	2			
	483500	140,00	2	1.120,00	2	0,000	2	0,000	2			
	484000	1.000,00	2	8.500,00	2	0,000	2	0,000	2			
	416200	220,00	2	470,00	2	0,000	2	0,000	2			
	420000	2.700,00	2	22.300,00	2	0,000	2	0,000	2			
	430000	3.700,00	2	490,00	2	0,000	2	0,000	2			
	430900	1.900,00	2	180,00	2	0,000	2	0,000	2			
	440000	2.200,00	2	18.030,00	2	0,000	2	0,000	2			
	452000	4.600,00	2	41.500,00	2	0,000	2	0,000	2			
	470000	1.030,00	2	100,00	2	0,000	2	0,000	2			
	473130	2.300,00	2	240,00	2	0,000	2	0,000	2			
	481000	0,00	2	0,00	2	0,000	2	0,000	2			
	483000	63.000,00	2	0,00	2	0,000	2	0,000	2			
	*Kostenart	82.930,00		93.930,00		0,000		0,000				

Abbildung 178: Planung zahlungswirksamer Kosten (Modul CO)

8.2 Der Produktionswert

Discounted Cash Flow

In der Wertberechnung für das Produktionssystem ist der Plan-Cash Flow über den Prognosezeitraum (üblicherweise die Restlebensdauer) zu kumulieren. Erhaltungsinvestitionen (und Desinvestitionen) in das Anlage- und Umlaufvermögen sind geichfalls zu berücksichtigen. Die so prognostizierten Cash Flows sind dann mit dem Kalkulationszins (siehe Kapitel 7) abzuzinsen (diskontieren). Sie ergeben dann den Discounted Cash Flow (DCF).

$$DCF = CF_1/(1+ik/100) + CF_2/(1+ik/100)^2 + \ldots + CF_n/(1+ik/100)^n$$

Mit n = Prognosedauer (Restlebensdauer). Für die Zeit nach dem Prognosezeitraum ist ein Fortführungswert zu ermitteln. Dieser Fortführungswert FW kann bei einer Erntestrategie (Markaustritt) der Liquidationserlös (Restwert) sein Der Fortführungswert ist gleichfalls auf die Gegenwart abzuzinsen.

Residualwert und Fortführungswert

Ist eine langfristige Fortführung der Produktion gesichert, so kann der Fortführungswert in Form des Residualwertes (RW) berücksichtigt werden (vgl. Rappaport, 1999, 50).

Er ermittelt sich aus dem prognostizierten Cash Flow im ersten Jahr nach der Planungsperiode, dividiert durch den Kalkulationszins. Dabei entsteht das Problem, die Wettbewerbssituation nach Ende des Prognosezeitraumes beurteilen zu müssen. Zur Problematik des Residualwertes siehe Rappaport (1999, 48ff).

$$RW = CF^{n+1} / ik/100$$

Wert des Produktions- systems

Der Wert der Produktion (PW) vor Steuern und vor Neuinvestitionen (Zusatzinvestitionen) ergibt sich dann nach Abzug des im Produktionssystems gebundenen Fremdkapitals FK (Schulden).

$$PW = DCF - FK + FW/(1+ik/100)^{n+1}$$

Die Addition der Produktionswerte der einzelnen Maschinen und Anlagen ergibt den Wertansatz für die gesamte Produktion. Dieser ist allerdings immer im Zusammenwirken mit der Produktplanung und Produktvermarktung zu sehen. Eine additive Verknüpfung der Bereichswerte von Produktion und Entwicklung ist nicht zulässig.

Beispiel:

Ein Produktionsbetrieb hat ein Fertigungssystem mit einer Restlebensdauer von 5 Jahren. Die geschätzten Daten des Systems:

	Pla- naus- lastung Std/J	VSS markt €/Std	Planer- lös €/J	Plankos- ten €/J	Davon Ab- schreibung €/J	Cash Flow €/J
Jahr 1	*2500*	*90*	*225000*	*190000*	*30000*	*65000*
Jahr 2	*2500*	*90*	*225000*	*190000*	*30000*	*65000*
Jahr 3	*2500*	*100*	*250000*	*200000*	*30000*	*80000*
Jahr 4	*2500*	*100*	*250000*	*200000*	*30000*	*80000*
Jahr 5	*2500*	*100*	*250000*	*200000*	*30000*	*80000*

Nach Abschluss der Planperiode wird weiterhin mit einem stetigen Cash Flow von 80000 €/Jahr gerechnet. Der Kalkulationszinssatz soll mit 20 % angesetzt werden. Im 3.Jahr ist eine Überholung des Systems mit einem Invest von 90000 € geplant. Das Fertigungssystem ist mit Fremdkapital finanziert worden. Gegenwärtiger Schuldenstand 120000 €

Die Ermittlung des Discounted Cash Flows

$DCF = 65000/1,2 + 65000/1,2^2 + (80000 - 90000)/1,2^3 + 80000/1,2^4 + 80000/1,2^5$

$DCF = 164249 €$

Die Ermittlung des Residualwertes

$RW = 80000 / 0,2 = 400000 €$

Der Residualwert heute

$RWheute = 400000 /1,2^6 = 133\ 959 €$

Der Produktionswert des Fertigungssystems (Operating Free-Cash Flow) vor Steuern :

$PW = 164249 + 133959 - 120000 = 178208 €$

Im Anhang 6 ist ein EXCEL-Blatt zur Wertermittlung von Produktionsmaschinen dargestellt.

8.3   Wertmanagement

Value Landscape

Der Cash Flow ist durch sogenannte *Werttreiber* beeinflussbar (Rappaport, 1999, 201). In Anlehnung an das von ihm aufgestellte Schema ergibt sich für die Produktion die in Abbildung 179 dargestellte Werttreiberlandkarte (Value-Landsscape), die links die Makrowerttreiber – hier abgewandelt für die Produktion – zeigt.

Von den links dargestellten 7 Makrowerttreibern sind die Kapitalkosten und die Steuern von der Produktion kaum oder nicht beeinflussbar (exogene Werttreiber).

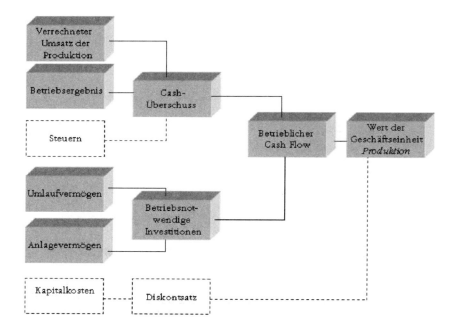

Abbildung 179: Makrowerttreiber (in Anlehnung an Rappaport)

**Mikrowert-
treiber
bestimmen**

Für das Produktionscontrolling stellt sich die Aufgabe, geeignete Mikrowerttreiber als Erfolgsfaktoren des Produktionswertes vorzugeben. Dabei ist auf angemessene Berücksichtigung der finanziellen Grössen zu achten. Wichtigste Forderung ist der Ausweis finanzieller Erfolgstreiber auf Prozessebene. Nur so ist die Forderung nach Verankerung der Wertgrössen im Anreizsystem der operativen Bereiche (Weber, 1999, 336) zu erfüllen. Mit dem Ausweis des Cash Flows als Erfolgsgrösse im Produktionsprozess ist dies prinzipiell möglich. Prämiert wird so beispielsweise der erreichte Cash Flow im System, nicht die Maschinennutzung. Abbildung 180 zeigt die darauf aufbauende Value Landscape eines Produktionssystems.

Entscheidungen und Planungsmassnahmen sind einer Wirkungsanalyse hinsichtlich ihrer Wertrelevanz zu unterwerfen. Wertsteigernd sind letztlich nur Massnahmen, die langfristig Cash generieren (Rappaport, 1999,150f)).

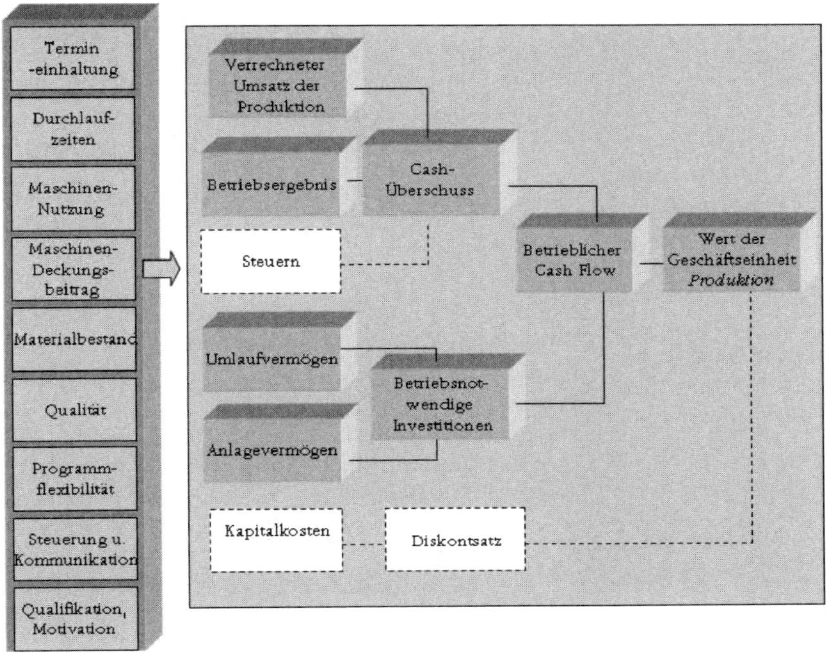

Abbildung 180: Value-Landscape mit Mikrowerttreibern (links)

Value Lands-cape zeigt Werttreiber

So ist eine Verbesserung der Fertigungsmethoden wenig sinn-voll, wenn die dadurch erhöhte Qualität vom Kunden nicht ho-noriert wird. Aufträge mit geringem Kundenprofit sind auf billi-gere Fertigungsverfahren einzuplanen Massnahmen zum Prozess-reengineering sind nur sinnvoll, wenn damit Cashwirkungen er-zielt werden. Rappaport (1999, 87) sieht hier eine grundsätzliche Schwachstelle im BPR-Ansatz.

In gleicher Weise sollte jeder einem Kunden gebotene Mehrwert auch zu höheren Zahlungsüberschüssen führen. Eine dogmati-sche Kundenorientierung ohne entsprechende Cash-Wirkung ist wertvernichtend.

So ist eine Qualitätserhöhung nur dann cashwirksam, wenn sie in Kundenprofit umgesetzt werden kann. Eine Durchlaufzeitreduzierung bei Poor Dog-Produkten hat eine wesentlich geringere Cash-Wirkung als bei Star-Produkten.

Eine Produktion in teuerster Innenstadtlage bindet möglicherweise ein grosses Anlagevermögen, das nicht immer durch Standortvorteile gerechtfertigt ist. Seit der PIMMS-Studie stellt sich auch die Frage nach dem optimalen Automatisierungsgrad, der keinesfalls mit maximaler Automatisierung gleichzusetzen ist.

Cash-Burner erkennen

Besonderes Augenmerk ist auf den Cash-Beitrag der Maschinen zu richten. Hier muss das Produktionscontrolling Maschinen, die Cash vernichten (Cash Burner), identifizieren und ggfs. anders einsetzen. Haupteinflussgrössen sind dabei die Auslastung der Maschine im Zusammenwirken mit der Produktsituation im Portfolio. Letzteres erlaubt eine grobe Trend-Beurteilung der beschäftigungssituation. So ist eine einschichtige Auslastung bei Star-Produkten weniger problematisch als bei Cash Cow-Produkten Die Nutzungswerte symbolisieren dabei die Unterbeschäftigung (< 1500 Stunden/Jahr), ein- bis zweischichtige (1500 – 2800) und mehr als zweischichtige Auslastung. Sie sind allerdings nur als grobe Richtwerte anzusehen (Abbildung 181).

Produktprogramm

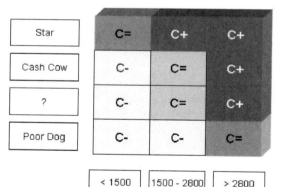

Abbildung 181: Cash Flow--Portfolio des Produktionssystems

C- Cash Burner, C= Casherhaltung, C+ Cashgenerierung

Cash Flow-Wirkungs-analyse   Die Wirkung der Erfolgsfaktoren hängt von den strategischen Rahmenbedingungen der Produktion ab. Deshalb sind die Auswirkungen dieser Erfolgsfaktoren auf den Cash Flow für die spezifische Produktionssituation individuell zu analysieren. Eine solche Cash Flow-Wirkungsanalyse ist beispielhaft in Abbildung 182 dargestellt.

CASH FLOW-Auswirkung	Poor Dog	Cash Cow	Question Mark	Star	Differen-zierung	Kosten-führer	Kernkom-petenzen
Termin-einhaltung	+	++	+++	+++	+++	+	++
Durchlauf-zeiten	+	++	+	++	+++	+	++
Maschinen-nutzung	+	+++	++	+++	++	+++	++
Deckungsbeitrag Fertigungssystem	+	+++	+	+++	++	+++	++
Material-bestand	++	+++	+	+++	++	+++	++
Fertigungs-qualität	+	++	+++	+++	+++	+	++
Programm-flexibilität	+	++	+++	++	+++	+	++
Steuerung u. Kommunikation	+	++	+++	+++	+++	++	+++
Qualifikation, Kompetenz	+	++	+++	+++	+++	++	+++

Abbildung 182: Beispiel für Cash Flow-Wirkungsanalyse

+ geringere, ++ mittlere, +++ starke Auswirkung

Ein wertorientierte Produktionscontrolling beruht auf folgenden Grundsätzen:

- Das Produktionssystem muss dauerhaft Cash Flow generieren

- Cash Flow entsteht langfristig durch wirtschaftliche Investitionen und wird im operativen Betrieb generiert

- Maschinen sind nicht nur in der Investitionsphase, sondern auch während der Lebensdauer auf Cash-Beitrag zu kontrollieren (Lifetime-Cash Flow)

- Cash-Burner zerstören die Kapitalstruktur des Unternehmens

- Die Kostenrechnung ist durch eine systemgleiche Cash Flow-Rechnung im Modul CO zu ergänzen

- Alle Massnahmen und Entscheidungen (Mikrowerttreiber) sind durch ihren Cashbeitrag zu bewerten

- Cash Flow-Überlegungen bedingen eine objektorientierte Kostenrechnung mit niedriger Granularität

- Cash-Flow-Orientierung erfordert Prozessbeherrschung durch integrierte ERP-Systeme

- Das strategische Umfeld der Produktion ist bei der cash Flow-Wirkung zu berücksichtigen

- Die Verankerung im Anreizsystem kann durch Nutzungsprämien auf der Basis des Cash Flows erfolgen.

9 Literaturstellen

Bartsch, H., Teufel, T.: Supply Chain Management mit SAP APO, Bonn 2000.

Bauer, J.: Maschinenstundensatzrechnung mit EDV, KRP 2/80.

Bauer, J.: PPS-Systeme auf UNIX-Rechnern- Voraussetzung für die wirtschaftliche CIM-Realisierung, FB/IE 6/91.

Bauer, J.: Shop Floor-Controlling – Prozessorientiertes Controlling zur Sicherung einer wettbewerbsfähigen Produktion, FB/IE, 1 / 2002

Bothe, M.: Optimieren der Kette statt einzelner Glieder, Computer@Produktion, 3/98, 32f.

Buck-Emden, R., Galimow, J: Die Client/Server-Technologie des SAP-Systems R/3, Bonn u. a. O., 1995.

Bullinger, H. J. et al.: Höhere Termintreue und Flexibilität durch dezentrale Planung und Steuerung mit Leitständen, Refa-Nachrichten 1993, 17ff.

Coenenberg, A. G.: Kostenrechnung und Kostenanalyse, Landsberg, 1992.

Cronjäger, L.: Bausteine für die Fabrik der Zukunft, Heidelberg 1994.

Daube, K.: CIM-orientierte Kostenrechnung, Berlin 1993.

Dittrich, J., Mertens, P., Hau, M.: Dispositionsparameter von SAP R/3-PP, Wiesbaden, 2000.

Eidenmüller, B.: Auswirkungen neuer Technologien auf die Ar - beitsorganisation, BfuP 3/87.

Friedl, G., Hilz, C., Pedell, B.: Controlling mit SAP R/3, 2. Aufl., Braunschweig,Wiesbaden, 2002.

Fuchs,C.   E-Learning   in: Dohmann,H., Fuchs,G., Khakzar, K.(Hrsg.): Die Praxis des E-Business, Braunschweig, Wiesbaden, 2002.

Gänsslen, S., Meissner, D.: Basel II und Unternehmensrating, Controllermagazin, 3/2002

Geihs, K.: Client-Server-Systeme, Grundlagen und Architekturen, Bonn u. a. O, 1995.

Gierhake, O.: Integriertes Geschäftsprozessmanagement, Braunschweig, Wiesbaden, 1998.

Glaser, H., Geiger, W., Rohde, V.: PPS-Produktionsplanung und –steuerung, Wiebaden 1991.

Grob, H. L.: Positionsbestimmung des Controlling, in: Scheer, A. W. (Hrsg): Rechnungswesen und EDV, Heidelberg, 1996.

Haberstock, L.: Kostenrechnung II, 7.Aufl., Hamburg 1986.

Hahn, D., Lassmann, G.: Produktionswirtschaft, Controlling industrieller Produktion, Bd1 u. 2, Heidelberg 1999.

Hammer, M, Stanton, S. A.: Die Reengineering Revolution, Frankfurt/M, New York, 1995.

Hantusch, T., Matzke, K., Perez, M.: SAP R/3 im Internet, Bonn u. a., 1997.

Heilmann, H. (Hrsg.): Strategisches IT-Controlling, Praxis der Wirtschaftsinformatik, dpunkt.verlag, Heidelberg 2001.

Herter, R. N.: Strategische Erfolgsbeurteilung von dezentralen Organisationseinheiten auf Basis der Wertsteigerungsanalyse, München 1994.

Hoffmann, H. P., Scharbert, S.: FFS bei kleinen Stückzahlen - Zielsetzung, technisch-organisatorische Konzeption, betriebswirtschaftliche Konsequenzen, in "CIM als betriebswirtschaftliches Instrument der Unternehmensführung," VDMA, 1990.

Hoffmann, W., Klien, W., Unger, M.: Strategieplanung in Eschenbach, R. (Hrsg), Controlling, Stuttgart 1996.

Horvath, P.: Controlling, 6.A. München 1996.

Horvath, P, Mayer,R.: CIM-Wirtschaftlichkeit aus Controller-Sicht, CIM-Management 4/88, 49.

Horngren, C. T., Cost accounting, a managerial emphasis, 3.Aufl., englewood cliffs, 1963.

Hummeltenberg, W.: Data Warehousing, Informationen für den Endanwender in Martin,W. (Hrsg., Data Warehousing, 1998).

Jablonski, F.: Workflow-Management-Systeme,Bonn u. a. O., 1995.

Jost, C., Warschburger, V.: E-Marketing, in: Dohmann,H., Fuchs,G., Khakzar, K.(Hrsg.): Die Praxis des E-Business, Braunschweig, Wiesbaden, 2002.

Kaplan, R. S.: Das neue Rollenverständnis für den Controller, Controlling Heft 2, 1995.

Kaplan, R., Norton, D.: Balanced Scorecard, Boston, 1996.

Keller, G., Teufel, T.: SAP R/3 prozessorientiert anwenden, Bonn, Reading 1997.

Kilger, W.: Flexible Plankostenrechnung und Deckungsbeitragsrechnung, bearbeitet durch K. Vikas, Wiesbaden 1993.

Kirchner, J.: Online Analytical Processing, in Martin, W. (Hrsg.): Data Warehousing, 1998.

Klute, R.: Das World Wide Web,:Web-Server und –Clients, Bonn u. a. 1996.

Küpper, H. U.: Der Bedarf an Kosten- und Leistungsinformationen in Industrieunternehmen - Ergebnisse einer empirischen Erhebung, krp 17, 1983, 169ff.

Lange, J. U., Schauer, B.D.: Ausgestaltung und Rechenzwecke mittelständischer Kostenrechnung, KRP 4/96.

Lingscheid, A.: Koordinationsaufwand sinkt durch Dezentralisation planerischer und koordinierender Tätigkeiten, 89 krp 2/96.

Malik, F.: Management-Perspektiven, Bern/Stuttgart/Wien, 1994.

Martin, W. (Hrsg): Data Warehousing, Bonn u. a. 1998.

Männel,W.: Logistikkostenträgerrechnung, Krp 2/96.

Mende, U.: Softwareentwicklung für R/3, Berlin u.a. 1997.

Mertens, P.: Integrierte Informationsverarbeitung I, Administrations- und Dispositionssysteme in der Industrie, Wiesbaden 1995.

Mertens, P., Holzner, J.: WI-State of the Art. Eine Gegenüberstellung von Integrationsansätzen der Wirtschaftsinformatik,in : Wirtschaftsinformatik, 1/92.

Mertens, P., Bodendorf, F., König, W., Picot, A., Schumann, M.: Grundzüge der Wirtschaftsinformatik, Berlin, Heidelberg 1995.

Mc Charty, J. C., Bluestein, W. M.: The computing Strategy Report: Workflow´s Progress, Cambridge, 1991.

Müller-Hedrich, B.: Betriebliche Investitionswirtschaft, Stuttgart 1999.

Müller, C., Müller, J.: EDV-Unterstützung von Controlling-Systemen, in: Eschenbach,R. (Hrsg): Controlling, Stuttgart 1996.

Niedermayr, R.: Die Realität des Controlling , in: Eschenbach,R. (Hrsg): Controlling, Stuttgart 1996.

Peinl, P.: Elektronische Zahlungssysteme, in: Dohmann,H., Fuchs,G., Khakzar, K.(Hrsg.): Die Praxis des E-Business, Braunschweig, Wiesbaden, 2002.

Pflieger, Reichle: Das Rechnen mit Maschinenstundensätzen, VDMA 1993.

R/3-Einführung ohne Änderungen erfolgreicher, Computerwoche 12/2001.

Porter, M. E.: Competitive Strategy, New York, 1980.

Porter, M.: Wettbewerbsstrategie, Frankfurt/M, 1992.

Rappaport, A.: Shareholder Value, Stuttgart, 1998.

Reichmann, T.: Controlling mit Kennzahlen und Managementberichten, München 1995.

Rommel, G. (Hrsg): Qualität gewinnt - Mit Hochleistungskultur und Kundennutzen an die Weltspitze, Stuttgart 1995.

Rosemann, M, Schulte, R.: Effiziente Prozessgestaltung im Rechnungswesen in: Vossen, G., Becker, J.: Geschäftsprozessmodellierung und Workflow-Management, Bonn u. a. O. 1996.

Stahl, H. W.: Controlling, Theorie und Praxis einer effizienten Systemgestaltung, Wiesbaden, 1992.

Staud, J.: Geschäftsprozessanalyse mit ereignisgesteuerten Prozessketten, Heidelberg u.a., 1999.

Scheer, A. W.: Die Vision von CIM als neue Dimension für die betriebswirtschaftliche Unternehmensfhrung, Vortrag auf der Tagung "CIM als betriebswirtschaftliches Instrument der Unternehmensführung, VDMA 1990.

Seemann, A., Schmalzridt, B., Lehman, P.: SAP Business Information Warehouse, Bonn 2001.

Schulze, W, Böhm, M: Klassifikation von Vorgangsverwaltungssystemen in Vossen, G., Becker J.: Geschäftsprozessmodellierung und Workflow-Management, Bonn u. a. O. 1996.

Siegwart, H., Raas, F.: Anpassung der Kosten- und Leistungsrechnung an moderne Fertigungstechnologien, KRP 1/89.

Tetzner, H., Barner, M., Wierth, B.-D.: Wertmanagement bei Boehringer Ingelheim in Horvath, P. (Hrsg), Controlling & Finance, Stuttgart, 1999.

Teufel, T., Röhricht ,J., Willems, P.: SAP-Prozesse: Finanzwesen und Controlling, München 2000.

Teufel, T., Röhricht ,J., Willems, P.: SAP-Prozesse: Planung, Beschaffung und Produktion, München 2000.

Strobel-Vogt, U.: SAP Business Workflow in der Logistik, 1997.

VDI (Hrsg): Rechnerintegrierte Produktion, Band 4 Flexible Fertigung Düsseldorf, 1990.

Vikas, K.: Trends und neue Entwicklungen im Kosten- und Deckungsbeitragsmanagement, in: Scheer, A. W. (Hrsg): Rechnungswesen und EDV, Heidelberg, 1996.

Viewweger, B.: Planung von Fertigungssystemen mit automatisiertem Werkzeugfluß, München, Wien 1985.

Warnecke, H. J., Jacobi, H. F.: Produktionssicherung in der Fertigungsindustrie, Sindelfingen 1991.

Washburn, K., Evans, J.: TCP/IP:Aufbau und Betrieb eines TCP/IP-Netzes, Bonn, 1998.

Weber, J.: Kostenrechnung zwischen Verhaltens- und Entscheidungsorientierung, krp 2/94.

Weber ,J.:   Rechnungswesenwahl im Prozessmanagement, 45, in Weber, J., Schäfer, U.: Balanced Scorecard und Controlling, Wiesbaden, 2000.

Witt, F. J. (Hrsg): Aktivitätscontrolling und Prozessmanagement, Stuttgart 91.

Witt, F. J.: Werttreiberkonzepte in der Controllingpraxis, Controllermagazin, 4/2002.

Wenzel, P. (Hrsg.): Geschäftsprozessoptimierung mit SAP R/3, Braunschweig, Wiesbaden 1995.

Wildemann, H.: Investitionsplanung und Wirtschaftlichkeitsrechnung für flexible Fertigungssysteme (FFS), Stuttgart 1987.

Wildemann, H: Betriebswirtschaftliche Wirkungen einer flexibel automatisierten Fertigung, BfuP, 3/87.

Wildemann, H: Die modulare Fabrik, München 1994.

Wildemann, H: Flexible Werkstattsteuerung, Computergestütztes Produktionsmanagement, München 1984.

Wildemann, H.: Produktionscontrolling, Systemorientiertes Controlling schlanker Unternehmensstrukturen, München 1997.

Williamson, A., Moran, C.: Java Database Programming, London, New York, 1997.

Witt, F. J.: Lexikon des Controlling, München 1997.

Worthy, F. S.: Japan´s smart secret Weapon, Fortune, 12, 1991.

Zügner, K. H.: Investitionsplanung und –steuerung in Eschenbach, R. (Hrsg.), Controlling, Stuttgart 1996.

Anhang 1   Maschinenplankostenrechnung[32]: Betriebsdaten

Maschinenplankostenrechnung			©Prof. J.Bauer		**1**
Betriebsdaten		Firma	**Maschinenbau GmbH**		
Geltungsjahr	2002	Bereich	**FFS**		
Raumkostensatz		Planungsbasis verf.Kapazität			
Grundfläche gesamter	300 qm				
Fertigungsbereich incl.					
Neben-und Transportflächen					
Summe Maschinenfläche	250 qm				
Miete	10000 €/Jahr				
Abschreibung Gebäude	€/Jahr				
Abschreibung Einrichtung	1000 €/Jahr				
Heizung	1000 €/Jahr				
Instandhaltung Raum	1000 €/Jahr				
Anteil.Personal Raum	1600 €/Jahr				
Sonstige Kosten	1000 €/Jahr				
			Raumkostensatz		
Summe Raumkosten	15600 €/Jahr		€ /qm	**62,4**	

Stromkosten		Planungsbasis verf.Kapazität		
Abschreib Transformatoren	2000 €/Jahr	Summe Elektr.	90000 kwh	
Kosten Betriebselektriker	3000 €/Jahr	Arbeit bei		
Abschreib. Einricht.	1000 €/Jahr	verf. Kapazität		
EVU Leistungspreis	1000 €/Jahr			
EVU Arbeitspreis	2000 €/Jahr			
Summe Stromkosten	**9000** €/Jahr	**Strompreis**	**0,10** €/kwh	

Lohnnebenkosten		Planungsbasis verf.Kapazität		
Lohnfortzahlung	34000 €/Jahr	Effektivlohn	250000 €/Jahr	
Feiertagslohn	13000 €/Jahr			
Urlaubslohn	20000 €/Jahr	**Satz Lohnneben-**	**80** %	
Sozialversicherung Arbeitg.	30000 €/Jahr	**kosten %**		
Unfallversicherung	10000 €/Jahr			
Arbeitslosenversicherung	18000 €/Jahr			
Krankenversicherung	22000 €/Jahr			
Freiwillige Sozialleistungen	20000 €/Jahr			
Weihnachtsgeld	16000 €/Jahr			
Urlaubsgeld	9000 €/Jahr			
Sonstige Sozialkosten	8000 €/Jahr			
Summe Lohnnebenkosten	200000			

Kalkulatorische Zinsen			
Zinssatz	9 %/Jahr	**9,00** an Kostenplanung	

---

[32] Diese Excel-Tabellen sind vom Autor gegen Gebühr beziehbar.

Anhang 2   Maschinenplankostenberechnung: Planung CNC-Maschine

Planung Werkzeuge			Planungsbasis verfügbare Kapazität		
			Werkzeugverbrauch	2000	€/Jahr
Wartung/Nachschleifen	30	Std/Jahr			
Voreinstellen	25	Std/Jahr			
Kostensatz Wartung	40	€/Std	Kosten Wartung	1200	€/Jahr
Kostensatz Voreinst.	48	€/Std	Kosten Voreinstellen	1200	€/Jahr
			Fremdkosten	1200	€/Jahr
			Summe Werkzeugkosten	**5600**	
			Werkzeugkosten/Std verf.K.	**1,87**	

Planung Raumkosten			Planungsbasis verfügbare Kapazität		
Grundfläche	12	qm			
Bedienfläche	3	qm			
Wartungsfläche	2	qm	Raumkostensatz €/qm Jahr	62,4	
Lagerfläche	6	qm	Raumkosten/Std verf.Kap.	0,48	
Maschinenfläche	23	qm			
Sonstige Ausfallzeiten	10	Std/Jahr			
Verfügb.Kapaz. 1-sch.	1500	Std/Jahr	Leerstunden	200	Std/Jahr

Planung Instandhaltung			Planungsbasis verfügbare Kapazität		
Reparaturstunden	100	Std/Jahr			
Kostensatz Instandh.	40	€/Std	Reparaturkosten	4000	€/Jahr
			Ersatzteile	500	€/Jahr
			Fremdreparaturen	1500	€/Jahr
			Sonstige Kosten	500	€/Jahr
			Summe Instandhaltung	6500	€/Jahr
			Instandhaltungsfaktor	**0,46**	%v.WBW

Informatikkosten			Planungsbasis verfügbare Kapazität		
Abschreibung Hardware	2000	€/Jahr			
Abschreibung Software	1000	€/Jahr	Summe Informatikkosten	4100	€/Jahr
Leasing Hardware		€/Jahr			
Leasing Software		€/Jahr	**Informatikkost.verf.Kap.**	**1,37**	€/Stunde
Wartungskosten	500	€/Jahr			
Telekomm.gebühren	400	€/Jahr			
Lizenzgebühren	200	€/Jahr			

Planung Instandhaltung			Planungsbasis verfügbare Kapazität		
Reparaturstunden	100	Std/Jahr			
Kostensatz Instandh.	40	€/Std	Reparaturkosten	4000	€/Jahr
			Ersatzteile	500	€/Jahr
			Fremdreparaturen	1500	€/Jahr
			Sonstige Kosten	500	€/Jahr
			Summe Instandhaltung	6500	€/Jahr
			Instandhaltungsfaktor	**0,46**	%v.WBW

Informatikkosten			Planungsbasis verfügbare Kapazität		
Abschreibung Hardware	2000	€/Jahr			
Abschreibung Software	1000	€/Jahr	Summe Informatikkosten	4100	€/Jahr
Leasing Hardware		€/Jahr			
Leasing Software		€/Jahr	**Informatikkost.verf.Kap.**	**1,37**	€/Stunde
Wartungskosten	500	€/Jahr			
Telekomm.gebühren	400	€/Jahr			
Lizenzgebühren	200	€/Jahr			

Anhang 3   Maschinenplankostenberechnung: Kostenplanung CNC-Maschine

Ermittlung der Kostensätze	voll	var	fix
Abschreibung	59,16	8,87	50,28 €/Std
Zinsen	20,85	2,08	18,76 €/Std
Instandhaltung	2,17	1,95	0,22 €/Std
Raumkosten	0,37	0,04	0,34 €/Std
Werkzeugkosten	1,87	1,68	0,19 €/Std
Stromkosten	0,37	0,29	0,08 €/Std
Fertigungslohn	9,50	8,55	0,95 €/Std
Lohnnebenkosten	7,60	6,84	0,76 €/Std
Anteiliges Gehalt	1,40	0,28	1,12 €/Std
Gehaltsabhängige Kosten	0,70	0,14	0,56 €/Std
Hilfslohn	3,80	3,23	0,57 €/Std
Betriebsstoffe	0,95	0,90	0,05 €/Std
Wartung/Reinigung	2,00	1,80	0,20 €/Std
CNC-Programmierung	1,50	0,45	1,05 €/Std
Informatikkosten	1,37	0,41	0,96 €/Std
Restgemeinkosten	6,98	2,09	4,89 €/Std
Kostensätze	**120,58**	**39,62**	**80,97 €/Std**

Kosten/Leerstunde	80,97	
Kalk.satz kap.orientiert	120,58	VSSkap
Kalk.satz auslast.orient.	126,38	VSSausl
Grenzkostensatz	39,62	MSSvar
Kalk.satz marktorientiert	125	VSSmarkt

Plankosten	voll	var	fix
Abschreibung	175722	24847	150875 €/Jahr
Zinsen	62132	5837	56295 €/Jahr
Instandhaltung	6109	5459	650 €/Jahr
Raumkosten	1116	105	1011 €/Jahr
Werkzeugkosten	5263	4703	560 €/Jahr
Stromkosten	1057	823	234 €/Jahr
Fertigungslohn	26790	23940	2850 €/Jahr
Lohnnebenkosten	21432	19152	2280 €/Jahr
Anteiliges Gehalt	4144	784	3360 €/Jahr
Gehaltsabhängige Kosten	2072	392	1680 €/Jahr
Hilfslohn	10754	9044	1710 €/Jahr
Betriebsstoffe	2670	2527	143 €/Jahr
Wartung/Reinigung	5640	5040	600 €/Jahr
CNC-Programmierung	4410	1260	3150 €/Jahr

Gesamtkosten	353854	110924	242930 €/Jahr

Leerkostensatz	80,97 €/Leerstd.	DB/Std	85,38
Leerkosten	16226 €/Jahr	BEP Std/J	2845
Plan-Cash Flow	171868 €/Jahr	Wertschöpfung	350000
Planenergieverbrauch	10416 kwh/Jahr	€/Jahr	

Anhang 4   Amortisationsrechnung - Beispiel in Kapitel 7

Prof. J.Bauer Investitionscontrolling		Amortisation	
Invstitionsobjekt:	Steuerung FFS		
Planauslastung		h/Jahr	
Kaufpreis brutto (Invest)	48000 €		
Hersteller: FANUC	Nutzdauer Jahre	5	
Vergleich der zahlungswirksamen Kosten und Erlöse			
	Maschine bisher	**Maschine neu**	
Plankosten aus MPKR (Modul CO)	353830	353085	€/Jahr
- Abschreibung aus MPKR	177000	193000	€/Jahr
= zahlungswirksame Kosten	176830	160085	€/Jahr
+ Erlöse aus Investition	0	0	€/Jahr
Summe	176830	160085	€/Jahr
Rückfluss (cash flow)		16745	€/Jahr
Amortisationsdauer		**2,87**	Jahre

Anhang 5   Kapitalwertrechnung - Beispiel in Kapitel 7

Kapitalwertberechnung				®	**Prof. J.Bauer**	
Invest-Objekt:	**Steuerung FFS**					
Kaufpreis brutto €	48000					
Nutzdauer Jahre:	5		ik %:	20		
	Jahr 1	Jahr 2	Jahr 3	Jahr 4	Jahr 5	Jahr 6
Steigerung Umsatz €/Jahr	0	0	0	0	0	0
Veränderung zahlungsw. Kosten	-16745	-16745	-16745	-16745	-16745	0
(- =Rückgang Kosten)						
Zeitwert Rückfluss €	16745	16745	16745	16745	16745	0
Barwert Rückflüsse €	13954	11628	9690	8075	6729	0
Summe Barwert Rückflüsse €	50078					
Kapitalwert €	**2078**	wirtschaftlich				
Bei Nutzdauer < 8 Jahre			Legende	Eingabefeld		
Eingabe 0 bei Kosten und Umsatz				Rechenfeld		

Anhang 6   Produktionswert - Beispiel in Kapitel 8

Value Production				®	Prof. J.Bauer	
Wertberechnung Produktionssystem						
Maschine	**CNC1**	4121824				
Anschaffungswert €	200000					
Restnutzungsdauer	5		ik %:		20	
aktuelles Fremdkapital	120000					
Liquidationswert nach Ende Nutzung						
Liquidationswert heute	0					
Cash Flow nach Nutzungsende €/J	80000					
Residualwert nach Nutzungsende	400000					
Residualwert heute	133959					
	Jahr 1	Jahr 2	Jahr 3	Jahr 4	Jahr 5	
Verrechnungserlös €/J	225000	225000	250000	250000	250000	
Plankosten €/J	190000	190000	200000	200000	200000	
in Plankosten enthaltene Abschreibung	30000	30000	30000	30000	30000	
Erhaltungsinvestitionen in AV und UV			90000			
Zeitwert Cash Flow €/J	65000	65000	-10000	80000	80000	
Barwert Cash Flow €/J	54167	45139	-5787	38580	32150	
Discounted Cash Flow (DCF) €	164249					
Produktionswert Maschine €	**178208**					

Schlagwortverzeichnis

Bestseller aus dem Bereich IT erfolgreich nutzen

Erik Wischnewski

Aktives Projektmanagement für den IT-Bereich

PC-gestützte Planung, Durchführung und Steuerung von Projekten

2002. 348 S. mit 160 Abb. Geb. € 49,90   ISBN 3-528-05822-6

Inhalt: Aufbau einer Projektorganisation - Postulate der Projektab-
wicklung - Projektplanung - Projektverfolgung - Projektsteuerung -
Online-Service zum Buch

IT-Projekte stehen heute mehr denn je auf dem Prüfstand. Das Buch
hilft in allen Phasen der Projektarbeit, insbesondere bei der Begrenzung und Vermeidung von Termin- und Kostenüberschreitungen. Es
hebt sich vom Gros der auf dem Markt erhältlichen Literatur zum
Projektmanagement vor allem dadurch ab, dass es effektive Mittel des
Controllings und der Steuerung von Projekten vorstellt. Zum Buch
gibt es für den Leser einen kostenlosen Online-Service.

vieweg

Abraham-Lincoln-Straße 46
65189 Wiesbaden
Fax 0611.7878-400
www.vieweg.de

Stand 1.3.2003. Änderungen vorbehalten.
Erhältlich im Buchhandel oder im Verlag.

Das Netzwerk der Profis

WIRTSCHAFTS
WI INFORMATIK

Die führende Fachzeitschrift zum Thema Wirtschaftsinformatik.

Das hohe redaktionelle Niveau und der große praktische Nutzen für den Leser wird von über 30 Herausgebern - profilierte Persönlichkeiten aus Wissenschaft und Praxis - garantiert.

Profitieren Sie von der umfassenden Website unter

www.wirtschaftsinformatik.de

- Stöbern Sie im größten **Online-archiv** zum Thema Wirtschaftsinformatik!
- Verpassen Sie mit dem **Newsletter** keine Neuigkeiten mehr!
- Diskutieren Sie im **Forum** und nutzen Sie das Wissen der gesamten Community!

- Sichern Sie sich weitere Fachinhalte durch die **Buchempfehlungen** und Veranstaltungshinweise!
- Binden Sie über **Content Syndication** die Inhalte der Wirtschaftsinformatik in Ihre Homepage ein!
- ... und das alles mit nur **einem Click** erreichbar.

vieweg